教育部人文社会科学研究规划基金项目（12YJA790025）资助

基于空间分异的
我国农村金融改革
特色化研究

董金玲　著

中国矿业大学出版社

内容简介

本书利用区域经济学、金融发展学和经济地理学的理论与方法对我国农村金融发展的空间分异特征、形成机制与影响因素进行了理论分析。基于 Moran 指数，运用 GIS 技术和 ESDA 方法，分析了农村金融空间集聚度及空间分异的动态变化；通过分形理论对空间分异进行了评价；同时，利用 Probit 模型对农村家庭金融资产配置及社会资本对农户信贷行为的影响进行了实证研究。在对国内外金融改革的实践及典型案例总结分析的基础上，从空间分异的视角提出了我国农村金融改革差异化、特色化的发展路径。

图书在版编目(CIP)数据

基于空间分异的我国农村金融改革特色化研究 / 董金玲著. —徐州：中国矿业大学出版社，2017.12

ISBN 978-7-5646-3873-3

Ⅰ.①基… Ⅱ.①董… Ⅲ.①农村金融改革－研究－中国 Ⅳ.①F832.35

中国版本图书馆 CIP 数据核字(2017)第 326219 号

书　　名 基于空间分异的我国农村金融改革特色化研究
著　　者 董金玲
责任编辑 姜　翠
出版发行 中国矿业大学出版社有限责任公司
（江苏省徐州市解放南路　邮编 221008）
营销热线 (0516)83885307　83884995
出版服务 (0516)83885767　83884920
网　　址 http://www.cumtp.com　**E-mail**:cumtpvip@cumtp.com
印　　刷 虎彩印艺股份有限公司
开　　本 700×1000　1/16　**印张** 17　**字数** 352 千字
版次印次 2017 年 12 月第 1 版　2017 年 12 月第 1 次印刷
定　　价 42.00 元

前言

PREFACE

区域经济空间分异是区域经济研究的重要领域，也是经济地理学研究的核心内容之一。20 世纪 50 年代以来，随着人类空间经济活动向纵深发展，越来越多的学者认识到经济增长受到空间经济的影响并反馈于经济增长，区域经济增长不仅伴随着产业结构变化，而且也必然同时发生经济空间上的分异。以藤田（Fujita）、克鲁格曼（Krugman）、维纳布斯（Venables）、蒲格（Puga）等为代表的经济学家在 20 世纪 90 年代掀起了一场“新经济地理学”革命，空间经济研究悄然兴起。新经济地理学（空间经济学）试图把空间要素纳入一般均衡分析框架中，研究各种生产要素的运动规律和机制，解释产业的地理集中现象和经济增长规律与途径，它的核心思想是强调区际的非均衡力以及由此产生的经济现象的非连续性和非单调性，并以这种非连续过程解释区际经济发展的差异。新经济地理学的发展对后来金融地理学产生了极大的影响。金融地理学把地理位置、距离与空间等地理因素引入对金融的研究中，同时考虑了由于地理因素的差异而产生的不同的社会人文因素对金融集聚的影响，解释了金融集聚的形成机制。此后，金融空间分布与空间联系研究开始出现，但是对于农村金融发展空间分异的研究几无涉猎。将金融因素，尤其是农村金融引入区域经济空间分异规律的研究，不仅可以丰富区域经济空间分异研究的内容，而且可以为区域经济及金融空间结构调控以及区域经济协调发展提供重要的理论依据。

金融是一个开放性的系统，其流动受到区位限制，不同区位内的金融组织、融资模式和金融意识各不相同，同一金融机构在不同区域内也会呈现不同的金融运行状态。可见，金融问题的研究不能忽视空间的存在。由于区位差异的存在，信息不对称导致更大的空间效应，占据信息腹地对其意义重大，因而金融无法排除区位特征。正如瑞典金融学家劳拉詹南(Laulajainen)所言，尽管金融服务具有很大的自由流动性，但实际上不同地区的金融景观是完全不同质的，具有极端的异质性和不规则性，即金融活动是具有明显地理特征的经济活动。我国农村地域广袤，复杂的自然、地理、经济及人文环境造就了区域间金融需求的多样性、复杂性和层次性，也使得金融发展的空间分异特征非常明显。农村金融分异是各种区域分异的集中体现，同时又影响着农村经济的空间分异，研究农村金融的空间分异就是要承认和正视这种差别。

一直以来，“三农”(农村、农业和农民)问题是困扰我国社会主义现代化建设和全面建设小康社会的重大现实问题，也是开展新农村建设的关键所在。从20世纪末以来，商业银行急剧收缩农村网点，使得农村金融发展严重滞后，造成农村经济“失血”“贫血”。随着国家对“三农”问题的重视，农村金融改革被作为金融体制改革的重要内容，日益得到全社会的关注。回顾进入21世纪事关“三农”的14个一号文件可以发现，农村金融改革始终是“三农”问题的重中之重。如2004年的中央一号文件提出了要加快改革和创新农村金融体制的制度，将提高农村金融体系对“三农”的服务效率作为其制度变迁的目标。到了2017年的时候，中央一号文件依然将加快农村金融创新、确保“三农”贷款投放持续增长作为其改革创新的目标。14年来，农村金融体系改革一直将农村金融剩余投放“三农”、预防农村资金外流作为改革创新的目标。

我国新一轮农村金融体制改革是从2003年开始的，此后各类合作金融组织如农村商业银行、农村合作银行以及新型农村金融机构如村镇银行、贷款公司及农村资金互助合作社如雨后春笋般纷纷建立起来。到2016年年末，全国共组建以县(市)为单位的统一法人农村信用社1 054家，农村商业银行1 114家，农村合作银行40家，村镇银行1 519家。随着金融体系的逐步完善，一些地区如四川成都、浙江丽水、广西田东、安徽金寨等根据当地实际情况进行了农村金融的特色改革和试点，取得了一些经验。但与其他领域相比，农村金融始终是整个金融体系的薄弱环节，金融特色化改革及其探索性研究仍然不够。分析农村金融发展空间分异特征、影响因素及变化趋势，据以制定支持经济发展的差异化、特色化金融政策，对于农村金融发展具有重要的现实意义，也是写作本书的目的所在。

本书利用区域经济学、经济地理学、农村经济学、金融地理学、金融发展学等理论与研究方法，对我国农村金融发展的空间分异特征、形成机制、影响因素进行了理论分析；在对农村金融发展的总量以及金融资源空间分布进行统计描述的基础上，利用局域Moran指数、地理信息系统(Geographic Information System，GIS)技术和探索性空间数据分析(Exploratory Spatial Data Analysis，ESDA)方法，分析了农村金融空间分异的动态变化及其收敛性；并通过分形理论对空间分异进行评价；利用Probit模型对农村家庭金融资产配置及社会资本对农户信贷行为的影响进行实证分析。在实证研究的基础上，对国内外农村金融改革的实践及模式进行了总结，据此提出我国农村差异化、特色化改革的路径。通过研究得出以下七点结论。

(1) 我国农村金融发展在网点分布、金融服务、金融基础设施建设方面都取得了骄人的成绩，多层次、广覆盖、可持续、适度竞争的农村金融体系基本建立。农村金融发展呈现以下特征：一是农村金融服务基本实现了广覆盖，但空间分布不均衡；二是“三农”支持力度显著提高，但区域差异明显；三是农村金融服务创新不断，但特色化金融服务不足；四是农村金融基础设施逐渐完善，但空间分异特征明显；五是非正规金融发展迅速，但规范性差、隐患多。东部地区无论在金融网点的设置、金融服务的创新，还是在对“三农”的金融支持方面都要优于中西部地区，农村金融资源呈现向东部集聚的趋势。

（2）区域经济空间分异的要素禀赋、分工传导、循环累积和制度变迁等因素导致区域经济发展的绝对差异和相对差异，形成了区域发展的重心，从而导致区域经济发展的空间分异。GIS可视化分析表明，农村金融发展具有较强的空间依赖性，全局空间自相关特征明显，呈现集聚度高、异质性强、差异性大的空间极化分异态势；局部自相关表现为高高相聚和低低相随的两极分化格局，金融发展水平与农村地区的空间集聚联系紧密，增大了农村之间金融发展的差距，初始发展水平高的空间集聚地区呈现高度的金融增长，而初始发展水平低的空间集聚地区呈现恶性循环的状态。

（3）经济发展的地区差异、自然环境与地理区位、市场化改革、政府行为及政策、区域信用环境、区域创新能力等因素共同作用于农村金融系统，是导致农村金融自组织能力存在差异，进而造成农村金融发展空间分异的主要原因。由资源禀赋、区位条件和经济基础构成的初始条件在农村金融发展中起到了前提性作用，也是系统熵产生的基础；而区域创新能力、区域信用环境、政府政策及行为、区域市场化进程则会对系统负熵的绝对值的增加产生积极影响，从而使系统由混沌向有序、由低级有序向高级有序转化。东部农村金融系统由于具备较好的发展环境和基础，金融发展的混沌状态要小于中西部地区，因而其金融自组织能力强于中西部地区，表现在农村金融发展上为金融发展水平较快、金融深化程度较高。

（4）农村金融发展空间分异的分形评价显示，农村金融发展具有非线性发展规律，不同地区的分形维数变化较大。金融需求的满足程度也随着区域的不同而呈现着动态的、非线性的分形特征。发达地区的农村金融需求具有多样性、需求高的特征，农村金融对此的供给空间较大，欠发达地区供需之间的矛盾在加剧，金融服务功能有待改善。

（5）家庭总资产、户主文化水平、风险意识等是影响农村家庭金融资产投资的因素。这些因素在不同区域表现出一定程度的差异性，而社会资本是解决农户信贷约束的重要载体。挖掘并发挥农户社会资本的作用，立足我国农村实际，建立健全农村地区正规金融机构与农户的信息沟通机制和风险控制手段，是解决农户信贷约束问题的有效途径。

（6）国外农村金融改革实践表明：政府性金融扶持在完善农村金融服务体系中不可或缺；农业合作组织建设是农业合作性金融体系发展的必要条件；完善的农业信贷担保和保险体系是农业金融服务体系的重要条件；独立的监管和完善的法律法规体系是农村金融服务体系的良好保障。我国东中西部典型地区农村金融改革的实践说明，差异化、特色化、协调化是解决我国农村金融发展空间分异，完善区域农村金融服务的根本，而互联网背景下农村金融服务的发展与创新也是农村金融发展的新的增长点。

（7）建立差异化、特色化的农村金融服务体系要立足农村，正视地区发展差异；要服务农民，关注群体需求差异。在差异化、效益化、协同化、专业化的原则下，要在农村金融机构特色化改革、农村金融产品差异化创新、农村信用担保机制健全、农村金融风险防控方面有所作为，同时要在发挥地方政府的协调作用、完善政策激励的协调机制、推动涉农资金整合统筹、提高资金利用效率、加强农村金融基础设施保障水平、增加农村金融人才供给等方面提供相关保障。

本书力求在以下方面有所创新和突破：一是通过对我国农村金融发展空间分异的特征、形成机制、影响因素等理论与实证分析，建立有关农村金融发展空间分异研究的分析框架，弥补当前空间分异研究中对金融因素尤其是农村金融因素研究的不足；二是基于理论与实证研究以及近年来我国各地农村金融的实践，从空间分异的视角探索农村金融改革特色化、差异化路径，力求使相关政策建议更具针对性和可操作性。

《基于空间分异的我国农村金融改革特色化研究》是教育部人文

社会科学研究规划基金项目(12YJA790025)的研究成果。本书的写作历时5年,是本人近年来有关农村金融研究成果的提炼和总结,其中凝聚了众多同仁的关心、帮助和支持。课题组的孙颖老师,学生王娇娇、倪顺清、袁宇新等在本书的写作过程中给予了热情的帮助;中国矿业大学出版社副社长周立钢、责任编辑姜翠对本书的出版给予了大力支持,他们高效严谨的工作作风、认真负责的敬业精神为本书的顺利出版提供了坚实的保障。

本书的出版得到了徐州工程学院学术著作出版基金的资助,感谢徐州工程学院的领导和同事们。本书在写作过程中借鉴了许多前辈的研究观点和成果,在此亦表示深深的谢意。最后要感谢的是我的家人,在这么多年的拼搏奋斗中,家庭永远是最温暖的港湾,家人永远是我不断前行的动力和源泉。

本书的写作起始于2012年。5年来我国农村金融体系和金融景观发生了很大变化,农村金融发展的空间分异也呈现出新的特点。在中国,无论是从理论还是实践,金融空间分异研究都是一个较新的研究领域,因此,凭借个人微薄之力建立一个系统的、完整的农村金融空间分异研究框架是困难的。限于本书数据的可得性以及个人水平,本人只是在这方面进行了初步探索,错误和不足之处在所难免,恳请各位读者批评指正。

董金玲

2017年9月

目录

CONTENTS

第一章
绪 论

第一节 研究背景及意义

一、理论意义

在经济学范畴中,空间主要指的是经济活动空间。经济活动是在经过划分的一定地域空间基础上进行的与经济相关的活动及事务。经济空间具有抽象、虚化等特点,是与实际空间相对应的包含经济元素的虚拟空间范围。它不存在实际空间中的距离限制,只有经济活动之间的不同组合。

对空间分异的研究起始于地理学研究。随着人类活动空间的不断拓展,经济发展的空间分异特征越来越明显,越来越多的学者开始意识到经济的发展是在空间中发生变化,并且在经济增长中表现出来,国家或区域范围内的经济增长过程会表现为区域经济空间分异的过程,产生区域经济发展水平的不均衡现象。因此,区域经济空间分异理论主要研究各区域内的经济发展水平所表现出的独特性。

以往的经济学一般处于均衡分析中,空间是被忽略的。区域科学的先驱艾萨德(Isard)将经济学长期以来的传统称为:没有空间维度的仙境。经济学家萨缪尔森甚至认为:空间问题在经济理论中是如此没有给予足够的重视,以至于就其本身而言,这就是一个引人入胜的领域。然而 20 世纪 90 年代以来,这一格局发生了变化,以藤田(Fujita)、克鲁格曼(Krugman)、维纳布斯(Venables)和蒲格(Puga)等为代表的经济学家以迪克西特-斯蒂格利茨模型(Dixit-Stiglitz Model,D-S 模型)为基础,用不完全竞争、报酬递增和市场外部性等理念构建了新的经济地理模型,掀起了一场新经济地理学的革命,空间经济研究悄然升起。

经济地理学的跨学科性使得研究者如何看待“经济”和“空间”成为经济学和地理学构建经济地理理论的重要差异所在，经济学家侧重理解“经济”，而地理学家更加倾向于理解“空间”，但两者之间并没有表现出绝对的隔阂和彼此毫无借鉴。新经济地理学在理解“经济”中的规模报酬递增、不完全竞争、外部经济等因素导致的经济活动的分布不均时考虑了“空间”的因素——运输成本，这与早期的杜能农业区位理论和韦伯工业区位理论中的运输成本是一致的。地理学的特长在于根植于地理学的空间传统，并一直在寻求、探索和理解经济地理中的空间，以此带动经济地理的理论和方法创新，空间经济学正是在这一交叉性的研究中找到了突破。以克鲁格曼为代表的新经济地理学（空间经济学）试图把空间要素纳入一般均衡分析框架中，研究各种生产要素的运动规律和机制，解释产业的地理集中现象和经济增长规律与途径，它的核心思想是强调区际的非均衡力以及由此产生的经济现象的非连续性和非单调性，并以这种非连续过程解释区际经济发展的差异。安虎森（2008）认为区域经济是“块状经济”，这完全不同于新古典的“平滑经济”，与“块状经济”相对应的是经济现象的非连续性和突发性。

在区域经济空间分异研究中，最先引起学者兴趣的是对区域经济空间分异现象的观察，进而是对这种现象的形成与变化过程的探究。区域经济空间分异格局在物质形态上表现为各种类型的空间组织形式，一种或若干种空间组织形式在区域经济空间内的分化，展现了区域经济的空间分异格局。国内外学者在研究中总结或提到的经济空间组织形式主要有七种，即核心-边缘结构、多核心-边缘结构、网络结构、点-轴结构、双核结构、点-轴-面结构和板块结构，其中前三种是国外学者首先提出来的，后四种是国内学者的首创。主要代表人物有涂人猛（1994）、Friedman（1966）、陆大道（2001）、陆玉麒（2002）、McMillan（2003）等。学者们就区域经济空间分异收敛性、区域经济空间分异测度等对空间分异的特征及发展态势进行了研究，如崔功豪等（2006）、姚士谋等（2004）、胡彬（2006）、赵璐等（2014）、刘文生等（2015）、杨伟等（2016）、杨贺等（2016）、冯迎等（2016）等。基于区域经济空间分异的机制，学者们从要素禀赋、经济活动主体、经济空间客体、分工专业化、制度等角度进行了理论与实证研究，如 Perroux（1950）、Friedman（1966）、Krugman（1991）、金丽国（2007）、王莹等（2009）、覃成林等（2010）、孙晓一等（2015）、江孝君等（2017）等。

目前，国内外学术界在区域经济空间分异研究方面至少存在以下共识：第一，区域经济空间分异遵循社会经济发展的客观规律，区域经济空间分异的轨迹不是杂乱无章的，而是具有较直观的结构模式；第二，影响区域经济空间分异的因素是多维的和多层次的，既有经济活动主体方面的因素，也有经济空间客体方面的因素及环境因素。但总体来看，区域经济空间分异机制分析的理论框架还没有建立起来，影响空间分异的因素、分异的路径、过程及空间表现等方面的研究均有待深化。

将金融因素纳入空间的研究最早始于20世纪50年代，而金融地理学的形成与发展则受到了新经济地理学派的影响。1955年，法国学者Labasse从地理学的视角描述了里昂地区银行网络的发展以及中心城市间的金融联系，这是最早将金融学与地理学联系起来的论述。之后直到20世纪80年代，对金融地理学的研究才逐步多了起来。20世纪90年代，新经济地理学的发展对金融地理学产生了极大的影响。金融地理学把地理位置、距离与空间等地理因素引入对金融的研究中，同时考虑了由于地理因素的差异而产生的不同的社会人文因素对金融集聚的影响，解释了金融集聚的形成机制。此后金融空间分布与空间联系研究开始增多，如Leyshon等(1995)、彭宝玉等(2009)、蒋三庚等(2014)、杨志民等(2014)、化祥雨等(2016)、张辉等(2016)、秦泗刚等(2016)、李泉等(2016)等人的众多研究。

从1969年Gurley、Shaw、Patrick和Goldsmith的金融抑制论，到1973年McKinnon的金融深化论，再到1981年Stiglitz和1993年King、Levine的金融约束论，金融发展理论已形成比较成熟、完备的理论体系。该理论体系在农村金融领域的应用主要体现在农业融资理论、农村金融市场理论和不完全竞争市场理论中。学者们主要从需求与供给的角度研究了农村金融机构及体制改革、农村金融抑制、农村金融资源配置、农村金融发展与经济增长关系、农村非正规金融发展、农村区域金融差异、农村金融政策等。比较有代表性的研究主要有：Adams等(1992)、Brown(1997)、Fujita等(1999)、Lin(2002)、Hesse(2004)等。

21世纪以前，专门研究中国农村金融问题的成果并不多见。21世纪以后，农村金融问题才成为经济和金融理论研究的热点，如谢丽华(2012)、熊德平等(2015)、李明贤等(2015)、罗剑朝等(2015)、占韦威(2015)、李乔漳(2016)、曹雷(2016)、陈明亮等(2017)等。总结农村金融研究现状，可以发现，目前的研究成果虽然丰富，但根据各区域金融发展特点和金融要素的空间分布分析农村金融需求与供给并提出针对性政策建议的研究较少。

总体来看，目前与本书有关的研究主要涉及区域经济空间分异和农村金融研究，尽管这两方面的研究文献及成果可谓汗牛充栋，但将二者结合起来，对农村金融分异的空间表现、影响因素等理论和实证研究基本处于空白状态，基于农村金融发展的空间分异特征而进行的农村金融改革差异化、特色化研究尚有不足。通过对中国知网数据库的查询，截至2017年10月1日，关于空间分异的研究有 3 429 条，但关于经济空间分异研究的文献只有 53 条，且对空间分异的金融因素，尤其是农村金融因素尚无涉猎；关于农村金融的文献多达 35 812 篇，但以“农村金融发展差异”为关键词的文献仅有 10 篇，仅有谢运亮等人(2013)的一篇文章对农村金融发展差异的成因给予了剖析，但对差异的内在机理、形成机制并没有深入的研究，理论分析基本处于空白状态。关于农村金融改革研究的相关文献有 3 095 篇，但从金融的空间分异角度分析我国农村金融改革的路径和特色化改革的文献几乎没有，一些特色化改革主张只是散见于个别文献中，如李鑫(2014)、杨德勇等(2016)、张新爱等(2017)等。将金融因素，尤其是农村金融引入区域经济空间分异规律的研究，不仅可以丰富区域经济空间分异研究的内容，而且可以为区域经济和金融空间结构调控以及区域经济协调发展提供重要的理论依据和实践指导，这正是本书研究的目的所在。

二、现实背景

经过多年努力，我国已形成了多层次、广覆盖、可持续、适度竞争的农村金融体系，建立了政企金融、商业金融、合作金融等多种农村金融组织体系，在政策性银行和大型商业银行设立了“三农”金融事业部、普惠金融事业部、扶贫金融事业部等，组建了一批新型的服务“三农”的银行业金融机构，如农村商业银行、村镇银行等，金融支农力度、服务广度和深度达到了新水平，农村金融机构可持续发展能力实现了新突破。至 2016 年年末，涉农贷款从 2007 年年末的 6.1 万亿元增加到 28.2 万亿元，9 年间平均年增速为 18.8%，累计增长 361.7%；涉农贷款余额占各项贷款的比重从 22%提高至 26.5%。全国累计为 1.72 亿农户建立信用档案，已有近 9 248 万农户获得银行贷款，贷款余额 2.7 万亿元。农村地区基本实现乡乡有机构、村村有服务、家家有账户、补贴能到户，银行网点密度等基础金融服务指标已达到国际中上游水平。

但与城镇相比，农村依然是我国金融体系的薄弱环节，与发展现代农业的要求相比，金融仍是农业支持保护政策体系中的最大短板，贷款难、贷款贵、保险少、上市少等问题仍然是“三农”工作中反映最突出的问题。受“三农”客户弱质性影响，农村金融业务成本高、风险大、收益低的状况短期内难以得到根本改观。部分农村金融机构不良贷款率偏高、风险化解手段匮乏、资产回报能力不高，制约了农村金融服务水平的持续提升。农村征信体系建设，尤其是偏远地区的建设相对滞后，涉农担保、保险覆盖面有限，农村金融风险缓释机制不健全，增大了涉农贷款风险，“三农”客户金融知识匮乏加大了农村金融机构服务的难度。

数据显示[1]，我国农村家庭信贷需求高于城市，农村中有19.6%的家庭有信贷需求，城市家庭的此项比例是17.2%；但农村地区的信贷可得性只有27.6%，低于全国40.5%的平均水平，40%以上有金融需求的农户难以获得贷款支持。乡镇金融服务空白虽大幅度减少，但仍有1 296个乡镇无金融服务，占到乡镇总数的6%左右；2016年农户贷款余额占涉农贷款的比重只有6.6%，农林牧渔业贷款余额更是只有3.4%；农村金融缺口达3.05万亿元，这与农业产业的发展需求严重不相称。与区域经济一样，农村金融的发展也表现出非常明显的空间分异性。东部地区无论在金融网点的设置、金融服务的创新，还是在对农村、农业、农民的金融支持方面都要优于中西部地区，农村金融资源呈现向东部集聚的趋势。

我国新一轮农村金融体制改革是从2003年开始的，此后各类金融组织如农村商业银行、农村合作银行、村镇银行、贷款公司及农村资金互助合作社如雨后春笋般纷纷建立起来。目前，农村金融供给主体由国家政策性金融机构、国有控股商业性银行、合作金融机构以及邮政储蓄等来完成。国家政策性金融机构的存在在一定程度上缓解了农村生产性长期投资不足的状况，但是从农户资金需求的角度来说，政策性金融满足农户投资需求的效果甚微，其主要原因是政策性金融的主要对象是涉农企业，单个农户很难通过政策性金融体系获得生产性资金。商业性金融机构的投融资行为，受到信息获取成本、信用评估成本、风险控制成本、网点设置成本等的制约，这些特征决定了商业性银行难以成为解决农户投资需求的主导性金融机构。事实证明，近年来商业银行大批从农村地区撤出，或是减少分支机构，且其银行业务非农化现象日益严重。从日常运营、管理制度、业务结构来看，我国的农村信用社更像是一个政策性金融和商业性金融的混合体，目前的商业化倾向导致合作金融投向农业的资金呈下降趋势，其更倾向于向利润丰厚的中小企业融资，农户的资金需求难以满足；邮政储蓄以前只存不贷的制度设计导致农村资金外流现象严重。近年来邮政储蓄的迅猛发展直接分流了农村信用社的存款来源，2016年之后按照商业化原则，通过邮政储蓄银行与农村金融机构以办理大额存款协议的方式将邮政储蓄资金返还农村，对“三农”给予了有效支持。

随着“三农”业务的不断发展，农村金融需求也呈现出多样化、个性化的发展趋势，主要表现在：传统的小额资金需求向较大额资金需求转变、生存性需求向发展性需求转变、信用需求向产权抵押需求转变、农业需求向非农产业需求转变。从融资总量上看，融资需求规模进一步扩大。由于务工收入和国家有关惠

---

① 数据来源于《中国农村金融发展报告(2015)》《中国农村金融服务报告(2016)》。

农政策的实施，当前单户传统农业、家庭承包型农业生产资金在东部地区已趋于饱和，但中西部地区仍有待增加。随着农业产业结构的调整和生产技术的换代升级，当前农村资金需求总量仍然不断扩大。除去农民自筹和信用社贷款外，财政投入和农村积累远不能满足其需求。从现实情况看，农民缺乏可抵押、质押的物品进行有效的融资。从金融服务对象上看，不同服务对象、不同地区的金融需求表现出不同的特征。随着传统耕作方式的逐渐改变，用于纯农业的投入资金农民一般都能自己解决，而家庭规模经营和个体工商户资金需求量大，超出了小额信用贷款的范畴，但经营者又不能提供足额有效的抵押担保。对于乡镇企业和一些民营中小企业而言，由于经营风险大，加上信息不对称，其资金短缺问题非常突出。从财政融资角度看，财政支农趋于弱化。一方面，财政对农业的投入能力十分有限，与发达国家相比差距很大；另一方面，乡镇财政供养人口过多，地方财政收入有限，区域差异更为突出。

我国农村地域广袤，自然、地理、经济及人文环境复杂，造就了区域间金融需求的多样性、复杂性和层次性，也使得金融发展的空间分异特征非常突出。农村金融分异是各种区域分异的集中体现，同时又影响着农村经济的空间分异，研究农村金融的空间分异就是要承认并正视这种差别。农村金融不同于工商金融、城市金融，相关金融产品不能简单移植，必须要因地制宜，根据各地农村金融发展的实际，推出差异化、特色化的金融产品和金融服务，以满足不同地区、不同发展阶段的需要。在我国由传统农业向现代农业转变的关键时期，金融的作用不可忽视，且如要补短板，则金融就得向“三农”倾斜。因此，研究农村金融发展的空间分异及影响因素，制定支持农村经济发展的差异化、特色化金融政策，推进产品服务创新和机制创新，对于农村金融发展具有重要的现实意义。

第二节　研究目标与方法

一、研究目标

本书将借鉴金融发展学、区域经济学、经济地理学、农村经济学、金融地理学等学科的理论与研究方法，对我国农村金融发展的空间分异特征进行研究，并以农村金融改革的典型地区为样本进行实证分析，在借鉴国内外农村金融改革成功经验的基础上，力求建立我国农村金融发展空间分异研究的分析框架，探索农村金融特色化、差异化的改革路径。

二、研究思路

(1) 在参阅国内外文献的基础上,对金融发展理论、区域经济理论、经济地理学、农村经济学的相关理论及研究方法进行梳理,对经济发展的空间分异以及农村金融研究现状进行总结评述,据此建立本书的分析构架。

(2) 综合运用实地调研、专题调研、查询数据库等多种方式,对我国农村金融发展的现状进行考察,对农村金融资源的空间分布及其分异特征进行统计描述和分析。

(3) 从理论上探索农村金融发展空间分异的影响因素及形成机理,利用局域 Moran 指数对农村金融空间集聚度、空间组织形式进行识别和评价。从金融发展的不同层面如农村金融制度安排、农村金融供给布局、农户融资方式、农村金融发展水平、农村家庭金融资产配置、社会资本等角度考察农村金融发展的空间分异,建立农村金融发展与农村经济发展的计量分析模型。

(4) 对我国农村金融发展空间分异的成因进行基于自组织理论的分析,选择典型地区,利用分形理论进一步分析农村金融发展空间分异的特征及变化趋势。

(5) 从农村家庭金融资产配置、社会资本对农户贷款行为的影响等方面实证研究农村金融的空间分异。

(6) 根据理论及实证分析结论,提出中国农村金融改革特色化、差异化的发展方向。同时选取国内外,尤其是中国农村金融改革典型地区的金融实践进行案例分析和跟踪调研,总结其经验和教训,探索不同模式改革的可行性。

(7) 根据农村不同区域金融发展的特点,有针对性地提出农村金融改革的对策与建议。

三、研究方法

(一) 理论与实践相结合

本书将借鉴金融发展理论、区域经济理论、自组织理论、经济地理学、农村经济学等理论与研究方法,分析农村金融发展空间分异的形成机理;选择典型地区实地调研我国农村金融发展与改革的实践;通过案例分析提炼农村金融发展的特色经验,探讨农村金融改革的路径。

(二) 实证与规范相结合

本书依照理论分析-实证检验的思路对农村金融空间分异格局及其演变进行定性、定量分析。采用局域型 Moran 指数方法对金融空间分异进行识别和评价;运用 GIS 技术和 ESDA 方法分析金融空间分异的动态变化及其收敛性;利用自组织理论分析农村金融发展空间分异的影响因素，并通过分形理论对空间分异进行评价；利用 Probit 模型对农村家庭金融资产配置及社会资本对农户信贷行为的影响进行实证研究。

（三）横向比较与纵向比较相结合

本书中不但通过动态时间序列展开纵向比较，反映整体与各区域自身金融发展；还通过静态横截面数据进行区域间的空间比较和分析，探讨不同地区、不同时间农村金融发展的动态变化、趋势及分异特征。

四、数据来源

本书数据主要来源于相关年度的《中国农村金融服务报告》、万得资讯（Wind 数据库）、同花顺 IfinD 金融数据终端、中国家庭金融调查（China Household Finance Survey，CHFS）数据库、中国社会科学院（CASS）经济研究所中国家庭收入项目组（CHIP）数据库、中国人民银行网站、银监会网站、国家统计局网站等。实证建模所需的软件是 Arcgis、Matlab 和 GeoDa。

第三节　主要内容与技术路线

一、主要内容

本书共八章，各章主要内容如下所述。

第一章，绪论。本章主要介绍研究的理论背景和现实意义，阐述本书的研究目标、研究思路、研究方法，框架结构和技术路线。

第二章，空间分异与我国农村金融改革：理论基础及研究评述。本章通过对区域经济学、新经济地理学、金融地理学以及农村金融学等学科研究成果的系统梳理，分析国内外经济金融空间分异以及农村金融改革研究的现状并给予综述和评述，据此建立本书的研究框架。

第三章，我国农村金融发展的空间分异：现象描述及分异特征。本章首先回顾了我国农村金融服务体系建设的发展历程，对近年来农村金融改革的成效进行总结；其次对农村金融资源的空间分布进行统计描述，给出我国农村金融发展空间分异的总体特征，为下一步的理论及实证分析奠定了基础。

第四章，我国农村金融发展的空间分异：形成机制及可视化解析。本章首先从要素禀赋、分工传导、循环累积、制度变迁等方面，从理论上分析农村金融发展空间分异的机制；其次利用 Moran 指数，GIS 技术和 ESDA 方法，对全国农村金融发展水平、金融增长以及初始金融发展水平的动态关系进行实证研究。

第五章,我国农村金融发展的空间分异:影响因素及分形研究。本章利用自组织理论对我国农村金融发展空间分异的成因进行解释,从区域经济发展差异、区位及资源禀赋、市场化进程、政府政策、区域金融创新、区域信用环境等方面分析农村金融发展的影响因素;从柯布-道格拉斯(Cobb-Douglas)生产函数出发,建立分形理论的相关模型,并以江苏省为例对农村金融发展的空间分异进行分形评价。

第六章,我国农村金融发展的空间分异:微观需求及非正规制度。本章从农村家庭金融资产的分布和社会资本对农民借贷行为的影响两方面对农村金融空间分异进一步分析。从影响农村家庭金融资产选择行为的因素如收入、住房、年龄、性别、婚姻状况、文化程度、经济政策等方面利用 Probit 模型,实证分析农村家庭金融资产配置的区域差异;从家庭及村域层面比较分析社会资本对农民借贷行为的影响,分析非正规制度对农村金融发展及解决农民信贷约束的途径。

第七章,基于空间分异的农村金融改革:经验借鉴及模式选择。本章在总结国内外农村金融服务改革与创新经验的基础上,选择东中西部不同地区农村金融创新的典型案例进行研究。如东部地区以改革创新、提质增效为核心的农村金融服务创新;中部地区以粮食增产、农民增收为核心的农村金融服务创新;西部地区以服务小农、精准扶贫为核心的农村金融服务创新。同时,本章还探讨了互联网背景下农村金融服务的新举措。

第八章,我国农村金融改革路径:差异化、特色化。本章首先分析了构建差异化、特色化农村金融服务体系的基本原则;其次从农村金融机构特色化改革的路径、农村金融产品差异化创新、农村信用担保机制的健全、农村金融服务风险的防控、农村金融服务体系的保障等方面提出了我国农村金融服务差异化、特色化的改革路径。

二、技术路线

本书研究技术路线图,见图 1-1。

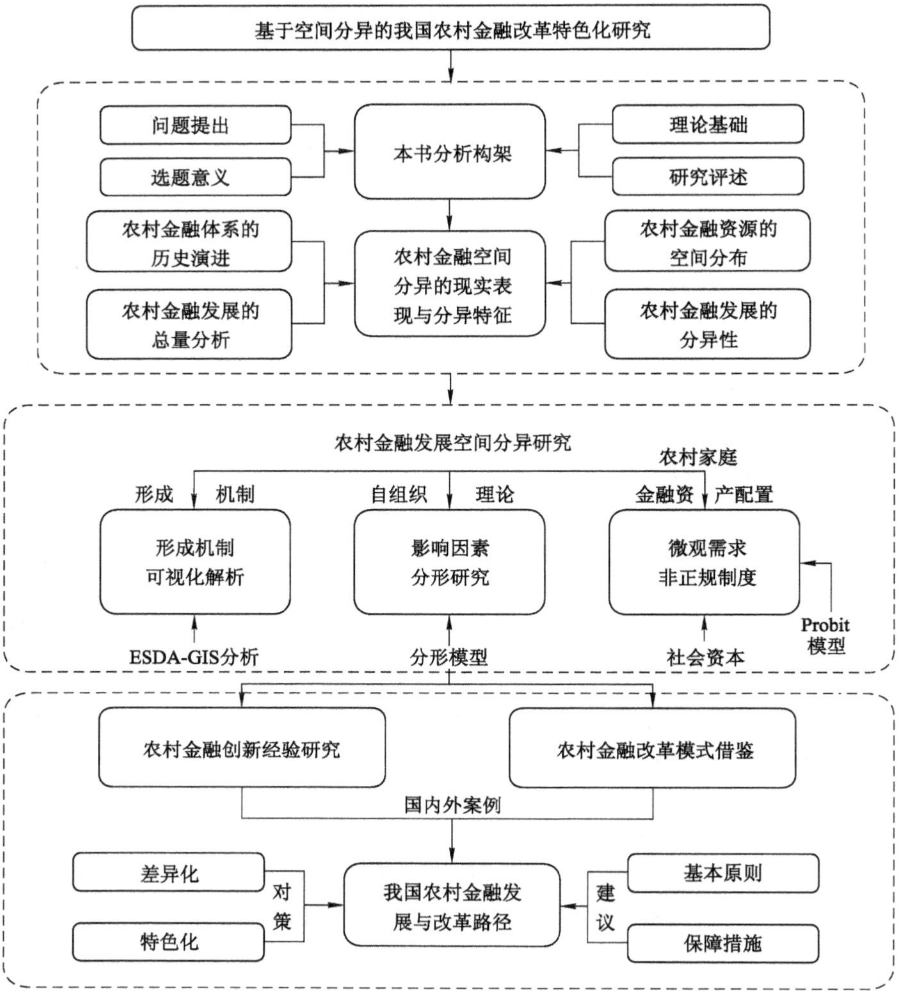
基于空间分异的我国农村金融改革特色化研究
问题提出
选题意义
本书分析构架
理论基础
研究评述
农村金融体系的历史演进
农村金融发展的总量分析
农村金融空间分异的现实表现与分异特征
农村金融资源的空间分布
农村金融发展的分异性
农村金融发展空间分异研究
形成
机制
自组织
理论
农村家庭
金融资
产配置
形成机制可视化解析
影响因素分形研究
微观需求非正规制度
ESDA-GIS分析
分形模型
社会资本
Probit模型
农村金融创新经验研究
农村金融改革模式借鉴
国内外案例
差异化
特色化
对策
我国农村金融发展与改革路径
建议
基本原则
保障措施

图 1-1　技术路线图

第二章

空间分异与农村金融改革：理论基础及研究评述

空间分异与农村金融改革研究是一个跨学科的课题，其中涉及地理学、区域经济学、金融学等领域的大量内容。本章试图从繁杂的理论体系中厘清本书所适用的相关理论，通过对区域经济学、新经济地理学、金融地理学以及农村金融理论等研究成果的系统梳理，分析国内外经济金融空间分异以及农村金融改革的研究现状，据此建立本书的研究框架。

第一节　空间分异与农村金融改革的理论基础

一、区域经济学

把区域及区域经济作为一个独立的生产力系统来研究，其理论体系在西方国家自 20 世纪 50 年代才开始建立。区域经济理论是研究生产资源在一定区域优化配置和组合，以获得最大产出的学说。区域经济增长理论分为区域平衡增长理论和区域不平衡增长理论。区域经济差异一直是区域经济学研究的核心问题之一，也是世界各国经济发展过程中的一个普遍性问题。均衡与非均衡是贯穿于区域经济发展过程中的矛盾统一体，它们相互交替、不断地推动区域系统从低层次向高层次演化。

（一）循环累积因果理论

1957 年缪尔达尔（Myrdal）出版了《经济理论和不发达地区》一书，提出了地理上的二元经济结构（Geographical Dual Economy）理论，利用扩散效应（Spread Effects）和回波效应（Backwash Effects）的概念，说明了经济发达地区优先发展对其他落后地区的促进作用和不利影响，提出了如何既充分发挥发达地区的带头作用，又采取适当的对策来刺激落后地区的发展，以缩小区域间发展水平的差异。缪尔达尔认为，区域差异不断扩大是区域经济发展的必然。这主要是由于发达地区与不发达地区之间相互作用产生了不断增加的内部经济与外部经济，使核心地区表现为一种上升的正反馈运动，而边缘地区则表现为下降的负反馈运动，由此产生和拉大了区域差异。由于在市场机制的作用下，回波效应远远大于扩散效应，它们相互作用的结果必然导致区域差异扩大。由此缪尔达尔提出了区域发展的政策主张：在经济发展的初期，政府应当采用不平衡发展战略，通过发展计划和投资，优先发展那些具有较强发展势头的地区，以求得较好的投资效率和较快的经济增长速度；但当经济发展到一定水平时，也要防止累积因果循环造成地区贫富差距的无限扩大，这时需要通过一系列特殊的区域经济政策，刺激落后地区的发展，缩小区域经济差异。

（二）赫希曼的不平衡增长理论

1958年赫希曼（Hirschman）在《经济发展战略》一书中提出了不平衡增长理论。他认为，经济进步并不同时在每一处出现，而一旦出现，巨大的动力将会使经济增长围绕其进一步集中，区域间的不平衡增长是增长本身不可避免的伴生物和条件。与上述缪尔达尔的两大效应相对应，赫希曼也提出了极化效应（Polarized Effects）和涓滴效应（Trickling-down Effects）的概念。

赫希曼认为，如果一个国家的经济增长率先在某个区域发生，那么它就会对其他区域产生作用。为了方便解释，他把经济相对发达区域称为北方，欠发达区域称为南方。① 极化效应体现在随着北方的发展，南方的要素向北方流动，从而削弱了南方的经济发展能力，导致其经济发展恶化。北方的经济增长对劳动力需求上升，特别是对技术性劳动力的需求增加较快；同时，由于北方的劳动力收入水平高于南方，这样就导致南方的劳动力在就业机会和高收入的诱导下向北方迁移。结果，北方因劳动力和人口的流入而促进了经济的增长，南方则因劳动力外流，特别是技术人员和富于进取心的年轻人外流，经济增长的劳动力贡献减少。再就是资金的流动问题。显然，因为北方的投资机会多且投资的收益率高于南方，所以南方有限的资金也流入北方。而且，资金与劳动力的流动还会相互强化，从而使南方的经济发展能力被削弱。② 涓滴效应体现在，北方吸收南方的劳动力，在一定程度上可以缓解南方的就业压力，有利于南方解决失业问题。在互补的情况下，北方向南方购买商品和投资的增加，会给南方带来发展机会，刺激南方经济增长。特别是北方的先进技术、管理方式、思想观念、价值观念和行为方式等经济和社会方面的进步因素向南方的涓滴，将对南方的经济和社会进步产生多方面的推动作用。

赫希曼认为，在区域经济发展中，涓滴效应最终会大于极化效应而占据优势地位，原因是从北方的长期发展来看将带动南方的经济增长，尤其是北方的发展会出现城市拥挤等环境问题，南方的落后则从国内市场需求方面限制了北方的经济扩张。国家经济发展也将因南方的资源没有得到充分利用而受到损害，于是国家将出面干预经济发展，加强北方的涓滴效应，促进南方的经济发展，这同时也有利于北方的经济继续增长。

（三）威廉姆森倒U形理论

该理论是1965年美国经济学家威廉姆森（Williamson）通过实证分析方法，根据24个国家的截面数据和10个国家的时间序列数据提出来的一种假说。该理论认为，注重经济效益的国家，经济的发展是通过“一系列的不平衡”而实现的。在经济发展的初期，地区之间的经济差距将逐步扩大，但经过一段时期，地区差距将逐渐保持平稳；当经济进入成熟期以后，地区差距最终将会趋于缩小。这一理论将时间因素引入区域空间结构变动分析，注意到均衡与增长之间的替代关系随时间推移而呈非线性变化，强调经济发展程度较高的时期增长对均衡的依赖。这种运用区域发展不平衡的规律达到平衡发展的目标，也成了区域规划实践的重要指导思想。然而也有批评者指出，该理论所依据的资料和运用的概念均存在重大缺陷，而且没有普遍意义。更多的人强调，该理论更多地关注结果——倒U形的终点，而忽略了从初始到成熟的这一较长时段内的发展过程，忽略了在这一过程中由于听任地区差距扩大而可能付出的因社会矛盾激化所带来的经济停滞的高昂代价。

（四）增长极理论

增长极理论最早由佩鲁（Perroux）提出。该理论的主要观点是，区域经济的发展主要依靠条件较好的少数地区和少数产业，应把少数条件好的地区和产业培育成经济增长极。通过增长极的极化和扩散效应来影响和带动周边地区和其他产业的发展。增长极的极化效应主要表现为资金、技术、人才等生产要素向极点聚集；扩散效应主要表现为生产要素向外围转移。在增长极发展的初级阶段，极化效应是主要的；当增长极发展到一定程度后，极化效应削弱，扩散效应加强。

增长极对地区经济增长产生的作用是巨大的，主要表现在：第一，区位经济。区位经济的实质是通过地理位置的靠近而获得综合经济效益。第二，规模经济。规模经济是由于经济活动范围的增大而获得内部的节约。第三，外部经济。外部经济效果是增长极形成的重要原因，也是其重要结果。经济活动在某一区域内的集聚往往使一些厂商可以不花成本或少花成本便可获得某些产品和劳务，从而获得整体收益的增加。

为了促进增长极的形成，增长极理论认为国家应致力于发展推进型企业和以推进型企业为主导的产业综合体。推进型企业和产业综合体通过技术创新活动，促进和带动区域经济迅速增长。创新是产生极化效应的动力，创新活动不仅使单个企业获得生产效率的提高，而且还通过创新对当地和周边地区产生重要影响。① 从技术方面看，增长极内的技术创新活动使企业产出增长率、投资回报率大大高于落后地区同类企业，从而引起周围其他企业的学习和效仿。② 从社会结构方面看，创新使现有的社会价值观念、行为方式和组织结构更容易朝着变革方向转变，使之适应创新结果，并成为下一次创新活动的基础。③ 从社会心理方面看，创新强化了社会群体的进取意识，同时推动了周边地区劳动力为改变自己进入增长中心的比较劣势而努力提高自己的素质。

（五）区域经济研究的新进展

近年来，国外区域经济差异理论的研究在以下几方面取得了新的进展：一是地区差异的构成与分解。主要采用费景汉等人提出的方法，对基尼系数进行分解；采用加权变异系数方法，对地区差异的产业或部门构成进行分解；采用泰尔系数和广义熵系数，对地区差异的地理构成进行分解。二是从区域的内生增长和递增收益的角度研究区域之间的收敛与发散问题。主要研究成果是巴罗(Barro)与马丁(Martin)于 1992 年提出的条件收敛(Conditional Convergence)观点。该观点认为，由于发展中国家没有长期增长的潜能，导致区域之间的差距趋向发散。而多瑞克(Dourick)与圭根(Ngugen)则认为，收敛只会发生在最富裕的国家，特别是经合组织(OECD)国家，所以被人们称作俱乐部收敛(Club Convergence)效应。

二、新经济地理学

经济地理学是地理学最重要的分支学科之一，也是地理学中发展变化最快的分支学科之一，在社会实践中发挥着重要作用。经济地理学主要关注经济活动的空间属性，它研究的基本问题是：为什么经济活动在地球表层的分布是不均匀的；经济活动的空间分布规律是什么；人类如何调控经济活动的空间分布。从经济地理学的研究视角来看，造成经济活动空间分布有疏有密的根本动力是自然环境本身的非均匀分布，以及经济活动自身的集聚和扩散力量。正因如此，经济地理学表现出典型的交叉性和综合性学科特点。一方面，影响经济集聚和扩散的因素是多元的，包括各种自然要素以及经济、社会、文化、制度等人文要素；另一方面，人类在地表不同地区的经济活动正在强烈地改变着自然格局，造成了各种不同空间尺度的环境变化和环境问题，这成为改变自然环境最主要的动力。

20 世纪 90 年代以前，主流经济学似乎忽略了空间因素。区域科学的先驱艾萨德(Isard)将经济学长期以来的传统称为：没有空间维度的仙境。自 20 世纪 90 年代以来，藤田(Fujita)、克鲁格曼(Krugman)、维纳布斯(Venables)和蒲格(Puga)等以 D -S 模型为基础，用不完全竞争、报酬递增和市场外部性等理念构建新的经济地理模型，掀起了一场新经济地理学的革命。马丁于 1999 年认为，经济学家的新经济地理学基本包括两个重要主题，即经济活动的空间集聚和区域增长集聚的动力分析。报酬递增思想的演进、复杂科学所强调的自组织、路径依赖和"锁定"等概念、垄断竞争的 D -S 模型框架及其应用是其主要理论基础。报酬递增带来的规模经济、运输费用、生产要素的不可移动性、历史发展的偶然性、路径依赖等相互作用是新经济地理学研究经济活动区位选择和经济发展的基本研究视角。

（一）新经济地理学的基本假设与研究思路

新经济地理学整个框架基本上是建立在几个基本假设之上的。这些假设可以分为两个层次：外围假设与内核假设。外围假设主要有两个：一是企业层次上的报酬递增。早期的经济地理学研究没有明确考虑报酬递增的概念，但他们的分析其实隐含了这个假设。如杜能将具有报酬递增特征的城市看作外生给定的一个点；哈里斯(Harris)和普雷德(Pred)等人的经济地理研究也都隐含地考虑了报酬递增。如果没有报酬递增，整个经济将会是"后院式资本主义(Backyard Capitalism)"，即每个经济个体根据不变报酬生产各种产品以满足自身需求。当然，根据古典贸易理论，因为自然资源禀赋的差异，地区间贸易也可能导致经济的区域集中，但现实世界经济巨大的空间集中现象远不是自然资源禀赋造成的。由于该假设与完全竞争的分析框架是不相容的，因而，一直以来主流经济学界没能对这个重要的假设进行形式化的处理，直到藤田、克鲁格曼将迪克西特与斯蒂格利茨模型引进经济地理的分析，才使得主流经济学界能够在垄断竞争框架里面研究报酬递增的作用。报酬递增下的垄断竞争分析是新经济地理学分析的一个根本特征。二是冰山型运输成本(Iceberg Cost)。冰山型运输成本是萨缪尔森提出的假设，即一部分商品会在运输过程中消耗掉。在新经济地理学模型中，运输消耗的商品与路程成一定比例，将冰山型运输成本与垄断竞争模型结合起来使得迪克西特与斯蒂格利茨模型中常数替代弹性假设能够得到满足。除此以外，新经济地理学的假设还包括：熟练工人是可流动的，而非熟练工人是固定的；农业部门规模报酬不变；没有范围经济等。

新经济地理学沿着以下研究思路展开：① 一般均衡分析。根据熟练工人的效用最大化、企业利润最大化等条件，新经济地理学一般考虑整个经济空间内各个地点的熟练劳动力市场、传统部门产品市场、现代部门差异化产品市场的一般均衡，分析一般均衡时的工资、价格水平、产量等变量。② 比较静态分析。通过考察重要参数，如现代部门产品运输成本、产品差异化程度、制造业所占比重等参数值的变化，根据马歇尔调整方程等进行二叉树(Bifurcation)分析以及计算模拟。新经济地理学能够研究经济结构可能发生的变化及其条件。③ 离心力与向心力的共同作用贯穿于整个分析之中。其中,离心力来自两个方面:一是将制造业产品运往固定的农村地区所需消耗的运输成本;二是集聚在一起导致的竞争加剧。向心力则主要来自需求集中的累积因果效应。在新经济地理学的分析框架中,向心力主要来自马歇尔外部性中的前后向市场关联,而对知识溢出等外部性没有加以考虑。

(二) 中心-外围模型

克鲁格曼(1991)建立了中心-外围模型(Core-Periphery Model,C-P 模型),指出当运输成本、规模经济以及制造业所占比重满足一定条件时,空间经济具有缪尔达尔式的自我强化趋势,从而空间经济会内生地演化成一个工业中心带与农业外围带形成的中心-外围结构。该模型认为,经济的集中程度与运输成本呈现单调递减关系,即运输成本越高,则经济越分散。C-P 模型的结论对解释空间经济集聚具有重要意义,概括起来其核心结论包括:区内市场放大效应、循环因果链、内生的非对称性、突发性集聚、区位黏性、驼峰状集聚租金和重叠区等。① 区内市场放大效应是指某种外生变量打破了区际初始的平衡状态,而使得某一区域的需求增加。如果区际贸易自由度足够大,则会使得大量的企业向该区域集聚,加剧区域集聚的趋势。② 循环因果链是指在中心-外围结构形成过程中,集聚趋势具有自我强化、逐渐累积的特性,在 C-P 模型中循环因果链可以细分为需求关联循环因果链和成本关联循环因果链。③ 内生的非对称性是指资源要素禀赋相同的两地区随贸易成本的降低而导致区际发展不平衡的特性。④ 突发性集聚是指当区域间处于对称均衡且交易成本很大时,当贸易自由度达到某一临界值后,区域平衡状态会被突然打破而形成集聚状态。⑤ 区位黏性是指区际中心-外围结构形成后进入一种稳定均衡状态,这种稳定状况能够经受一定程度的外生因素变化的冲击,并能强化稳定均衡状态。⑥ 驼峰状集聚租金是指流动性生产因素的机会成本即"集聚租金"是随贸易自由度的增加,而呈现先升后降的"驼峰状"的形态。⑦ 重叠区是指当贸易自由度 φ 在(φ_S,φ_B)间变化时,对称结构和中心-外围结构都是局部的长期稳定均衡,区间(φ_S,φ_B)即为重叠区。

(三) 自由资本模型

自由资本模型(Footloose Capital Model,F-C 模型)是由 Martin 和 Rogers 在 1995 年提出的理论模型。该模型针对 C-P 模型的不足,修改了假设条件。F-C模型假设流动要素把所有收入全部返回流动要素来源地,即资本收入不随资本的流入在异地消费,而是回到资本所有者来源地消费,因此就不存在需求关联和成本关联的循环因果关系。同时,F-C 模型可以处理区域市场规模和交易成本等外生因素的非对称性问题。F-C 模型由于假设条件的限制,导致其结论特性与 C-P 模型相比有较大变化，除了区内市场放大效应和驼峰状集聚租金两个结论外，其他结论如突发性集聚、区位黏性和重叠区等都不具备。此外，该模型在结论细节方面也与 C-P 模型有所差异。如就区内市场放大效用而言，F-C 模型考察本地市场效应与市场拥挤效应的比值，贸易自由度越大，则本地市场效应就越大、市场拥挤效应就越小、集聚的企业就越多，从而呈现出区内市场放大效应。F-C 模型的循环因果链中不像 C-P 模型中存在需求关联的循环因果关系和成本关联的循环因果链。因为 F-C 模型中假设资本收入要返回到资本来源地消费，所以生产转移不能导致支出转移。F-C 模型中区际的支出是对称的，因此不存在内生的非对称性。F-C 模型的突发性集聚特性中，由于区际支出是对称的，所以当贸易自由度增加时，不会导致突发性集聚。

（四）自由企业家模型

自由企业家模型（Footloose Entrepreneur Model，F-E 模型）是由 Forslid 和 Ottavinao 于 2003 年提出的新经济地理学模型。F-E 模型假设生产企业固定投入的人力资本或企业家是可以自由流动的，即生产企业固定投入和可变投入由不同的生产要素组成，其中固定投入只包括人力资本，可变投入包括劳动者或者企业家。F-E 模型引入了企业家资本，使得资本要素的流动性更强，由于人力资本和资本所有者不能分离，所以人力资本要素的流动也意味着所有者的空间流动，并导致市场规模变化，引起生产转移，即后向联系；市场较大、生活成本较低的区域对人力资本有较强的吸引力，因此生产转移也会刺激人力资本转移，即前向联系。

（五）资本创造模型

资本创造模型（Construction Capital Model，C-C 模型）是由 Baldwin 在 1999 年提出的模型。该模型的解析力强，可以得出所有内生变量的显性解，同时具有新经济地理学意义的一般特征。C-C 模型引入了两种新的变量，即资本形成和资本折旧。同时，该模型中假设不存在资本的区域间流动。有活力的区域通过创造资本而获得更多的工业品制造份额，而丧失活力的区域因为资本折旧而使得工业品制造份额下降。C-C 模型在 C-P 模型的基础上引入了新变量，其结论除了重叠区外，还具有 C-P 模型的其他所有结论。但二者在细节上有所差异，并且 C-C 模型具有一些新的结论，即资本累积会影响经济区位，从而影响区际经济平衡；区位会影响经济增长，区际经济发展会出现经济的“增长极”和“塌陷区”。在 C-C 模型中，由于不存在生产要素的流动，所以模型中没有区域的价格指数，也就不存在与成本关联的循环因果链，但仍然保留了与需求关联的循环因果链结论。

新经济地理学从诞生起就得到了主流经济学家的认可，并在短短的十几年间得到了迅速发展。其实,从经济学历史来看,新经济地理学并不是经济学的一个新兴分支,它的产生有着深厚的历史背景,其前身区位理论的起源就可以追溯到 1826 年 Thünen 的《孤立国》(Thünen 也因此被视为农业区位理论和边际学说创始人),之后到 1890 年新古典经济学奠基人马歇尔(Marshall)在其经典著作《经济学原理》中对工业地理分布进行了专门论述,再到 1909 年韦伯(Weber)所著的《工业区位论》,可以说他们都是新经济地理学的奠基人。然而进入 20 世纪后,区位理论或者传统经济地理学的发展基本上陷入了停顿状态,这主要是因为在一般均衡框架下无法对空间均衡进行分析。具体来讲,考虑由有限个区域、消费者及厂商构成的经济体,且如果空间是均匀的、存在运输成本、偏好在区域内是非饱和的,那么该经济体就不可能存在竞争性的一般均衡。因为经济活动不是完全可分的,活动主体需要占据一定的空间,所以就必然存在着跨区贸易,这即是著名的 Starrett 于 1978 年提出的空间不可能定理(Spatial Impossibility Theorem)。虽然这个时期也有不少学者研究经济的空间问题,但始终无法完好地解决这一空间悖论,因而经济地理学也一直未被主流经济学体系所接纳。这一局面直到 Krugman 时才得到彻底扭转,新经济地理学也从此焕发出蓬勃生机。不可否认,新经济地理学的诞生将经济学的发展向前推进了一大步。它引入了空间概念,使得经济分析能在时间和空间两个维度上同时展开,从而使此方面的相关研究更加全面和完善。

三、金融地理学

金融地理学结合了金融学、地理学、社会学等学科理论,把地理位置、距离与空间等地理因素引入对金融的研究中,特别考虑了由于地理因素的差异而产生的不同社会人文因素对金融集聚的影响,是一门新兴的介于地理学和经济学之间的边缘学科。它通过分析不对称信息和信息流,研究金融集聚过程中的影响因素,并以地理、空间为视角,考察区域金融问题。在这里“地理”是广义的概念,它不仅包含自然地理环境,还包含社会网络、人文积淀等人文环境。金融地理学突出非经济因素对金融发展的作用,认为现代社会是一个因素众多、目标多样、情况复杂、彼此紧密相关的复杂的巨系统。在这个复杂的巨系统当中,人类的社会活动、经济活动和金融活动是紧密相关、相互影响、相互促进和相互制约的,因此经济、社会和金融这三大子系统存在关联性和互动性。崔满红于 2002 年认为任何一个子系统各要素的动态过程,都会与同样处于动态过程中的相关要素存在动态关联性。社会、经济、金融三者既相互独立、自成体系,又相互影响、交叉重叠,因此考虑金融问题必须结合社会系统与经济系统来综合考察。

金融地理学家 Leyshon 等人于 1998 年认为金融地理学是由经济地理学衍

生而来的，可以把地理学的科学性在金融领域加以发扬，地理学所关注的“空间差异、空间过程和空间的相互作用”在金融领域有广泛的应用。Yeung 在 2003 年进一步认为金融地理学的学术渊源应在于新经济地理学，并指出其研究方法也应有所不同，金融地理学的研究者不应再继续完全依托已建立的所谓科学方法进行实证调研和数据分析，而应该采用基于过程的方法论研究框架。受区位选择理论的影响，Dow(1999)等学者还以金融中心为切入点对金融行业的区位选择、金融业的空间集聚与扩散等金融地理问题进行了研究。Leyshon 等人(1995)从社会文化和制度的角度来分析实际的金融地理问题——金融排斥，如大量金融服务网点在贫困社区的撤并、金融机构的分支机构在贫困社区的关闭、贫困社区的居民因到金融服务网点较远和交通不便而难以获得金融服务。可以看出，经过多年的研究积累，国外金融地理研究已经自成体系。这也为研究金融问题提供了全新视角和方法论。

（一）信息腹地理论

1994 年 Thrift 认为，由于信息本身意义不明确、不易理解，加之金融市场面临投机、不稳定等因素，金融机构要掌握金融市场准确信息和动向就必须围绕联系本地区的社区网络。在金融活动中需要收集并传播大量信息，金融部门需要对收益水平高度敏感，这依赖于政策信息快速散播。通常情况下，在比较大的信息腹地中心城市，一些大的金融机构将会设立相关机构，以较小的成本收集、获得及辨认有效信息。

1995 年 Porteous 主要从信息不对称和信息腹地等角度解释了金融业集聚的形成与发展，认为信息腹地是一个中心城市地区，有利于挖掘出有价值的信息。信息在传递中可能因为距离和其他因素会发生偏差和歧义。在信息腹地之内，获得准确信息可花费最少。靠近信息腹地的信息使用者比远距离的使用者更具优势，其获取信息的成本也较低，并能作出较好的反应。在相当大的程度上，金融部门潜在的机会和收益在多数情况下都依赖信息的可获得性、准确性和及时性。因此，信息腹地的发展规模、发展前景是吸引金融机构发展并形成聚集的关键因素。金融机构也有意愿向具备一定政治和经济影响力、具有高质量和数量的信息腹地的中心城市聚集，由此这个中心城市将逐渐发展为金融集聚区。

（二）信息不对称理论

由于信息本身的特殊性，金融地理学将信息分为标准化信息（公开信息）和非标准化信息（内部信息）。由于市场上充斥着大量的非标准化信息，才会引起金融市场的剧烈波动。由于在信息资源获得上的不对称性，导致资金供求双方对非标准信息的追逐更加激烈。信息不对称效应促使金融类企业向信息源聚集，这使得金融类企业可以及时获得信息，并从中获得收益。2000 年 Gehrig 运用市场摩擦理论并经过大量的实证研究，得出以下结论：① 某个区域金融活动在地理空间上的集聚与相邻区域内金融活动在地理空间上的分散趋势是并存的。② 不对称信息，一方面是塑造信息腹地和决定金融集聚的重要因素，另一方面是区域间经济发展差异和全球经济结构差异的重要影响因素。③ 针对信息内容的不同对金融活动进行分类具有实际意义。证券交易由于对信息敏感性更强，则更倾向于聚集在信息集中、易获得和交易成本更低的地区。通常情况下，距离越远，收集和核实信息的成本就会越高；并且，随着信息消费者和信息生产者之间距离的增加，非标准化信息的潜在作用和质量将会快速衰退。由此，金融机构对非标准化信息的追逐将驱动其集聚到非标准信息的密集地。

（三）信息外在性理论

从本质上而言，金融机构依靠经营信息赚取相应利润。金融集聚区不仅是金融机构、金融资源和金融人才的汇聚地，还是信息流的汇聚和发源地。信息在一定程度上具有公共产品的性质，且传播速度快、成本低，巨大的信息外在性会使金融机构在信息量的倍增中获益，从而产生信息的套利活动。1990 年 Davis 实证调研了金融服务业，得出以下结论：一是在金融集聚地区，各个层次的金融服务机构都倾向于集聚发展，包括金融辅助性行业，如法律咨询、财务管理、保险精算、风险评估、保险中介等行业；二是金融机构与交易市场接近，不仅会大大减少交易成本，而且能够促使金融机构互相学习，同时也将产生技术外溢，引发技术创新。Davis 的研究还指出，技术创新与外部经济和优质的信息流密切相关，如果金融服务和金融工具的定价具有更大的竞争力，则金融资源流动性和金融交易效率将会更高，并且随着金融市场高度相关，产业之间的相关度也将不断提高。2002 年 Zhao 认为信息外部性以及不对称信息不仅是塑造信息腹地和决定金融中心的重要因素，也是影响地区等级和全球层次的重要因素，它们将导致路径依赖优势的改变或削弱。

（四）金融自组织与空间集聚效应

简单地讲，自组织指的就是不需要外部指令，而在一定条件下自行产生特定有序结构的过程。成熟的自组织理论应该是系统学的核心部分。金融地理学强调金融系统的自组织，尝试把西方重视定量化的传统和东方强调自发自组织的传统结合起来，反对政府对金融的过度干预。1999 年 Harrington 等人指出，经济不再是孤立的实体，它根植于更广阔的社会、政治、文化和自然环境之中。丰富的社会资本是本地化网络形成的重要条件，社会系统、经济系统、金融系统在这一网络中自主进化即自组织。金融自组织包含两方面含义：一方面指金融、经济、社会系统的自组织；另一方面指不同区域的金融发展遵循自组织规则。物质世界中的任何系统都处在一定的自组织的演化过程中，无论是系统的结构，还是系统的功能，以至于系统本身，都是系统所固有的自组织性在一定条件下、一定阶段上的具体表现。因此，自组织是一切系统所具有的普遍属性。任何一个系统都以自组织性为其产生、存在、演化和发展的条件和背景。金融系统只有实现自组织，才可能步入良性循环。

金融地理学强调的根植性和嵌入性，构建了本地化网络，经济、金融、社会都处在这个自组织演化过程中。金融集聚的变化是按照“空间差异-空间过程-空间相互作用”的模式运行的。一定的地域空间在吸纳、传输、配置、开放金融资源上具有不同的初始条件，在适宜的地域或空间内，金融资源通过与地域情况相结合参与地域运动凝结成金融产业，进而形成金融集聚。这一过程归根到底是一种金融空间地域运动规律的实质反映。从以上两点可以得出以下结论：金融资源的变动与经济发展紧密相关，其产生的金融区位变动与实体经济的发展相辅相成。由于金融资源的流动性大，所以金融活动的空间集聚效应更为强烈，其分散效应主要体现在辐射周边国家和地区上；金融资源的流动不受地域时空限制，只有在受到国家政策、政治、军事、民族等因素影响时，其分散效应才会比较明显。

四、农村金融理论

从历史演变的过程来看，理论界有关农村金融方面的研究主要经历了农业信贷补贴理论、农村金融市场理论和不完全竞争市场理论三个阶段。根据各自的理论前提假设，三种理论分别就政府干预农村金融市场、进行利率管制、对金融机构保护与管制的必要性，以及贷款资金的来源、提高资金回收率的方法、专项贷款的有效性和非正规金融等问题进行研究，并提出了各自的政策主张。

（一）农业信贷补贴理论

1973 年美国经济学家麦金农（McKinnon）和肖（Shaw）先后出版了《经济发展中的货币与资本》和《经济发展中的金融深化》，提出了金融抑制理论，认识到真实利率对金融发展乃至经济增长的重大影响。他们分别从金融抑制与金融深化的角度对发展中国家金融发展与经济增长的辩证关系做了全面的开拓性的研究。麦金农认为造成金融抑制的主要原因是实际利率太低导致人们不愿储蓄，并且使得投资下降，根据乘数效应则经济增长就会受到阻碍。肖则认为如果持有货币的实际收益下降，金融中介的活动就会受到抑制，那么对储蓄和投资也有一定的影响，由此会压制经济增长。最终的结论是，在发展中国家货币和资本不是替代关系而是互补关系。在麦金农和肖金融抑制理论的基础上，专家和学者们对发展中国家的农村金融问题进行深入的研究，形成了农业信贷补贴理论（农业融资理论）。该理论的假设条件是：农村居民特别是贫困阶层没有储蓄能力，因而农村面临着资金短缺的问题；而且，由于农业产业特性（收入不确定、投资长期性、低收益），使它不可能成为以利润最大化为目标的商业性金融机构的融资对象。由此该理论得出以下结论：为促进农业生产和缓解农村贫困，有必要从农村外部注入政策性资金，并建立非营利性的专门金融机构来进行资金分配，提供以贫困阶层为目标的专项贷款。在该理论的指导下，发展中国家普遍实行了相应的农村金融政策，扩大了向农村部门的融资。比如在 20 世纪六七十年代，亚洲各国政府通过设立各种专门的农业金融机构，将资金注入农村，以便更多地满足农村内部资金的需求，这在一定程度上促进了农业生产的增长。2004 年林毅夫指出我国 20 世纪 50 年代的农村经济暂时性增长也是因为这种政策。

然而，多个国家几十年的实践证明，该理论在指导实践中是不成功的。其主要原因为：一是农村信贷机构缺少可持续发展的能力；二是农村贫困人口并不是低息贷款的主要受益人，低息贷款被集中使用到较富有的农民身上；三是持续的低利率对其他金融机构产生了挤出效应，对农村资金的投入和资本的积累反而起到了负效应。

（二）农村金融市场理论

20 世纪 80 年代以后，放松管制和金融自由化成为金融制度演进的主流，在麦金农和肖所提出的金融抑制和金融深化理论的基础上产生了基于新古典主义发展经济学、强调市场力量的农村金融市场理论，并逐步取代了农业信贷补贴理论。该理论的主要观点是：农村居民及贫困阶层具有储蓄的潜在能力，因此没有必要从外部注入资金；低息政策不能有效激励人们存款，影响了存款总量的扩张和结构构成，抑制了金融发展；农村金融机构资金的外部依存度过高是造成贷款回收率低下的重要原因；由于农村资金拥有较高的机会成本和风险费用，所以非正式金融的高利率具有一定的合理性。农村金融市场理论反对政策性金融，认为垄断的市场难以有效分散风险，更不能有效配置资源，因此极力推崇市场机制。

该理论的政策主张包括：农村内部的金融中介在农村金融中发挥重要作用，故储蓄动员是关键；为实现储蓄动员、平衡资金供求，利率必须由市场决定，且实际存款利率不能为负数；农村金融成功与否应根据金融机构的成果（资金中介额）与经营的自立性和持续性来判断；没有必要实行为特定利益集团服务的定向目标贷款制度；非正式金融具有合理性；应当将正式金融与非正式金融结合起来。

进入20世纪90年代以后，该理论也受到了很大的质疑，主要表现在：缺少担保品以及自由化的利率带来的高成本能否使小型农户充分得到金融市场的贷款；农村金融市场信息不对称造成市场机制失灵，由此引发的道德风险和逆向选择等问题严重影响了农村金融市场的有效运行。

（三）不完全竞争市场理论

20世纪90年代，赫尔曼、默多克和斯蒂格利茨等人根据发展中国家金融自由化的经验和教训，提出了金融约束理论。该理论认为，在现实经济生活中，由于信息不对称等市场缺陷，金融市场不能有效运行和有效配置资源，因此政府有必要进行适当的干预。通过制定一系列的金融政策，政府在金融部门和生产部门创造租金的机会；通过租金效应和激励作用可以规避潜在的逆向选择行为和道德风险；鼓励创新，维护金融稳定。不完全竞争市场理论就是通过金融约束理论在农村金融领域的运用而形成的，该理论的主要观点是：① 农村金融市场不是一个完全竞争的市场。特别是由于借贷双方之间存在着严重的信息不对称，导致信贷机构无法充分掌握借款人的信息，逆向选择和道德风险问题严重。② 仅仅依靠市场机制无法培育完善的农村金融市场。③ 有必要采取诸如政府适当介入金融市场以及借款人的组织化等非市场要素等方式来改善农村金融市场存在的信息不对称、市场不完全、合约不完备等缺陷，以弥补市场失灵所带来的损失。

（四）小额信贷金融理论

20世纪70年代以来，旨在为农村低收入阶层提供金融服务的小额信贷或小额金融在亚非拉发展中国家、东欧转型国家、加拿大乃至美国兴起，被称之为小额信贷或小额金融革命。以斯蒂格利茨为代表，一批经济学家运用信息经济学、博弈论和契约理论对小额信贷的运行机制展开研究，形成了小额信贷金融理论。在此理论产生之前的小额信贷实践是建立在信贷补贴论基础上的，强调向穷人提供便宜的资金，但因为忽略了机构的可持续自我发展而难以为继；小额信贷金融理论基于不完全竞争市场理论，强调利用借款人联保机制、借款人互助合作、借款人的相互监督等激励机制克服农村金融市场上的信息不对称和抵押物缺失问题。同时，小额信贷金融理论认为小额信贷或小额金融机构应争取实现可持续性和削减贫困的双赢。在此前提下，政府可给予其一定的特殊政策，如税收优惠和放松利率限制等。

从不同时期居主流地位的农村金融理论来看，农村金融理论围绕的核心问题是政府主导还是市场主导，只是到了20世纪90年代，以市场为基础、政府在有限的范围内进行调节的理论才得以确立。

第二节 空间分异与农村金融研究现状

一、区域经济空间分异研究

空间分异，又称空间分层异质性（Spatial Stratified Heterogeneity），是指某一属性值在不同区域之间存在差异，例如气候分带、生态分区、地理区划以及各种分类现象。空间分异性是一个经典的地理学理论，有人称之为地理学第一定律。地理空间分异实质是一个表述分异运动的概念。首先是圈层分异，其次是海陆分异，再次是大陆与大洋的地域分异等。地理学通常把地理分异分为地带性、地区性、区域性、地方性、局部性、微域性等若干级别。20 世纪 50 年代以来，随着人类空间经济活动向广度和深度发展，越来越多的学者认识到经济增长发生于空间且要受到空间经济的影响，并反馈于经济增长。一个国家或区域的经济增长过程可理解为区域经济空间分异的过程，区域经济增长不仅伴随着产业结构而变化，而且也必然同时发生经济空间上的分异。对于这一问题的研究，主要从以下三个方面展开。

（一）区域经济空间分异态势研究

区域经济空间分异格局在物质形态上表现为各种类型的经济空间组织形式。一种或若干种经济空间组织形式在区域经济空间内的分化，展现了区域经济空间分异的格局。国内外学者在研究中所总结的或提到的经济空间组织形式主要有七种，即核心-边缘结构、多核心-边缘结构、网络结构、点-轴结构、双核结构、点-轴-面结构和板块结构。其中，前三种是国外学者首先提出来的，后四种是国内学者的首创。

Perroux 的区域经济增长极理论阐述了区域经济空间的核心-边缘结构。这一理论认为，区域经济增长并不是同时出现在所有地方，而是首先发端于一个（些）增长极上，然后通过不同的方式和渠道向外围扩散，区域经济空间呈现核心-边缘分异。核心-边缘理论不仅指出了区域经济空间的两种组织形式，即核心-边缘结构和多核心-边缘结构，而且阐明了随着区域经济发展，区域经济空间组织形式由核心-边缘结构向多核心-边缘结构演变的过程。较多的实证研究验证，在北美、欧洲及亚洲等地区存在多核心-边缘结构。McMillan 等人（2003）指出，1990 年美国 62 个大都市中，有 48 个拥有次核心，其中纽约和洛杉矶分别有 38 和 46 个次核心。Tuan 和 Linda 于 2000 年基于 1998 年我国广东地区电子产业数据的分析认为，深圳、广州、惠州和汕头是香港外围的几个次核心城市，该多核心-边缘结构的发展与外商直接投资（FDI）对核心外流和公司重新选址密切相关。Hewings 等人(2002)认为，在经济全球化、信息经济和网络经济的背景下，区域经济空间分异格局将发生本质性的变化；网络结构是区域经济发展的一种有效的空间组织形式，它以其特有的连通性，通过有组织的连接模式有效地组织和连接节点。

陆大道(2001)提出的点-轴理论阐明了区域经济空间的点-轴结构。该理论认为，社会经济运行客体大都在点上聚集，并通过线状基础设施而联成一个有机的空间结构体系，区域经济空间结构以不同等级的"点-轴"系统为标志。陆玉麒(2002)指出，双核结构是指在某一区域中，由区域核心城市和港口城市及其连线所组成的一种空间结构现象，它广泛存在于我国沿海和沿江地区及其他国家和地区中；从机理上考察，它起源于港口城市与核心城市的空间组合；由于其兼顾了区域核心城市的居中性和港口城市的边缘性，从而可以实现区位上和功能上的互补。涂人猛(1994)基于流域空间系统的研究提出了点-轴-圈(面)结构，认为河流具有多种优点，这吸引了工业向河流沿线靠拢，促进核心城市的发展，然后依托沿河城市这些"点"，借助沿河线这个"轴"，辐射整个流域经济的"面"，从而形成点-轴-圈(面)的流域经济空间分异格局。姚士谋等人(2004)提出了区域板块这一有别于行政区的区域概念。他们界定了区域板块的地域特征，即以一两个具有国际意义、国家级特大城市为核心组成的城市群，且城市具有相类似的自然地理特征及悠久的开发历史，依托发达的交通网络与信息交流构成地块结构。胡彬(2006)将区域板块界定为由城市经济联系引力边界形成的区域范围。由于区域经济空间组织形式是不断变化的，多种经济空间组织形式之间不断演变更替，区域经济空间分异格局不仅具有一定的结构，而且呈现出一定的演变规律。

另外，Friedman(1966)将区域经济空间组织形式的演变分为与区域经济发展相对应的四个阶段，即工业化过程以前独立的和无等级的地方中心阶段、工业化初期强大的单核心-边缘阶段、工业化成熟时期的单核心与强大的次核心阶段、后工业化时期功能一体化的城市空间体系阶段。薛普文(1988)认为，随着经济的发展，区域经济空间分异格局的演变可分为四个阶段，即低水平的均衡阶段、极核发展阶段、扩散阶段和高水平的均衡阶段。崔功豪(2006)认为，随着区域经济的增长，区域空间结构会发生阶段性的演变，按照区域经济自工业化前阶段、工业化初期阶段、工业化成熟阶段、工业化后期及后工业化时期的演进顺序，区域经济空间分异格局相应地呈现出自离散型、聚集型、扩散型、均衡型的演变更替次序。

(二) 区域经济空间分异机制与特征研究

关于区域经济空间分异的机制，归纳起来有以下五个研究视角：一是要素禀赋视角。学者们认为区域经济空间分异源于影响经济活动因素的空间异质性或非均质性，如 Krugman(1991)、金丽国(2007)等。二是经济活动主体视角。这一观点认为任何经济活动都是基于一定主体的行为展开的，如 Martin 等(1999)。三是经济空间客体视角。这一观点认为经济空间客体有多种存在形式，其相互作用是空间分异的根本动因，互补性、通达性及介入机会是衡量空间相互作用程度的重要标准，如 Perroux(1950)、Friedman(1966)、陈修颖(2003)等。四是分工专业化视角。这一观点认为经济空间分异虽产生于自然空间的分异，但最终成就了分工专业化的演进；且认为分工网络及水平是解释区域经济空间分异的基本工具。五是制度视角。这一观点认为区域管治模式、对外开放、体制变革作用于区域经济空间分异的机制。

吴启焰等人(2002)认为城市居住空间分异是社会阶(层)级分化结果通过市场宏观控制、个体择居行为心理的局部调整而实现的空间化过程。因此，居住空间分异机制可以从住房市场空间分化及个体择居行为机制两个方面来理解。

王莹等人(2009)通过构建基于住房消费偏好的居住空间分异机制的理论模型推理得出：居住空间分异的程度取决于购房者对住宅区位特征的偏好及程度，并以西安为例进行实证分析。研究结果表明，购房者对住宅区位类特征的总体偏好显著胜出，从而导致西安居住空间分异不断加剧；消费者对地块所处区域和周边环境质量的偏好胜过对地块距离市中心远近的偏好。因此，西安居住空间分异结构以扇形和马赛克式为主，同心圆和带状为辅。

覃成林等人(2010)从区域经济空间分异机制的内涵出发，以经济增长因素的相关理论和分工理论为基础，将各个视角的研究成果贯穿起来，构建了一个解释区域经济空间分异机制的理论分析模型，并运用这个模型对黄河流域经济空间分异机制进行了实证分析。研究结果表明，黄河流域综合要素禀赋、分工与集聚的耦合互动关系明显存在，黄河流域经济空间分异受要素禀赋决定作用机制、分工传导作用机制和循环累积因果机制的支配。

孙晓一等人(2015)利用 2010 年城镇居民收入、农村居民收入和第六次人口普查数据，以县级行政区为数据单元，从城乡、城镇、农村以及整体不平等性等四个方面测算和分析了我国居民收入的区域差距及空间分异特征。研究结果表明：2010 年我国城乡居民收入差距甚大，城镇居民收入和农村居民收入的空间差异特征十分显著，总体基尼系数和城镇基尼系数都在国际警戒线以上。城乡居民收入绝对差距空间分布呈现为北小南大、东小西大的特点，相对差距的空间分布大致与我国地形三大阶梯的走势一致；城镇居民收入从东部沿海向西北大致呈现为高-低-中-低的分布格局，农村居民收入空间分布呈现出北方沿边境地区和东部及东南部沿海地区高、其余地区低的格局；居民收入不平均等问题突出。因此，缩小城乡居民收入差距依然是今后我国各级政府必须采取有效措施加以解决的一个紧迫问题。

江孝君等人(2017)以经济社会协调发展为目标，构建经济社会协调发展综合测度指标体系，基于耦合协调模型采用系统分析与综合指数评价法，测度2008～2013年我国地级及以上行政单元经济社会协调发展水平，并分析其空间分异特征。研究结果表明：① 我国经济社会分系统发展水平、综合度、耦合度、协调度均存在明显的空间差异，东部沿海地区发展水平较高，西北、西南等地区发展水平较低；2008～2013年经济社会分系统及综合协调发展水平均逐渐提高，区域空间差异逐渐缩小。② 我国经济社会协调发展空间分异特征显著：呈现"级差化"分异特征，总体处于中级协调状态；呈现"梯度化"分异特征，经济社会综合度及耦合协调度呈"东部＞中部＞西部"的发展格局；呈现"集群化"分异特征，城市群区域的协调度明显高于其他区域。③ 经济社会协调发展与城市规模及经济发展水平呈正相关关系，壮大城市发展规模、提升经济发展实力是提高城市经济社会协调发展的重要途径。

(三) 区域经济空间分异测度及评价

区域经济空间分异态势评价的内容包括三个方面：一是评价区域经济空间集聚程度；二是识别经济空间组织形式；三是从总体上评价区域经济空间分异格局及其演变。主要评价方法是基尼系数、变异系数、探索性空间数据分析方法、Moran指数等。

赵璐等人(2014)根据克鲁格曼的"两个自然"理论，运用空间统计方法，在GIS技术的支持下，基于中国国土空间特征椭圆系列——国土均衡分布椭圆、国土地形分布椭圆、人口分布椭圆等，在空间上定量刻画了中国经济空间分异的基本特征，并为分析经济空间分异提供了新的参考方法。

刘文生等人(2015)以长三角城市群为研究案例区，运用ESDA分析法，通过ArcGIS软件和GeoDa软件对长三角城市群进行研究与开发，投入相关数据进行分析，得出其空间分异及演化特征。主要研究结论包括：① 长三角城市群研发投入要素在城市间差异化的整体变化呈逐渐缩小的趋势；② 总体来看，长三角研发投入要素中的创新人员投入出现相似水平，城市集聚显著特征，而研发经费投入出现显著的极化现象；③ 具体来看，研发人员投入呈现由以上海为核心的两翼延伸的"V"字形向环杭州湾南移的发展态势，出现了南高北低的分布现状；而研发经费投入呈现以上海为绝对高值极化中心，杭州、苏州、南京、无锡为次级极化中心的多极鼎立的空间指向。

杨伟等人(2016)以汾河流域各县域为研究单元，选取1994～2013年研究区人均GDP数据，以GIS空间分析方法为基础，分别从绝对差异、相对差异、空间分异特征等角度对其20年来的经济空间分异态势进行分析。研究结果表明：汾河流域县域经济发展两极分化态势明显；太原市作为区域核心，对周边县市的辐射带动作用逐渐减弱；流域中部经济发展速度较快，以孝义市为核心，依靠资源禀赋以及交通区位条件等，经济增速明显，成为新的高值聚集区；流域南部缺乏明显的中心城市，临汾市作为汾河流域南部人口最为集中的城市，其经济发展相对较慢，对周边县域的辐射带动能力较弱，作为局部核心城市的作用不显著。

杨贺等人(2016)利用最小二乘法和地理加权回归法，对以河南省为主体的中原经济区171个县域的经济增长的各项指标进行回归分析，探寻资源型区域空间结构演变的主导因素，揭示了资源型区域的经济增长空间分异驱动力。研究结果表明：形成中原经济区经济增长空间分异的主要驱动力依次是矿业、农业和交通；矿产资源开发利用促进了以郑州为中心的区域经济核心圈层的形成，主要依靠农业来提升经济总量的豫东地区较为贫困，而交通基础建设加强了区域经济空间关联、提升了经济空间集聚速度。

冯迎等人(2016)在ArcGIS空间分析技术支持下，借助GeoDa空间自相关分析方法，以新疆85个县(市)旅游总收入及其空间差异为研究对象，分析新疆旅游经济发展空间分异格局，并用地学统计方法研究其空间分异规律。研究结果表明：① 新疆旅游经济具有较强的空间依赖性，全局空间自相关特征明显，表现为集聚度高、异质性强、差异性大的空间极化分异态势。② 局部上则表现为高高相聚和低低相随的两极分化格局。热点区以乌鲁木齐为中心，以昌吉回族自治州、吐鲁番市和阿勒泰地区为延伸，呈现出沿交通网络向周边地区递减的空间分异格局；喀什、和田地区为冷点区。③ 交通可达性及旅游基础设施数量对新疆旅游经济发展起决定性作用，高速公路尤其是铁路对旅游经济影响最大；旅游资源优势度对旅游实现更加重要；交通区位对新疆旅游经济空间分异起着基础性作用。

二、金融空间分布与空间联系研究

Huallachain于1994年指出，美国的外资银行主要集中于纽约、芝加哥、洛杉矶、旧金山、亚特兰大和迈阿密市。

Leyshon等人于1995年将金融服务业从贫穷的、落后的社区撤退。贫穷的社会群体被排除在金融系统之外的现象称为金融排除。

Wójcik于2001年研究了1998～2007年间美国证券业的空间变化，发现在此期间证券业在美国各州和大都市地区不断扩展，且通常与信贷、保险业以及公司总部等共同处于这些地区的核心位置。

Dymski等人于2004年研究了洛杉矶来自中国的21个外资银行总部，指出人流和资金流具有联动性。中国的外资银行不仅是管理跨境资本流动的机构，同时也开始逐渐融入美国的国际银行和金融市场。

Alessandrini 等人于 2008 年研究了银行规模和距离对中小企业创新的影响。研究结果表明，距离银行系统较远的中小企业更难做到加工和产品的创新，而银行规模对企业创新的影响较小。

Leyshon 等人于 2008 年研究了 1995～2003 年英国银行的空间分布后指出，贫困地区的金融排除依然存在，政策的制定应考虑到零售金融服务业生产和消费的区域差异。

彭宝玉等人于 2009 年认为，金融空间系统指一定区域范围内金融系统各种组成要素在空间中相互作用形成的空间结构，表现为金融机构和金融资本不同程度的空间集聚和分散。金融空间系统的变化通过三种渠道，即经济效率、信用需求、信用获得影响地方发展。全球化、网络化、信息化背景下金融空间系统呈现出主流金融空间一体化、黏性金融地方竞争激烈、空间等级化特征显著、另类金融空间出现等发展趋势。

Joassart-Marcelli 等人于 2010 年从银行的空间分布研究了移民群体的金融融合，发现十大移民群体的金融排除存在差异，更穷、更孤立的移民群体往往要使用现金支票(Check Cashers)或典当行(Pawn Brokers)。

Wõjcik 等人于 2010 年指出，在过去 10 年间，大量来自印度、巴西、俄罗斯、中国的上市企业在美国、英国和卢森堡上市，重塑了世界金融市场格局。

Karreman 等人于 2012 年指出，香港地区作为国际金融中心吸引了中国内地国有企业在香港上市，而深圳和上海的证券交易所则吸引大量中小企业和本土企业上市；随着地理邻近的重要性的降低，上市区位的选择越来越复杂。

Wray 于 2012 年使用关系地理学的方法研究英国东北地区和东米德兰地区的风险投资活动，指出两个地区风险投资行业发展不均衡，距离仍是影响风险投资行业的重要因素。

Pan 等人于 2014 年研究了 1980～2012 年中国的境外上市企业，指出香港地区、纽约、新加坡和伦敦是中国企业境外上市的主要目的地，并强调了政府在中国企业境外上市区位选择中的重要作用。

蒋三庚等人(2014)认为，区域的空间结构是区域金融研究的前提和突破点，特别是在转向要素、市场起决定作用的过程中，金融要素和资源的空间分布对区域增长的影响是不可忽视的，区域金融市场一旦形成又会反过来对区域经济增长起到不可逆转的反作用。

杨志民等人(2014)以浙江省县域为例，运用引力模型分析金融空间联系特征，结合 SOM 神经网络识别金融中心等级。研究结果表明：近 10 年来浙江省县域金融质量空间总体格局趋势比较稳定；杭州市金融空间联系最大引力线联结最为广泛，向其周边及中西部县域蔓延；空间联系网络结构分布格局变化显著，从简单的一体化线型和网络型空间网络结构发育成复杂的区域化网络型空间网络结构；金融中心以杭州市最为突出，宁波市、温州市次之，主要向环杭州湾集聚。

王飞(2014)以河南省1990～2012年各县域金融相关比率为衡量金融发展水平的指标，采用非参数核密度估计、ESDA局部空间相关分析与空间地理加权模型回归方法，从空间相互作用角度对河南省各县域金融发展的空间布局进行研究与分析，以揭示其演化特征、空间依赖性及异质性，并对形成原因进行初步探索。研究结果显示，河南省县域金融发展水平总体存在显著的空间集聚特征，呈现出明显的地理依赖特征。

王飞(2014)利用ArcGIS、GeoDa、Matlab工具，结合非参数Kernel密度估计方法，分析河南省传统农业地区51个县域空间单元金融地理排斥现象和空间地理溢出效应，并对金融空间发展格局进行β趋同检验。

化祥雨等人(2016)以江苏省县域为研究对象，运用引力模型和探索性空间数据分析方法分析金融空间联系特征，进一步引入金融势能指标建立金融势能经济增长模型，通过空间计量技术探讨金融空间联系与经济增长关系。研究结果表明：江苏省县域金融空间联系网络结构分布格局变化显著，从简单的一体化线型空间网络结构发育成复杂的区域化三角形、网络型空间网络结构；金融势能存在显著的空间自相关性，金融势能空间集聚现象变化显著，进一步向苏南演化，呈现出区域集聚态势。

张辉等人(2016)在区域金融的地理空间基础上，从金融从业者规模、知识异质性、信息扩散等经济空间核心要素出发，在新经济地理学自有资本模型研究框架下，对金融空间分布差异下的资本区位选择以及由此导致的产业集聚机制进行了理论分析和数值模拟。

秦泗刚等人(2016)以西安市主城区1 218个银行网点为研究对象，运用GIS和空间统计相结合的分析方法，对西安市主城区银行网点空间演变过程及趋势进行了分析。研究结果表明：① 银行网点空间演变由城市中心向外围圈层式扩散，城市主干道是银行网点空间演变的主要路径。② 银行网点分布中心变化缓慢，主要位于离钟楼1 km的范围内。分布方向变化较大，东北-西南方向成为银行网点分布的主要方向。③ 西安市形成了多层次银行集聚区，未来经济技术开发区将成为西安市新的银行网点集聚中心。

李泉等人(2016)从空间经济学和金融地理学视角，选取2006年和2014年两个时间断面，采用主成分分析法，通过测算“丝绸之路经济带”国内段沿线七省

（自治区）间的金融空间联系强度、金融势能、金融联系隶属度、变异系数、产业合作潜力及其金融发展质量，研究“丝绸之路经济带”沿线区域金融联系的空间分异与合作。

三、农村金融研究

关于农村金融的研究，学者们主要从需求与供给角度研究了农村金融机构及体制改革、金融抑制、金融发展与经济增长关系、非正规金融发展、区域金融差异等。

Stiglitz 和 Weiss 于 1981 年认为农村金融市场中信息不对称和逆向选择的存在使得信贷配给成了市场的长期均衡状态。

Braverman 和 Guashch 于 1989 年认为农业生产具有季节性特征，而融资需求也与其保持了时间上的一致性，因此，金融机构与借款农户之间存在很大的协同风险。

关于农村金融供给主体，Hoff 和 Stigliz 于 1990 年认为，农村金融组织体系不应仅包括商业性、合作性与政策性的正规金融部门，还应该将各种形式的非正规金融包括在内。正规金融部门与非正规金融部门两者之间相互补充。Hoff 和 Stigliz 于 1993 年进一步指出，全国性的大型金融机构在处理贷款申请过程中很难得到充分可靠的私人信息，而与贷款申请人具有长期合作关系的地方性金融机构则可以获得近乎充分的信息。

Besley 于 1994 年指出农村金融市场缺乏抵押物及辅助性机构的现象导致了合同很难强制执行。

Baydas、Pretrick、Boucher 等人认为，在贷款拒绝率较高且交易成本较大时，农村金融需求主体便会自愿放弃贷款申请，从而形成了需求型金融抑制。

Fuentes 于 1996 年将正规金融机构视为放贷的委托人，将来自乡村社区的成员视为放贷代理人，代理人筛选出好的借款人并收集借款人信息，贷款到期之后收回贷款并获得相应回报。该研究建立了一个委托代理模型，指出了其中的激励相容问题，并设计出了对代理人的最优补偿计划。

Hoff 和 Stiglitz 于 1997 年认为信息不对称、高的交易成本以及缺乏合适的抵押物是制约农村金融市场发展的重要因素。

Floro 和 Ray 于 1997 年对菲律宾的金融互联进行了考察，其研究结论指出，非正规金融部门中民间放贷人的竞争与合作影响了正规金融与非正规金融垂直互联的效果；若民间放贷人进行策略性合作则会损害借款人的利益。

1998 年 Ouattara 充分肯定了乡村银行在收集客户信息上的优势以及进行小组贷款的优势。

1999 年 Impavido、Tassel 和 Ghatak 从不同方面指出，小组贷款中的连带责任使小组贷款成为存在信息不对称下的逆向选择与存在道德风险时的最佳贷款方式。在缺乏担保物的情况下，相互监督和对违约的制裁代替了担保物的作用，小组贷款能有效缓解信贷配给。

1999 年 Bastelaer 的研究认为社会资本有利于微型金融机构降低运营成本。Benjamin 和 Seibel 分析了菲律宾乡村银行的运作效率，指出微型信贷机构运作成功的关键在于运用了乡村银行核心的社会资本要素。他进一步指出，其他国家微型金融机构要想获得成功也必须要大力开发社会资本资源。

2002 年 Berger 和 Udell 的研究表明，大型金融组织有利于生产“硬信息”，因此在发放市场交易性贷款上具有优势，而小型金融机构更擅长于生产“软信息”和发放关系型借贷。因此，从增加有效供给的角度，所有能促进信息生产的主体都应该被纳入农村金融供给组织体系。

Hassan 和 Dowla 分别于 2002 年和 2006 年讨论了小组贷款中成员具有的社会资本（信任及网络）对其效率的影响。

Kon 和 Storey 于 2003 年发现，由于金融机构在授信过程中存在信息甄别机制的缺陷，使得贷款申请者低估自己成功获得贷款的概率，从而无信心申请贷款。

2004 年 Varghese 在金融机构与借款人存在信息不对称的假定条件下，比较了直接向借款人放贷与建立和民间放贷人互联再放贷的收益情况，得到了两者实现金融互联的激励相容条件即由于金融机构之间的竞争会促进金融机构挖掘借款人信息从而增加金融供给。

2005 年 Varghese 进一步比较了银行间的竞争与正规和非正规金融实现互联的相对有效性。他发现由于借款人可以通过向民间放贷人借款偿还银行贷款，从而不影响进一步从银行获得贷款。所以，相比银行间的竞争，实现正规与非正规金融的互联更为有效。

2006 年 Bastelaer 对南赞比亚的研究发现，小组联保贷款在金融风险防范方面起到了重要作用。

在我国，周立于 2003 年指出，20 世纪 90 年代以前，专门研究中国农村金融问题的成果并不多见；90 年代以后，农村金融问题才成为经济和金融理论研究的热点。然而，周立、熊德平等人更多的研究属于针对某一具体问题的一般性对策分析。何广文（2003）和张杰（2003）等人研究了我国农村金融供给非农化、政策性金融缺位、信用社改革、小额信贷规范等问题，但这些研究大多着眼于农村金融机构视角。在众多的研究中，吴国栋和冉光等人开始关注农村金融与农村经济关系问题。熊德平等（2015）在国内率先系统研究了农村金融与农村经济协调发展机制与模式问题，但这些研究均为基于宏观体制、战略或微观机制、治理等。

学者们的研究结果表明：① 由于我国不同区域的发展程度不同，农户的金融需求也因此不同，复杂多样性、层次性和不断升级性是农户金融服务需求的个性化特征。② 我国农村金融供给不足的主要原因在于商业性、合作性、政策性和民间金融等四类信贷供给主体难以协调发展，不同的需求应该有不同的金融组织和不同形式的金融供给来满足；农村金融体系的构建应该通过剖析农村金融的现实和潜在需求，设计相匹配的金融供给体系。③ 经济发展水平、体制转轨、统一的宏观金融政策、政府行为、区域间禀赋差异等是我国农村金融发展差异的原因，区域间金融差异呈扩大趋势。④ 经济发达地区信用社的股份制改革不仅可以满足当地农户的市场化融资需求，而且为非正规金融演变创造了条件，而落后地区信用社应坚持合作制取向并应加强与非正规金融的垂直连接。

（一）农村金融发展差异研究

解运亮等人(2013)从规模、结构、效率三个方面对中国农村金融发展的区域差异状况进行了系统分析。研究结果发现四大经济区域农村金融发展差异明显，东部农村金融整体水平较高，西部农村金融规模扩张迅速且后来居上，中部和东北农村地区则显示出明显的“金融塌陷”现象；近五年来东部农村金融的市场化程度有较明显提高，相反，东部以外区域农村金融的市场化进程仍需努力；在储蓄动员效率方面，近年来中西部提高迅速，目前西部已居全国最高；但在储蓄投资转化效率和资金配置功能方面，东部仍牢牢地占据领先地位。

解运亮等人(2013)借鉴史密斯提出的金融相关比率(FIR)，使用农村 FIR 作为农村金融发展水平的衡量指标，利用大量统计数据分析了我国 31 个(未包含香港、澳门特别行政区和台湾省)省级行政区农村金融发展的差异状况。

施沈杰等人(2013)立足苏皖两省的代表性县域的调研，从农户的视角分析农村金融的需求和供给、农户对农村金融活动的参与情况与意识、农村金融服务体系的评价等多方面；具体比较分析区域农村金融的差异，并探讨这些差异形成的深层次原因。

杨德勇等人(2014)选取我国 30 个省份 2005～2012 年的截面数据，运用相关性分析、主成分分析等方法，筛选了 12 个解释变量及 4 个表示区域的虚拟变量指标，构建了衡量农村金融区域差异的影响因素的多元回归模型。研究结果表明：东部的农村金融发展明显优于其他 3 个区域，且农村经济投资水平、农村金融机构发展状况、农村基础设施尤其是邮电道路等方面的建设对于农村金融的发展有显著正向推动作用。

曹跃群等人(2014)基于中国人民银行农户借贷情况问卷调查的微观数据，统计分析后发现农户金融借贷需求在地区间具有显著差异，形成地区间四类主导的借贷机构；在地区间影响因素分析上，运用 Probit 方法，引入影响农户借贷行为的五大类特征变量，揭示特征变量与农户金融借贷需求地区差异关系。研究结果表明：农户资产存量因素、农户与金融机构之间的互动机制是影响农户金融需求地区差异的主导因素，农户家庭基本情况、人力资本水平、资金用途对借贷地区差异相对弱化。

李鑫(2014)以全国 29 个省(市、自治区)2002～2011 年的数据为基础，利用泰尔指数方法衡量我国东、中、西三大区域的农村金融发展差异，并在此基础上运用面板数据模型，从区位发展、经济发展、政治、市场等四个方面定量分析了影响差异形成的因素。研究结果表明：我国农村金融发展程度的地区差异显著，且区域内差异对总差异贡献较大；地区教育水平、地区商品交易效率、地区信息化水平、地区政策支持和金融市场交易效率对金融相关比率均有显著的正向影响，受农业弱质性和农业资金外流的影响，地区经济发展水平对金融发展有微弱的反向作用；若上一期的农村金融发展水平对本期的农村金融发展影响非常显著，则表明农村金融区域发展差异存在扩大的迹象。

杨德勇等人(2016)将分形理论模型与 Harrod-Domar 经济增长模型、Cobb-Douglas 生产函数相结合，选取京津冀地区及其周边 8 个省的农村储蓄投资转化率与农业资本产出效率对农村人均纯收入的非线性影响进行实证研究，探讨农村经济发展和农村金融环境之间的复杂关系。研究发现：区域间与区域内农村金融发展具有非线性发展规律；不同地区的分形维数变化较大；金融需求的满足程度随着区域的不同而有所差异地呈现着动态的、非线性的分形特征。

周泽炯等人(2016)利用泰尔指数对我国东、中、西、东北四大区域农村金融发展差异进行测度。结果显示，区域内差异不断扩大，而区域间差异则相对平稳。然后，基于泰尔指数分析结果，运用静态面板数据模型研究农村金融发展区域差异的影响因素。研究结果表明：人均邮电业务量、农村人均纯收入和财政支农等因素对农村金融发展区域差异的形成有正向影响；人均货运量、人均农林牧渔业产值、人均农村固定资产投资和城市化水平等因素则对农村金融发展区域差异的形成有反向影响。

张新爱等人(2017)基于数学分形理论模型对京津冀地区农村金融差异的研究结果发现：区域间与区域内农村金融发展具有非线性发展规律，不同地区的分形维数变化也较大。因此，金融需求的满足程度也随着区域的不同而有所差异地存在着动态的、非线性的分形特征。

（二）农村金融资源配置研究

1995 年 Coelli 利用数据包络模型的前沿生产函数，选取了部分欠发达国家连续十年的数据，运用 FRONTiER 软件建立了一个模型，以此来衡量与分析农村金融资源配置的效率情况。

1995 年 Rousseau 和 Waehtel 根据 5 个国家的有关数据，通过格兰杰因果检验和向量误差矫正，证明了农村金融发展和农业经济发展二者之间存在着单项的因果关系。

1999 年 Luintel 和 Khan 采用 VAR 方法，根据 10 个国家近 40 年的数据进行自回归模型分析，最终得到农村金融与农村经济二者之间双向的因果关系的结论。

2004 年 Foltz 采用概率内生开关模型，针对突尼斯乡村研究了信贷配给对农业产出的影响。由于没有考虑需求可以部分被满足的情形而仅考虑了需求完全无法满足的情形，因此，研究结果必然会被低估。

2006 年 Boucher、Guirkinger 和 Triveli 认为违约风险因素是农户倾向于民间借贷的主要原因。正规的金融机构通常会在贷款过程中通过各项合同条款约束农户，让农户承担风险以降低机构的道德风险。研究发现农户接到信贷配给的概率与自身资产量呈负相关。该研究认为，金融机构在贷款审批发放过程中会根据申请农户自有资产量来发放贷款；考虑到期无法还款的情况，机构收回的最大还款量也是其已有的资产量。

谷慎等人(2006)通过统计数据对我国农村金融资源配置效率的分析表明，我国农村金融资源配置效率相对低下。造成农村金融资源配置效率低下的原因是现阶段农村金融制度的有效供给不足导致了金融资源配置无法满足帕累托条件。

王永龙(2007)认为，从 20 世纪 80 年代初开始，我国政府试图通过强制性制度变迁的方式在农村领域建立一个完善的金融体系，以协调农村金融资源配置。但实践证明，这一制度变迁并未实现预期目的。目前，我国农村金融仍存在主体缺位、逆向效应、治理缺失等方面的配置缺陷。

2007 年 Conning 和 Udry 的研究表明，农业生产存在一定的风险问题，例如气象、市场等，且农村金融机构与农业生产者之间具有极强的信息不对称性。因此，金融机构在贷款发放过程中常常会借助于抵押担保等“非利率”机制，但很多贫困农户缺乏必要的抵押物，这种情况常常会使得信贷配给的有效性大打折扣。

2011 年 Hye 和 Wizarat 运用滞后分析方法分别从短期与长期确定回归系数。实证结果表明，金融市场化能够促进农业经济的增长，但短期内作用明显，而长期却会起到反作用。

谢丽华(2012)认为，我国农村金融资源配置效率不高的原因主要是在市场上出现了农民的伦理博弈、制度的伦理排斥、机构的道德逆选择等一系列伦理问题，严重影响了农村金融市场效率的提高。因此，应该以诚信为核心，引导农民市场行为伦理化；以平等为依据，进一步落实农村金融制度规范化；以公平为准绳，保证农村金融机构的信贷目标公正化。

2013年孟照娟从基础性核心金融资源、实体性中间金融资源和整体功能性高层金融资源三个层次，采用描述性统计方法和熵权法对我国农村金融资源分布的区域差异进行了较系统的比较分析和综合评价。分析结果表明：我国农村金融资源分布存在显著的区域差异。东部农村地区的人均金融资源拥有量显著高于中西部地区，且这种差距有进一步扩大的趋势。东部农村地区的金融中介机构在支持经济发展方面的功能更完善，这势必恶化农村经济发展区域失衡的局面。

占韦威(2015)的研究结果表明，泛长三角地区农村金融资源配置效率高于全国，但就本地区而言效率相对较低；同时，历年全要素生产整体呈下降趋势，主要原因是技术效率下降；并在此结论基础上提出了相应的政策建议。

2016年曹乐柱认为，我国多数年份农村资金配置效率偏低，农村金融改革需在资金配置总额、农村金融供需、农村资金配置方向、用途与服务方式等方面进行调整与优化，创新农村金融产品与服务模式，全面提升农村资金的使用效率。

2016年雷荣通过运用DEA模型，利用中国30个省区的金融支农数据，对区域金融支农绩效水平的实证分析得出：中国金融支农的生产绩效平均水平较低，农村金融资源配置失衡且利用不充分；金融支农的纯技术绩效和规模绩效平均水平不高，农村金融制度运行与管理水平、农村金融资源投入整体规模均比较落后。

（三）农村金融改革研究

潘林(2009)列举了30年来农村金融改革的困境，分析了形成改革困境的原因及其表现，认为如果不能解决中国农村金融“向何处去”和“到底怎么改”的问题，农村金融改革仍将难以取得突破性进展。

蓝虹等人(2012)对近10年农村信用社改革进行了回顾和评价后认为，我国农村信用社改革在产权、法人治理结构、监督管理体制、商业可持续能力以及服务“三农”方面取得了积极进展，但是仍然面临内部人控制、省级联社行政化色彩浓厚、信贷产品创新不足等问题。

2013年谢平等人认为，我国本轮农村金融改革更加全面，有顶层设计、对现状有清楚的认识、重视机制设计等，但公司治理建设有待加强，且财政配套措施未跟上，在改革方式上以自上而下为主，同时对涉农金融机构改革的分类指导不够。

2015年冯兴元基于农村金融的自然秩序、基本功能与生态视角进行研究。

研究指出：农村金融领域的竞争性秩序最能发挥其金融功能，但必须“锚定”政府与市场关系；正确区分农村金融领域的秩序政策和过程政策；重视农村金融制度选择对农村金融制度演化的影响；防止农村金融发展陷入低水平制度均衡（陷阱）；构建竞争性农村金融秩序和普惠金融生态系统，制定为改善民资出路创造条件的政策。

郭沛于2015年基于二元结构下农村金融主流观点演变和普惠金融理念形成的视角，从信息不对称、缺乏担保物和交易成本高三个方面，指出了发展中国家农村金融普遍存在的“贷款难、贷款贵”的难题，提出了“供给不足”“金融排斥”“信贷配给”“自我配给（Self Rationing）”的命题；进而基于大量数据事实分析发现，在我国现行政府主导型的农村金融发展模式及其统计制度下，农村金融机构通过“脱农、离农”谋求政府支农政策红利、追求财务可持续的商业目标和政府要求支农的政策目标存在冲突是导致农村金融需求难以满足的重要原因；最后，该研究提出了协调财政政策、产业政策和金融政策，以及将资金合理配置到农业产业的金融支农思路。

周立于2015年指出，金融支农的最终目标是支农，而不是产出更多的政策以及对于政策的选择性执行。为缓解选择性制定，应对农村金融采取分类监管，对政策制定和监管部门分类考核；为缓解选择性执行，需要建立上层与中下层直接互动的信息基础；为改善倚重商业性金融支农本身存在的多元目标悖论，应重新考虑多元化金融机构互相分工、互为补充的新型农村金融体系。

熊德平等人（2015）指出，村镇银行经过近十年建设与发展，有效丰富了农村金融市场的主体结构，已成为服务“三农”、支持小微企业的生力军。村镇银行的主发起行具有较为明显的绝对控股意愿。主发起行性质、注册资本以及跨区域经营是影响村镇银行控股模式的重要因素。在村镇银行发展速度方面，采用相对控股模式的村镇银行营业网点数量更多，故应合理选择控股模式来提高村镇银行发展速度。

李明贤等人（2015）阐释了社员异质性下资金互助组织的治理结构；构建了合作经济组织内部资金互助业务动态博弈模型；提出了合作经济组织内部资金互助业务持续发展的占优策略设计。

罗剑朝等人（2015）指出，农村土地承包经营权抵押担保融资是破解农户“抵押难、担保难、贷款难”的有效途径，也是活跃农村土地产权市场、释放农村生产要素潜力的必由之路。

陈江于2016年对我国农村金融改革进行反思，试图寻找到农村金融改革路径，在此基础上进行金融创新，发挥农村金融为农村经济发展的保障作用；提出了农村金融的改革应以农村金融需求为导向，走出几十年来机构改革的怪圈；以市场为导向，强化市场在金融资源配置中的决定性作用，且应以市场调节资金供求。

曹雷（2016）从农村金融服务总量和涉农金融机构改革两个层面对2003年以来我国新时期的农村金融改革效果进行了评估，通过对重大改革进展的评述及农村金融服务统计数据的分析，揭示了农村金融改革取得的成绩和面临的问题。研究结果表明：我国前期推动的机构导向、行政主导的农村金融改革忽略了农村的金融服务需求与市场化的关系，尚未从根本上解决我国农村金融问题；要推动农村金融改革深入，需要处理好市场经济条件下农村金融改革的五大关系，以便适应新常态、市场化、互联网下的农业新特点。

李乔漳（2016）利用全国首批农村金融改革试点地区广西田东县的农户信用信息系统数据，分别对农村金融改革与农户融资可得性、农户融资可得性与农民收入增长的关系进行了实证研究。研究结果发现：农村金融改革有助于完善农村金融市场体系和农户信用信息体系，从而可以提升农户融资可得性；农户融资便利性提升有助于优化农村金融资源配置，提升农户的资本投入水平，进而促进农民收入增长。

陈明亮等人（2017）以浙江丽水为例对全国农村金融改革试点市和“两权”抵押贷款试点情况进行调研。结果显示，丽水在农房抵押贷款业务方面具有良好的基础并取得了积极进展；未来发展存在较大空间；仍需要在配套机制等方面继续加以健全和完善。

第三节　空间分异与农村金融研究评述

一、相关理论研究评述

不管是区域经济学还是经济地理学，都把区位、经济活动的空间属性看作其研究的核心问题，两者都致力于揭示区域经济学的总体运行趋势与规律。经济地理学的跨学科性使得研究者如何看待“经济”和“空间”成为经济学和地理学构建经济地理理论的重要差异所在。经济学家侧重理解“经济”，而地理学家更加倾向于理解“空间”，但两者之间并没有表现出绝对的隔阂和彼此毫无借鉴。如经济学家的新经济地理学在理解“经济”中的规模报酬递增、不完全竞争、外部经济等因素导致的经济活动的分布不均时考虑了“空间”的因素——运输成本。这与早期的杜能农业区位理论和韦伯的工业区位论中的运输成本是一致的。而地理学的特长在于根植于地理学的空间传统，并一直在寻求、探索和理解经济地理中的空间，以此带动经济地理的理论和方法创新。

区域经济学基于空间问题自身的复杂性，针对地理特征和要素分布这两个特征，一般将空间分为均质与非均质两种。在空间均质的假设中，首先抽象掉了所有的地理和地貌特征；其次区域经济学在处理要素分布这一重要变量时进行了简化的技术处理，将空间假设为要素的均匀分布，从而避免了引入要素密度函数等变量所带来的技术障碍。空间均质假设容易进行技术处理和提供理论基础，却不完全符合实际。新经济地理学往往关注空间经济活动的历史脉络和变迁，这必须关注初始空间的自然要素禀赋和地理特征。于是，经济学家在空间的基础上分析时间序列上的经济变迁，并且引入地理变量，也就是说将空间非均质化，这样更接近现实生活。因区域经济学与空间经济学在均质空间与非均质空间上的侧重点不同，故二者形成了不同的研究路径。

区域经济学将经济集聚现象看作在一个地理位置上不同时间序列作用下的循序渐进的结果，是一种连续的"平滑经济"；而空间经济学认为空间经济是一种非线性和不连续的"块状经济"。这种不连续性的突发性集聚是新经济地理学的特征之一。在新经济地理学模型中，决定空间长期稳定均衡的力量有两种：集聚力和分散力。当集聚力大于分散力时产业集聚，当分散力大于集聚力时产业分散。形成产业非线性和不连续集聚的原因是区位黏性。如果产业已经适应这种模式或者路径，那么就会融入这种模式或者路径，而要改变则要支付很大的成本。

从空间角度来看，经济学对空间做了均质和非均质两种区分，但是经济空间是均质与非均质的有机统一。区域经济学和新经济地理学各自只强调了空间的一种属性，这对于全面解释现实世界是不足的。区域经济学擅长分析具有均质特征的经济功能区的形成和演化，在微观的区位选择上有着独到之处。而新经济地理学则擅长针对非均质特征的经济空间研究区域差异问题。但是在现实经济中，既存在大量的均质空间现象，也存在大量的非均质空间现象。因此，我们既要考虑要素在空间上的非均质分布，又要考虑要素在一定范围内的相对均质分布，只有这样才能完整地分析经济问题。只有在对均质空间和非均质空间有机统一的分析框架中，区域经济学对空间才能有更加真实和全面的认识，才能更为准确地把握经济空间的特征和本质，揭示要素空间分布和变化的内在规律。

金融地理学是经济地理学的分支学科，是用地理学的角度来研究金融领域问题的一门交叉学科。虽然金融地理学源于地理学科，但其只是在区域金融发展到一定阶段才被学者所关注。金融地理学更侧重研究金融空间活动的内在形成机制，其中不仅包含了宏观金融的研究，还包含了微观金融的分析。进入21世纪以来，随着国外金融地理学研究影响的不断增加及中国金融市场的快速发展，国内金融地理学研究初现端倪。目前，中国金融地理学研究主要集中在对中国金融中心、金融产业集群、银行等金融机构方面的研究，着重分析金融现象的空间格局、区域差异、形成机制和影响因素等。由于研究的内容分散且切入点窄，国内外现有的对金融地理学的理论研究主要是以论文形式呈现，学者们更关注对某一个角度深入的研究而缺乏全面的概括性理论总结；虽然对国际金融系统的研究也引起不少学者的关注，但关于国家之内的区域金融空间系统研究并不多，目前越来越紧密的国家与国家之间的金融合作、货币互换、金融一体化等对金融地理学的研究提出了新的要求。因此，深化金融地理的理论研究具有迫切的现实意义。

二、经济空间分异研究评述

总体来看，国内外学术界在区域经济空间分异研究方面存在以下两方面的共识：第一，区域经济空间分异遵循社会经济发展的客观规律。区域经济空间分异的轨迹不是杂乱无章的，而是具有较直观的结构模式。随着社会经济发展水平的不断提高，区域经济空间组织形式从低级向高级逐步演变，区域经济空间分异格局呈现由低水平均衡型或离散型到极化型或聚集型，再到扩散型，进而到高水平均衡型或网络型的演变更替规律。第二，影响区域经济空间分异的因素是多维的和多层次的，既有经济活动主体方面的因素，也有经济空间客体方面的因素和环境因素。

然而，目前区域经济空间分异在区域经济研究中仍是一个有待深化的领域，对这一问题的研究既缺乏一定的理论深度，也缺少足够的实证分析。通过对中国知网数据库的查询，截至 2017 年 10 月 1 日关于空间分异的研究有 3 429 条，但有关经济空间分异研究的文献只有 53 条。这些文章均选取某一区域，实证分析该区域的经济空间分异现象及其特征，极少有文献就区域经济空间分异的内在机理、发展态势、空间组织形式及其动态演化进行分析；对区域经济空间分异的理论研究还没有形成较为严密的理论框架；同时，区域经济空间分异的内涵没有得到明确的界定；影响空间分异的因素、分异的路径、过程及空间表现等研究有待深化；空间分异的金融因素，尤其是农村金融因素尚无涉猎。

就定量分析而言，在区域经济空间分异态势评价、区域经济空间分异机制量化等方面的研究有待进一步加强。构建一套较为科学的识别主要经济空间组织形式的方法，并紧密结合经济空间组织形式在空间上的组合状况及其变动态势来分析区域经济空间分异格局及其演变，对于科学评价区域经济空间分异态势非常必要。

三、农村金融研究评述

我国农村金融在整个金融体系中处于一个被抑制和被边缘化的位置。农村金融被抑制的内在根源为在赶超战略的重工业化过程中，农村金融为经济发展提供了巨大的金融剩余，成为制度变迁成本的主要承担者。目前，在将国外成熟的农村金融理论运用于我国实践时，必须要与我国的实际国情相结合。总体而言，不完全竞争理论能够较为深刻地解释发展中国家农村金融发展的现状，该理论对于我国具有更强的现实性和可操作性。虽然国内外学者对农村金融的理论问题进行了广泛的探讨研究，为我们从事农村金融研究提供了一些理论方面的借鉴，也为我国农村金融体系改革提供了很好的思路。但是，处于转型时期的我国农村金融问题具有独特的个性特征，问题较为复杂。可以说，现有的农村金融理论已远远不能适应农村经济发展的需要，迫切需要我们对此进行系统深入的研究。

通过中国知网的查询，关于农村金融的文献多达 35 812 篇，内容涉及农村金融改革、农村金融抑制、农村金融发展、农村金融体系、非正规金融发展、农村金融体制、农村金融资源配置、农村金融服务、农村金融创新等方面，但以“农村金融发展差异”为关键词查到的文献仅有 10 篇，其中 2008 年 2 篇、2012 年 2 篇、2013 年 3 篇、2014～2016 年每年各 1 篇，这些文献无一例外均是对中国或部分地区农村金融发展差异现状的统计描述或者测度，采用的主要方法是泰尔指数、基尼系数、单因素方差分析等，仅有谢运亮等人(2013)对农村金融发展差异的成因给予了剖析，对农村金融发展差异的内在机理、形成机制并没有进行深入的研究，理论分析基本处于空白状态。进一步查询关键词“金融发展差异”，共有 198 篇文章涉及此方面的内容，这些文章主要是对中国各地金融发展差异的实证分析。总体来说，实证分析多、理论分析少，金融发展差异的理论研究始终处于较为薄弱的环节。

关于农村金融改革研究，此类文献有 3 095 篇，但从金融的空间差异角度，分析我国农村金融改革的路径和特色化改革的文献几乎没有，一些特色化改革主张只是散见于个别的文献中，如李鑫(2014)、杨德勇等(2016)、张新爱等(2017)等。

总体来看，尽管金融研究，特别是区域金融研究在中国蓬勃发展，农村金融研究伴随着新一轮农村金融改革其成果亦层出不穷；从国家整体研究农村金融改革的较多，而根据各区域金融发展特点和金融要素的空间分布来研究农村金融的差异化、特色化改革的则略显不足，因而对策建议缺乏针对性和可操作性。

综上所述，目前与本书有关的研究主要涉及区域经济空间分异和农村金融研究，尽管这方面的研究文献及成果可谓汗牛充栋，但将二者结合起来对农村金融发展的空间分异、空间表现、影响因素等理论和实证的研究基本处于空白状态。同时，基于农村金融发展的空间分异特征而进行的农村金融改革的差异化、特色化研究尚有不足，这些正是本书研究的主题所在。

第三章

我国农村金融发展的空间分异：现象描述及分异特征

农村金融作为现代农村经济的核心，既是农村改革的重要组成部分，也是农业、农村经济发展的重要支撑。近年来，我国农村金融取得长足发展，初步形成了多层次、较完善的农村金融体系，服务覆盖面不断扩大，服务水平不断提高。但总体来看，农村金融仍是整个金融体系中最为薄弱的环节。农村金融发展的不平衡问题较为突出，如金融供求之间的不平衡、农村金融的覆盖面和供给规模以及深度的差距表现为地区之间的不平衡、大中小金融机构的不平衡以及商业性、政策性和合作性金融机构之间的不平衡等。从地域来看，东部农村的发达程度虽然不如城市，但已经靠近城市水平；而中西部农村还差得太远，中西部城市的发展跟东部就有一定差距，农村的差距则更大。总体来看，我国农村金融的改革与发展任重而道远。本章首先回顾我国农村金融服务体系建设的发展历程，对近年来农村金融改革的成效进行总结，然后对农村金融资源的空间分布情况进行统计分析，据此给出我国农村金融发展的总体特征。

第一节　我国农村金融体系的历史演进

一、农村金融体系的历史沿革

（一）起步建设阶段（1949～1978 年）

1949 年后，农业生产得到初步发展，农业扩大再生产的资金需求也不断增大，民间资金互通有无的状况已不能满足现实的农业发展需要，为了抑制高利贷，加强对农村金融的管理，国家在 1950 年颁布了《关于建立国家金融体系的决定（草案）》，这为农村金融的建立提出了整体框架，其核心内容是建立新生政权自己的农业银行和农村信用社。

1951年3月，中国人民银行召开了全国农村金融工作会议，提出了加强农村金融工作和积极发展农村信用合作的任务。1955年中国人民银行又颁布了《农村信用合作社章程》，在新的政策环境下，一场合作金融发展热潮在全国迅速掀起。到1957年年底，全国农村信用社达88 368个，存款20.6亿元，社员股金3.1亿元。从1958年到十一届三中全会召开前，是农村信用社的跌宕波折时期。在这段历史时期，信用合作事业先后由"人民公社"和生产大队管理，又交由贫下中农管理，最后交由国家银行管理。行政手段的过度干预、发展策略的频繁调整、管理主体的几经更迭，使得刚刚步入正轨的农村信用社走上了"官"办道路。

1951年中国农业合作银行成立，其任务是按照国家计划办理农业的财政拨款和一年以上的农业长期贷款，扶持农村信用合作的发展。中国农业合作银行成立后，对所赋予的财政拨款和长期贷款业务基本上没有开展，1952年由于精简机构而被撤销。

1955年3月，为了贯彻国家关于增加对农业合作化信贷支援的要求，根据当时农业生产发展情况并参照苏联做法，经国务院批准，成立中国农业银行。其任务主要是办理财政支农拨款和农业长期贷款与短期贷款，贷款对象主要限于生产合作组织和个体农民，贷款用途限于农业生产，其他农村金融业务仍由中国人民银行办理。1957年4月，国务院决定将中国农业银行与中国人民银行合并。

1963年为了加强对国家支农资金的统一管理和农村各项资金的统筹安排，防止发生浪费资金和挪用资金的现象，于11月全国人民代表大会常务委员会通过决议，批准再次建立中国农业银行。作为国务院的直属机构，根据中共中央和国务院关于建立中国农业银行的决定，这次中国农业银行机构的建立，从中央到省、市、县，一直设到基层营业所。但是，在精简机构的形势下，经国家批准，1965年11月，中国农业银行和中国人民银行再次合并。

从1951年成立到1965年第三次被撤销，中国农业银行在计划经济时代从建立到撤销，总共存在了5年的时间。可以说，1978年之前，中国没有单独为农村真正服务的金融组织，下放给"人民公社"管理的农村信用社等金融部门，只是作为储蓄动员的机器存在。

（二）恢复发展阶段（1979～1993年）

40年前，中国的改革之路自下而上从农民分田到户实行家庭联产承包责任制开始；与其同步的农村金融改革选择了自上而下的道路，从恢复中国农业银行起步。随着包产到户的实施，2亿多农户从"人民公社"和生产大队的体制下逐步解放出来，重新成为农村经济主体，农村金融的交易对象由原来的2.6万个"人民公社"突然变成了2亿多个农户，原有的城乡合一、动员储蓄的金融机制已无法适应这种变化，重新构建单独的农村金融机构成为必然。于是，以恢复中国农业银行为标志的第一次中国农村金融改革轰轰烈烈地拉开帷幕。

1979年2月，国务院发出《关于恢复中国农业银行的通知》，决定正式恢复中国农业银行。恢复后的中国农业银行是国务院的直属机构，由中国人民银行监管。中国农业银行的主要任务是：统一管理支农资金，集中办理农村信贷，领导农村信用合作社，发展农村金融事业。在普遍实行家庭联产承包责任制的条件下，中国农业银行提出了恢复农村信用合作"三性"（组织上的群众性、管理上的民主性、经营上的灵活性）的改革大计，试图改变"官"办信用社的困局，把农村信用社办成农民合作金融组织，使农村信用社更多地承担对农户提供金融服务的主力军。从1980～1988年的8年中，中国农业银行和农村信用合作社的存贷款业务每年以翻番的速度增长，其中有3年年增均在300%以上。农村信用合作社对农户的贷款，1988年比1980年增长23倍；乡镇企业贷款增长了14.7倍。但由于农村信用社的行政色彩日趋浓厚，恢复"三性"成为一纸空文。1984年农村信用社的存贷比例为0.41，到了1996年下降为0.22，农村信用社从农村"抽血"的局面已经初步形成。

1986年，国家恢复了中国邮政储蓄银行，以弥补专业银行储蓄网点不足的缺陷。中国工商银行、中国银行、中国建设银行等银行机构逐渐在农村设立网点，一些财务公司、保险公司、农村合作基金会等非银行金融机构也将触角伸向农村。此外，国家逐步放松对民间金融的管制，并支持、鼓励农村合作基金会的发展，使得民间非正规金融机构迅速发展。至此，农村金融市场形成了多种形式金融机构并存的局面，中国农业银行的垄断地位逐渐被削弱。与1985年相比，1993年全国金融机构的农村贷款增长了5.18倍，年均增长25.57%。其中，国家银行的农村贷款比1985年增长3.13倍，年均递增19.34%，市场份额则从1985年的53.22%下降到1993年的35.55%，年均递减1%；农村信用社的农村贷款比1985年增长了6.80倍，年均递增29.27%，市场份额从1985年的51.10%上升到1993年的64.45%。

（三）整合转型阶段（1994～2003年）

1993年12月国务院发布《关于金融体制改革的决定》，要求通过改革逐步建立在中国人民银行统一监督和管理下，中国农业发展银行、中国农业银行和农村合作金融组织密切配合、协调发展的农村金融体系，即建立以合作性金融为基础、商业性和政策性金融分工协作的"三位一体"的农村金融体系。

按照中国人民银行的安排部署，1994年4月中国农业发展银行从中国农业银行分设成立，粮棉油收购资金供应与管理等政策性业务与农业银行分离，农业银行开始按照1995年颁布实施的《中华人民共和国商业银行法》，逐步探索现代商业银行的运营机制。

1996年8月，国务院发布《关于农村金融体制改革的决定》，要求建立和完善以合作经营为基础，商业性金融、政策性经营分工协作的农村金融体系，农村信用社与中国农业银行脱离行政隶属关系，实现了管理体制的重大改革，其改革目标进一步明确为由农民入股、社员民主管理、主要为入股社员服务的合作金融组织的目标。1997年，中国农业银行基本完成了作为国家专业银行“一身三任”的历史使命，开始进入了真正向国有商业银行转化的新的历史时期。

1999年1月国家开始了在全国范围内取缔农村合作基金会的行动，到2000年年底，全国共清理整顿了28 588个农村合作基金会。这一阶段，由于国有银行的商业化改革，从1998年开始大量撤并基层机构，农村信用社成为农村资金的主要供给者，1994～1999年农村信用社农村贷款占全国农村贷款的比重都达到了64%以上，1999年为65.98%。

（四）改革创新阶段（2004年至今）

此阶段的农村金融改革重点有三个：一是政府支持下的农村信用社深化改革，信用社产权上增资扩股，管理体制下放到省级政府；二是启动邮政储蓄改革，中国农业发展银行经营业务改革也有了新突破；三是引导各类民间资本进入农村金融领域，放宽农村地区金融机构准入条件。通过上述几方面的改革，以构建新型农村金融体系。

2003年6月，《国务院关于印发深化农村信用社改革试点方案的通知》发布，正式开启了第三轮农村金融改革的序幕，从江西、山东、浙江等8个省市试点向全国扩展。这轮农村信用社的改革重点是解决两个问题：一是以法人为单位，改革农村信用社产权制度，明晰产权关系，完善法人治理结构；二是改革农村信用社管理体制，将农村信用社的管理交由地方政府负责，成立农村信用社省（直辖市）级联社。农村信用社的新一轮改革取得了突破性的进展，逐步形成了农村商业银行、农村合作银行、县级农村信用社统一法人、县乡两级法人等多种产权制度。

深化农村信用社改革试点以来，成立的第一家省级联社是2003年12月成立的贵州省农村信用社联合社。依然是在贵州，2004年5月贵州花溪农村合作银行成立，这是改革试点启动后成立的第一家农村合作银行。随后不久，改革试点启动后的第一家农村商业银行——江苏吴江农村商业银行成立。

2006年2月，全国合作金融监管及改革工作会议提出，股份制是农村合作金融机构改革的总体方向，鼓励发展农村股份制商业银行。在这一年，杭州联合银行（杭州联合农村合作银行）与荷兰合作银行和世界银行旗下的国际金融公司

(IFC)签订战略合作协议，成为国内第一家成功引入外资的农村合作金融机构。

2006 年 12 月，《中国银行业监督管理委员会关于调整放宽农村地区银行业金融机构准入政策更好地支持社会主义新农村建设的若干意见》首次允许产业资本和民间资本到农村地区新设银行，并提出要在农村增设村镇银行、贷款公司和农村资金互助社等三类新型农村金融机构。

2007 年 3 月，中国邮政储蓄银行正式成立，邮政储蓄只存不贷的历史宣告结束，定期存单小额质押贷款等服务农村的业务在全国铺开。成立后的中国邮政储蓄银行定位为以零售和中间业务为主，面向城市社区和农村居民提供基础金融服务。

2009 年，银监会相继通过大范围发展小额贷款（简称小贷）公司的指导以及小贷公司可转制成村镇银行的规定，明文鼓励民营资本组建村镇银行，掀起了外资银行纷纷下乡组建村镇银行的狂潮，使农村金融服务得到有力补充。

2010 年 11 月，银监会制定了《中国银监会关于加快推进农村合作金融机构股权改造的指导意见》，明确了实施股权改造工作的总体目标：全面取消资格股，加快推进股份制改造；稳步提升法人股比例，优化股权结构；有效规范股权管理，健全流转机制，用 3～5 年的时间将农村合作金融机构总体改制为产权关系明晰、股权结构合理、公司治理完善的股份制金融企业，为建立现代农村金融制度奠定良好基础。

2012 年，温家宝在全国金融工作会议上强调指出，进一步深化农村信用社改革，继续发挥支农主力军作用；坚持分类指导，推进产权制度改革，增强资本实力；坚持经营管理重心下沉，保持县域法人地位的长期总体稳定，减少行政干预；省农村社用社联合社要淡出行政管理职能，强化服务职能。这为农村信用社产权制度改革指明了方向。

二、当前我国农村金融体系的发展格局

经过近 40 年的农村金融体制改革，我国农村金融体系从无到有、从简到繁，初步形成了包括政策性金融、农村合作性金融、农村商业性金融和其他新兴农村金融形式在内的多元化、多层次的农村金融组织结构。这一体系以正规金融机构为主导，以农村信用合作社为核心，以其他农村金融机构为补充。

（一）政策性银行

政策性银行即中国农业发展银行，其主要职责是按照国家的法律法规和方针政策，以国家信用为基础筹集资金，承担农业政策性金融业务，代理财政支农资金的拨付，为农业和农村经济发展服务。

(二)大型商业银行

大型商业银行即中国农业银行。中国农业银行是1949年后的第一家国有商业银行,也是中国金融体系的重要组成部分。2009年,中国农业银行由国有独资商业银行整体改制为现代化股份制商业银行,并在2010年完成"A+H"股上海和香港两地上市,总市值位列全球上市银行第5位。

中国农业银行网点遍布中国城乡,成为中国网点最多、业务辐射范围最广的大型现代化商业银行。业务领域已由最初的农业信贷、结算业务,发展成为品种齐全、本外币结合,能够办理国际、国内通行的各类金融业务。中国农业银行业务领域包括:存款服务、综合贷款服务、外汇理财、人民币理财、代客境外理财、银行卡、汇款及外汇结算、保管箱租赁、缴费服务、代发薪服务、出国金融服务、电子银行服务、私人银行、融资业务、国内支付结算、国际结算、基金相关业务、企业理财服务、金融机构服务,同时还提供各种公司银行和零售银行产品和服务并且开展自营及代客资金业务,业务范围涵盖投资银行、基金管理、金融租赁、人寿保险等领域。

(三)邮政储蓄银行

我国邮政储蓄是在1986年经济出现比较严重的通胀形势下开始恢复并开办的。1986年,中国人民银行与邮电部联合下发了《关于开办邮政储蓄的协议》,邮政储蓄业务获准开办。同年年底,《中华人民共和国邮政法》通过,邮政储蓄业务遂成为邮政企业的法定业务之一。我国设立邮政储蓄,是当初在严重通货膨胀的形势下将其作为回笼货币的一个手段。

最初的邮政业务,实际上是邮政部门代理中国人民银行经办储蓄。具体操作程序为:邮政储蓄部门扣除必要库存现金后,把收储资金额上缴中国人民银行,中国人民银行对其按月支付代办费用。1989年11月,中国人民银行与邮电部再次联合下发《关于进一步办好邮政储蓄的通知》,规定从1990年1月1日起,邮政储蓄由邮政部门代中国人民银行办理吸收存款改为自办、与中国人民银行的关系由缴存改为转存,邮政储蓄收入由代办费改为利差。自此,中国人民银行对邮政储蓄的高额补贴,作为固定关系沿袭下来。

1993年,邮电部向国务院报送《关于恢复组建邮政储金汇业局的请示》,正式提出组建邮政金融机构的设想。1997年,国务院第144次总理办公会议原则同意中国人民银行《关于邮政储蓄汇兑管理体制改革的请示》,并确定中国人民银行会同国务院有关部门研究实施方案。1999年,温家宝主持会议,研究邮政储蓄汇兑体制改革方案,原则同意中国人民银行上报的改革方案,并要求中国人民银行抓紧拟定中国邮政储蓄银行章程。同时,经国家邮政局机构编制委员会批准,"邮电部邮政储汇局"更名为"国家邮政局邮政储汇局"。2003年,国家调整邮政储蓄转存款政策，邮政储蓄转存款实行新老划段，新增资金由邮政储蓄机构自主运用。邮政储蓄机构可从事债券投资和协议存款业务，标志着邮政储蓄机构开始资产业务的市场化经营与管理。2005 年，国务院印发《邮政体制改革方案》，明确提出要按照金融体制改革的方向，加快成立由中国邮政集团公司控股的中国邮政储蓄银行。

中国邮政储蓄银行于 2007 年 3 月 20 日正式挂牌成立，是在改革邮政储蓄管理体制的基础上组建的商业银行。中国邮政储蓄银行承继原国家邮政局、中国邮政集团公司经营的邮政金融业务及因此而形成的资产和负债，并继续从事原经营范围和业务许可文件批准、核准的业务，结束了只存不贷的历史。目前，中国邮政储蓄银行是中国领先的大型零售银行，定位于服务社区、服务中小企业、服务“三农”，致力于为中国经济转型中最具活力的客户群体提供服务。同时，中国邮政储蓄银行积极服务于大型客户并参与重大项目建设，致力于为中国经济发展作出贡献。

（四）农村合作金融机构

农村合作金融机构包括农村信用合作社、农村商业银行和农村合作银行。农村信用合作社指经中国人民银行批准设立、由社员入股组成、实行民主管理、主要为社员提供金融服务的农村合作金融机构。农村商业银行是由辖内农民、农村工商户、企业法人和其他经济组织共同入股组成的股份制地方性金融机构。农村合作银行是由辖内农民、农村工商户、企业法人和其他经济组织入股组成的股份合作制社区性地方金融机构。农村合作金融机构的主要任务是为农民、农业和农村经济发展提供金融服务，以农村信用社和农村信用社县（市）联合社为基础组建。农村商业银行设立的条件限制比农村合作银行的要高。农村合作银行最低限额是 2 000 万元，而农村商业银行的最低限额为 5 000 万元。2010 年《中国银监会关于加快推进农村合作金融机构股权改造的指导意见》指出：① 当前我国农村合作金融机构的产权关系和制度安排还存在一些突出问题，股权类型复杂，股权结构不合理，流转机制不健全，严重制约了农村合作金融机构完善法人治理，转换经营机制等工作的深入推进。② 农村合作金融机构应制定股权改造工作方案，加快推进资格股改造工作，在 2015 年年底前取消资格股。③ 今后不再组建农村合作银行，符合农村商业银行准入条件的农村信用联社和农村合作银行，应直接改制为农村商业银行；暂不符合条件的，要尽快将资格股全部转换为投资股，并改制组建为股份制的农村信用社。目前，农村合作金融机构的主体是农村信用社和农村商业银行。

（五）新型农村金融机构

新型农村金融机构主要包括村镇银行、贷款公司、资金互助合作社。2006

年 12 月,《中国银行业监督管理委员会关于调整放宽农村地区银行业金融机构准入政策更好地支持社会主义新农村建设的若干意见》发布,鼓励各类资本设立主要为当地农户提供金融服务的村镇银行、贷款公司和资金互助合作社,首批选择在四川、内蒙古、甘肃、青海、吉林和湖北等 6 个省(自治区)进行试点。在 2006 年年底至 2007 年 10 月的试点阶段,共有 12 家村镇银行成立,占当时已成立的新型农村金融机构的 50%。2007 年 10 月,经国务院同意,银监会决定扩大调整放宽农村地区银行业金融机构准入政策试点范围,将试点省份从 6 个省(自治区)扩大到 30 个省(直辖市、自治区)。

村镇银行是由境内外金融机构、境内非金融机构企业法人、境内自然人出资,在农村地区设立的主要为当地农民、农业和农村经济发展提供金融服务的银行业金融机构。村镇银行的一个重要特点就是机构设置在县、乡镇。在地(市)设立的村镇银行,其注册资本不得低于 5 000 万元人民币;在县(市)设立的村镇银行,其注册资本不得低于 300 万元人民币;在乡(镇)设立的村镇银行,其注册资本不得低于 100 万元人民币。贷款公司是由境内商业银行或农村合作银行在农村地区设立的专门为县域农民、农业和农村经济发展提供贷款服务的银行业非存款类金融机构,它是由境内商业银行或农村合作银行全额出资的有限责任公司。依据相关法律法规规定,贷款公司不能吸收社会公众存款。农村资金互助合作社是经银行业监督管理机构批准,由公民自愿入股组成的社区互助性银行业金融业务。资金互助合作社实行社员民主管理,以服务社员为宗旨,谋求社员共同利益。资金互助合作社是独立的法人,对社员股金、积累及合法取得的其他资产所形成的法人财产,享有占有、使用、收益和处分的权利,并以上述财产对债务承担责任。

在机构设立条件方面,村镇银行的发起人至少应有一家银行业金融机构,商业银行的资本力量、管理方式、风险控制、人员管理、社会信誉、企业文化等,都对村镇银行起到了重要作用。而贷款公司和农村资金互助社主要由非金融机构出资和农民自主管理,因此没有村镇银行在资金和管理等方面的优势。从监管角度来说,虽然农村资金互助社具有天然的农村社区基础,但是作为农民合作金融组织,其基层性使其风险不易控制,监管成本较大。在同样发展不成熟的情况下,村镇银行因管理相对容易,得到了国家政策的重点支持。

资金互助合作社是为了解决农民个体在生产、生活和经营、投资等领域的困难,经银行业监督管理机构批准,以相关联的农民为主体,由乡镇、行政村农民和农村小企业自愿入股组成的带有社区互助银行性质的金融组织实体。资金互助合作社通过资金在一定成员群体内的汇集和流转,开展针对社员的存款、贷款及结算业务,在社员内部提供了一个低成本融资的渠道。同时,在主体一定是农民、管理者一定是出资农民的条件下,其活动范围还可以从农业内部扩展到非农业领域，但一定是成员熟悉的小范围内的金融业务活动。

我国农村金融体系的构成，见图 3-1。

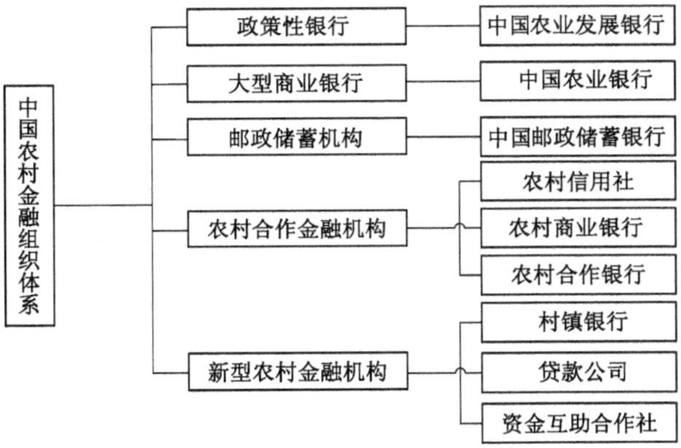

图 3-1 我国农村金融体系的构成

第二节 我国农村金融发展的总量分析

通过多年持续努力，我国正在形成银行业金融机构、非银行业金融机构和其他微型金融组织共同组成的多层次、广覆盖、可持续适度竞争的农村金融服务体系。政策性金融、商业性金融和合作性金融功能互补、相互协作，推动农村金融服务的便利性、可得性持续增强，支持“三农”发展的金融力度持续加大。截至 2016 年年末，涉农贷款（本外币）余额 23 万亿元，占各项贷款比重的 21.6%，其中农户贷款余额 7.14 万亿元，同比增长达 15.2%。在货币、信贷政策方面，中国人民银行通过综合利用多种货币政策工具，不断拓宽农村金融机构资金来源；金融改革方面，农村信用社、村镇银行、小贷公司等新型农村金融组织改革不断深化，支农能力日益增强；金融服务创新方面，涉农担保品范围明显拓展；金融扶贫方面，政策的精准性使扶贫的有效性显著提升。全国支农、支小再贷款余额分别为 2 089 亿元、537 亿元，向国家开发银行、中国农业发展银行、中国进出口银行提供抵押补充贷款 20 526 亿元；全国扶贫再贷款余额 1 127 亿元，精准扶贫贷款余额 24 878 亿元，同比增长 49%；农村金融基础设施方面，目前已有效整合了农户等农村经济主体的信用信息，全国农业信贷担保体系建设顺利起步。

一、多层次、广覆盖、可持续、适度竞争的农村金融服务体系基本形成

截至 2016 年年末，全国共组建设立了 1 054 家农村信用社，使其成为国内

首屈一指的农村金融供给机构。农村中小型金融机构的资产质量得到了较大改善,收益不断提高,大大提升了其服务“三农”的能力。2016 年年末,已有 1 259 个县设立了 1 519 家村镇银行。其中,中西部共组建 980 家,各项贷款余额达 7 021 亿元;小贷公司 8 673 家,贷款余额达 9 272.80 亿元。金融机构空白乡镇从 2009 年 10 月启动时的 2 945 个减少到 1 296 个;实现乡镇金融机构和乡镇基础金融服务双覆盖的省份从 2009 年 10 月的 9 个增加到 29 个。农村金融制度改革有效改善了农村金融供给和基本金融服务,缓解了农村资金外流问题,使农村金融机构的发展步入正轨。

表 3-1 列出了县域主要金融服务网点情况的变化。2004 年县域金融服务网点总数共计 134 073 个,其中包括中国邮政储蓄银行网点数 23 239 个、中国农业发展银行网点数 1 555 个、中国农业银行网点数 16 926 个、农村商业银行网点数 535 个、农村合作银行网点数 1 800 个、农村信用社网点数 60 869 个,证券公司机构网点数 664 个、期货公司机构网点数 15 个、保险公司机构网点数 11 130 个、担保公司机构网点数 752 个、典当行机构网点数 499 个、其他县域金融机构网点数 16 089 个。2016 年县域金融服务网点发展迅速,其中中国邮政储蓄银行网点数发展到 38 463 个,中国农业发展银行网点数发展到 1 600 个,中国农业银行网点数发展到 23 000 个,农村商业银行网点数发展到 49 307 个,农村合作银行网点数发展到 1 381 个,农村信用社网点数发展到 28 285 个。此外,新型农村金融机构如村镇银行、贷款公司以及农村资金互助社数量也开始稳步增加。县域主要金融服务网点的情况变化,见表 3-1。

表 3-1　　县域主要金融服务网点情况变化一览表　　单位:个

县域金融机构	2004 年	2016 年
中国邮政储蓄银行	23 239	38 463
中国农业发展银行	1 555	1 600
中国农业银行	16 926	23 000
农村商业银行	535	49 307
农村合作银行	1 800	1 381
农村信用社	60 869	28 285
村镇银行		1 443
贷款公司		13
资金互助合作社		48

资料来源:《中国农村金融服务报告(2008)》《中国农村金融服务报告(2016)》。

（一）中国农业发展银行①

中国农业发展银行1994年11月挂牌成立，主要职责是按照国家的法律法规和方针政策，以国家信用为基础筹集资金，承担农业政策性金融业务，代理财政支农资金的拨付，为农业和农村经济发展服务。目前，全系统共有31个省级分行、300多个二级分行和1 600多个县域营业机构，有一支5万多人的农业政策性金融专业队伍，服务网络逐渐遍布全国。中国农业发展银行广泛筹集社会资金回流反哺“三农”，始终保持对“三农”领域的信贷净投放，已成为城乡发展一体化体制机制的重要组成部分，构建了收购资金封闭运行管理的政策制度体系，形成了独具中国农业发展银行特色的核心业务能力。中国农业发展银行每年支持收购的粮食占商品量的60%以上、棉花占产量的50%以上，有效解决了困扰农民多年的“卖难”和“打白条”问题，形成了全方位、多领域的支农格局。中国农业发展银行业务规模、发展质量和经营效益大幅跃升，基本实现了资金自筹，消化了大量的历史包袱，内生性可持续发展能力不断增强。

2013年以来，中国农业发展银行形成了以支持国家粮棉购销储业务为主体，以支持农业产业化经营和农业、农村中长期贷款业务为两翼的业务发展模式。在涉农业务范围不断扩大的同时，中国农业发展银行支农信贷大幅增长，支农力度不断加大。2015年年末，贷款余额达到34 410.37亿元，比2010年增加17 700.47亿元，增长10.6%，见图3-2。

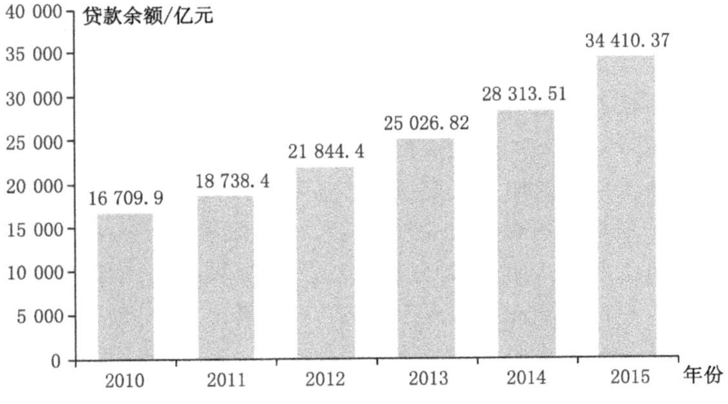

图3-2　2010～2015年中国农业发展银行贷款余额

资料来源：《中国银行业监督管理委员会2016年报》

① 中国农业发展银行的相关数据来源于中国农业发展银行官方网站，网址为：http://www.adbc.com.cn/。

截至2016年年底，中国农业发展银行粮棉油贷款余额达20 352.73亿元，农业农村基础设施建设贷款余额达17 068.98亿元，在839个国家扶贫开发重点县和集中连片特困地区县的贷款余额达7 928.75亿元。

（二）中国农业银行①

中国农业银行作为中国主要的综合性金融服务提供商之一，致力于建设经营特色明显、服务高效便捷、功能齐全协同、价值创造能力突出的国际一流商业银行集团。凭借全面的业务组合、庞大的分销网络和领先的技术平台，中国农业银行向广大客户提供各种公司银行和零售银行产品和服务，同时开展金融市场业务及资产管理业务，业务范围还涵盖投资银行、基金管理、金融租赁、人寿保险等领域。截至2016年年末，中国农业银行总资产195 700.61亿元，发放贷款和垫款97 196.39亿元，吸收存款150 380.01亿元，资本充足率为13.04%，全年实现净利润1 840.60亿元。中国农业银行境内分支机构共计23 682个，包括总行本部、总行营业部、3个总行专营机构，37个一级（直属）分行，365个二级分行（含省区分行营业部），3 506个一级支行（含直辖市、直属分行营业部及二级分行营业部）、19 714个基层营业机构以及55个其他机构。境外分支机构包括10家境外分行和3家境外代表处。

2008年中国农业银行启动实施了“三农”金融事业部改革，实行农业银行总行、试点省分行、地（市）分行管理部门“三级督导”，县域支行一级经营的事业部管理架构，试点经三次扩大范围后，推广至农业银行全部县域支行。2016年农村地区农业银行贷款余额为31 775亿元，较2010年增长了近111.1%；存款余额为64 212亿元，较2010年增长了近77.8%；县域金融业务不良贷款为3.02亿元，较2010年增长了近0.51亿元。截至2016年年末，“三农”金融事业部累计发放惠农卡1.94亿张。截至2016年6月末，832个扶贫重点县贷款余额6 357亿元，较上年年末增加450亿元，增速7.6%，高于全行贷款平均增速2.1个百分点。作为农村地区最大的商业银行，中国农业银行61.9%的机构网点、51.5%的在岗员工和35%的贷款分布在县及县以下地区，中国农业银行积极适应了“三农”和农村经济金融发展的新形势，有效满足了“三农”客户的金融需求。中国农业银行县域金融业务开展情况，见表3-2。

① 中国农业银行的相关数据来源于中国农业银行官方网站，网址为：http://www.abchina.com。

表 3-2　　中国农业银行县域金融业务开展情况

项目	2010 年	2012 年	2014 年	2016 年
县域贷款余额/亿元	15 053	20 495	26 516	31 775
县域存款余额/亿元	36 123	45 525	53 257	64 212
营业利润/亿元	339	624	774	628
县域金融业务不良贷款率/%	2.51	1.64	1.83	3.02
累计发放惠农卡/亿张		1.28	1.61	1.94

资料来源：中国农业银行官方网站，网址为：http://www.abchina.com。

（三）中国邮政储蓄银行①

中国邮政储蓄银行自 2007 年成立以来凭借其大型零售银行的战略定位、贴近县域农村的经营风格、审慎稳健的风控理念，在将金融的血液不断注入“三农”、小微企业领域的同时，也为自身发展觅得更广阔的天地，自觉承担“普之城乡、惠之于民”的社会责任，树立了金融体系中的独特地位。2012～2016 年，中国邮政储蓄银行资产规模、存款余额、贷款总额年均复合增长率分别达13.95%、11.83%、25.05%。截至 2017 年 6 月末，中国邮政储蓄银行资产规模 8.54 万亿元，较 2012 年年末增长 74.25%；存款余额 7.81 万亿元，较 2012 年年末增长 67.54%；贷款总额 3.34 万亿元，较 2012 年年末增长 171.30%。在英国《银行家》杂志发布的“2017 年全球银行 1000 强排名”中，中国邮政储蓄银行按 2016 年年末总资产位居第 21 位。在《福布斯》发布的“2017 全球上市公司 2000 强”榜单上，中国邮政储蓄银行位列第 55 位。2016 年 9 月，中国邮政储蓄银行总行“三农”金融事业部组建成立，围绕“专业产品、专业服务、专业团队”的建设目标，打造专业化为农服务体系。随后，广东、吉林、内蒙古、河南、安徽等 5 个省（自治区）分行相继启动改革试点。2017 年 5 月，中国邮政储蓄银行从改革目标、改革原则、功能定位、边界划分、治理结构、人员配备、经营管理机制、改革组织实施等八大方面全面部署了“三农”金融事业部改革推广工作，成立“三农”金融事业部，从而有利于充分发挥中国邮政储蓄银行的优势和特色，增强其在涉农金融领域的差异化优势。

中国邮政储蓄银行目前拥有 38 463 个网点、15 万个助农取款点、10 多万台自助设备在内的实体网络，覆盖了中国（除港澳台地区）以外的全部城市和近

① 邮储银行的相关数据来源于中国邮政储蓄银行的官方网站，网址为：http://www.psbc.com/。

99%的县域地区，服务客户达5.39亿人，成了国内网点数量最多、下沉最深的商业银行，成功打通了县域金融服务的“最后一公里”。除提供储蓄和汇兑业务之外，中国邮政储蓄银行还为农村地区提供代理保险，代收农村电费、电话费和有线电视费等服务，办理代发粮食补助金、退耕还林款等各种业务。

一直以来，中国邮政储蓄银行高度重视“三农”金融服务，把支持农业经济发展，农村改革创新，农民创收增收摆在突出位置，是“三农”金融服务的重要提供者。邮储银行从传统农户小额信贷起步，逐步加大金融产品创新力度，目前已经形成了农户贷款、新型农业经营主体贷款、涉农商户贷款、县域涉农小微企业贷款和农业龙头企业贷款等五条产品线，每条产品线下又分别包含多项贷款产品，实现了对所有涉农市场主体的全覆盖。与此同时，针对各地农村差异性大的问题，中国邮政储蓄银行因地制宜地创新抵质押担保方式，先后将大型农机具、大额农业订单、涉农直补资金、土地流转收益、设施大棚、水域滩涂使用权等纳入抵质押物范围。此外，针对“三农”有效抵押担保物匮乏、风险偏高等难题，中国邮政储蓄银行着力搭建“银政”“银协”“银企”“银保”合作平台。2012年以来，中国邮政储蓄银行累计发放个人经营性贷款超过2万亿元，有效缓解了“三农”融资困难。截至2016年年末，发放新型农业经营主体贷款545亿元。2017年一季度，中国邮政储蓄银行在县域及以下地区投放消费贷款近630亿元，占全行消费贷款投放金额的45%，较2016年同期增加了6.5%；累计投放消费贷款1.62万亿元，累计在县域及以下地区投放消费贷款达6 043亿元；县域及以下地区消费贷款余额4 319亿元，占全部消费贷款余额的36%。至2017年6月末，涉农贷款余额达10 062亿元，为2012年年末涉农贷款余额的5.36倍，县域个人网银结存客户数近8 300万户。

按照“一行一策”的思路，中国邮政储蓄银行在全国建立了100家金融扶贫示范支行，因地制宜开展金融扶贫工作。针对建档立卡贫困户，中国邮政储蓄银行创新推出了金额5万元以内、期限3年以内、免抵押免担保的扶贫小额信贷专属产品“惠农易贷”，以加大扶贫小贷精准投放力度。与此同时，中国邮政储蓄银行坚持“一县一业、一行一品”的特色发展思路，立足贫困地区资源禀赋、产业优势，通过信贷支持贫困户发展地方产业，实现脱贫增收，变“输血”为“造血”。另外，中国邮政储蓄银行通过构建“银行+政府+农户”三位一体的合作模式，创新多方风险分担模式，探索建立了金融扶贫商业可持续发展机制，有效解决了贫困户抵押担保难题。截至2017年6月底，邮储银行在832个国家重点贫困县（区），持续抓好贫困地区小贷服务，支持贫困户通过生产经营脱贫增收。2015年至今，中国邮政储蓄银行已累计投放小贷1 000多亿元，服务农户110多万人次，贷款金额450多亿元。

（四）农村合作金融机构

农村合作金融机构主要包括农村信用合作社、农村商业银行、农村合作银行。2003年，为加快农村信用社改革步伐，国务院下发了《深化农村信用社改革试点方案》，确定了本轮农村信用社改革的目标是按照"明晰产权关系、强化约束机制、增强服务功能、国家适当扶持、地方政府负责"的总体要求，加快产权制度和管理体制改革，把农村信用社逐步办成由农民、农村工商户和各类经济组织入股，为农民、农业和农村经济发展服务的社区性地方金融机构。2003年8月，农村信用社改革在浙江等8省（直辖市）率先启动。截至2016年年末，全国共组建以县（市）为单位的统一法人农村信用社1 054家，农村商业银行1 114家，农村合作银行40家；农村商业银行、农村合作银行、农村信用社营业网点超过3.5万个，其中79%的机构在县及县以下地区提供储蓄、汇兑等金融服务。

自2004年全国农村信用社实现全行业盈利以来，截至2016年年末，农村信用社（含农村商业银行、农村合作银行）已经累计实现盈利15 776亿元，有力地增强了发放贷款的能力。2016年年末，农村信用社不良贷款余额为5 018亿元，不良贷款率为3.79%，比2010年下降了17.25%。农村信用社农业贷款余额1 215亿元，占其各项贷款的比例由2010年年末的4%提高到46%。全国农村信用社资本充足率为12.13%，比2010年年末提高23%，资产质量和经营财务状况明显改善。2016年年末，农村信用社的各项贷款余额为13.42万亿元，涉农贷款和农户贷款余额分别为8.19万亿元和3.96万亿元。

2011～2016年农村商业银行和农村合作银行的盈利状况，见表3-3。

表3-3　2011～2016年农村商业银行和农村合作银行的盈利状况

机构名称	利润率	2011年	2012年	2013年	2014年	2015年	2016年
农村商业银行	资产利润率/%	1.20	1.25	1.26	1.38	1.11	1.01
	资本利润率/%	15.43	15.94	15.91	17.23	13.95	13.14
农村合作银行	资产利润率/%	1.30	1.34	1.32	1.15	0.96	0.63
	资本利润率/%	17.06	16.57	14.87	13.0	10.93	7.27

资料来源：《中国农村金融服务报告（2016）》。

2002～2016年农村信用社（含农村商业银行、农村合作银行）的基本情况，见表3-4。

表 3-4　　农村信用社(含农村商业银行、农村合作银行)基本情况表

年份	机构总数(以法人为单位)/个	两级法人农村信用社(以县市为单位)	统一法人农村信用社/个	农村商业银行/个	农村合作银行/个	农村信用社涉农贷款		农村贷款/亿元	农户贷款/亿元
						余额/亿元	不良贷款率/%		
2002	2 453	2 356	94	3					4 219
2003	2 463	2 345	114	3	1				5 564
2004	2 457	2 337	104	7	9				6 796
2005	2 430	1 832	528	12	58				7 983
2006	2 453	1 159	1 201	13	80				9 197
2007	2 408	460	1 818	17	113	20 850	6.649	18 903	11 655
2008	2 389	231	1 973	22	163	24 531	6.584	22 225	13 319
2009	2 363	132	1 992	43	196	30 919	6.581	28 077	16 414
2010	2 363	87	1 976	84	216	38 743	6.559	35 139	20 351
2011	2 317	33	1 182	212	190	53 435	6.813	47 321	23 444
2012	2 364			308	157	46 083	6.894	41 170	26 407
2013		1 690		468	122	62 154	6.782	55 000	30 000
2014	2 350	3	1 484	665	89	70 695	6.69	62 082	33 889
2015	1 373			859	71				
2016	1 125		1 054	1 114	40	81 900	3.79		39 600

资料来源:《中国农村金融服务报告(2016)》。

2003 年以来,在中国银监会全力推动之下,各地组建农村商业银行的步伐明显加大,如各地通过组建农村商业银行,累计处置不良资产和弥补亏损挂账 2 756 亿元,成功处置了 160 家历史遗留的高风险机构。农村商业银行作为农村金融改革的产物,凭借其灵活的管理体制、高效的业务流程、规范的公司治理等优势,扎根农村市场,开拓经营,成为农村金融市场的领跑者。目前,农村商业银行的法人机构数有 1 114 家,资本充足率为 13%,拨备覆盖率 185.5%,资产利润率和资本利润率分别达到 1.01%和 13.14%,经营实力大大增强,抵御风险和服务"三农"的能力大幅提高。图 3-3 给出了 2010～2015 年间我国农村商业银行数量变化情况。

农村合作银行的组建丰富了我国农村金融机构的种类,满足了不同层次农户的金融需求,促进了符合"三农"特点的"多层次、广覆盖、可持续"的农村金融组织体系架构的完成。近年来,随着农村商业银行及农村信用社的发展,农村合作银行的数量及规模有所下降①，见图 3-4、图 3-5 与表 3-5。

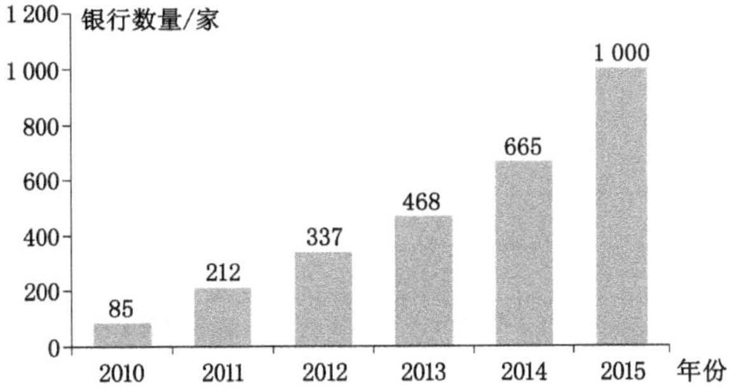

图 3-3　2010～2015 年我国农村商业银行数量变化情况

资料来源：《中国农村金融服务报告(2016)》。

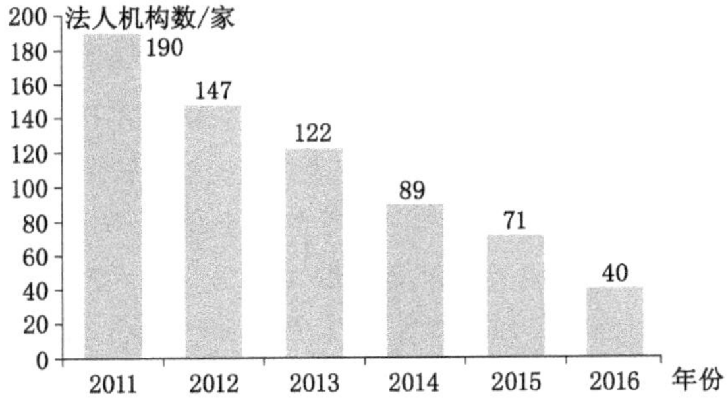

图 3-4　2011～2016 年农村合作银行法人机构数

资料来源：《中国农村金融服务报告(2016)》。

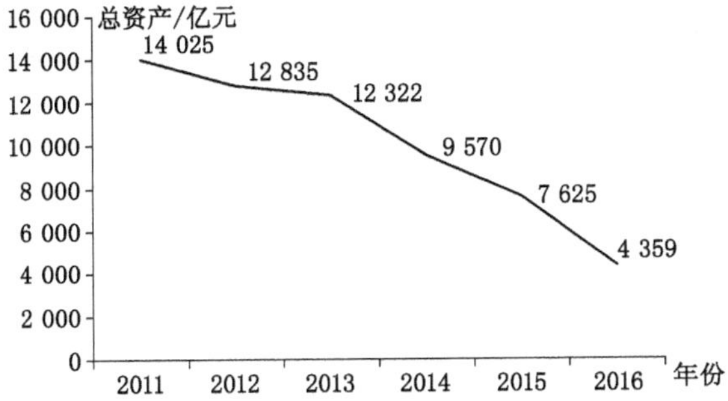

图 3-5　2011～2016 年农村合作银行总资产

资料来源：《中国农村金融服务报告(2016)》。

① 2010 年《中国银监会关于加快推进农村合作金融机构股权改造的指导意见》指出，今后不再组建农村合作银行，符合农村商业银行准入条件的农村信用合作联社和农村合作银行，应直接改制为农村商业银行；暂不符合条件的，要尽快将资格股全部转换为投资股，并改制组建为股份制的农村信用社。

表 3-5 农村合作金融机构变化一览表

农村合作金融机构	法人机构数/个		从业人员数/人		营业性网点/个	
	2009 年	2016 年	2009 年	2016 年	2009 年	2016 年
合计	3 295	2 279	711 459	868 816	75 718	78 973
农村信用社	3 056	1 125	570 366	297 083	60 325	28 285
农村商业银行	43	1 114	66 317	558 172	7 259	49 307
农村合作银行	196	40	74 776	13 561	8 134	1 381

资料来源:《中国农村金融服务报告(2010)》《中国农村金融服务报告(2016)》。

(五)新型农村金融机构

新型农村金融机构主要包括村镇银行、小贷公司以及农村资金互助社。新型农村金融机构于 2007 年年初试点,从四川、青海、甘肃、内蒙古、吉林、湖北等 6 省(自治区)开始,并于 2007 年 10 月扩大到全国 31 个省(自治区、直辖市)进行。新型农村金融机构的出现,提高了农村金融市场的竞争程度和运行效率,填补了部分地区农村金融服务空白,对促进提升农村金融服务水平发挥了积极的作用。

截至 2016 年年末,农村地区共有新型农村金融机构 1 504 家,其中村镇银行1 443 家,存款余额 3 804 万元,贷款余额 4 150 万元,账面利润 85 万元。小贷公司 13 家,资金互助社 48 家,贷款余额 9 272.80 亿元。已组建的新型农村金融机构 92.9%以上的贷款投向了“三农”和小微企业。新型农村金融机构变化情况,见表 3-6。

表 3-6 新型农村金融机构变化一览表

新型农村金融机构	法人机构数/个		从业人员数/人		营业性网点/个	
	2009 年	2016 年	2009 年	2016 年	2009 年	2016 年
合计	164	1 504	3 661	81 625	201	4 729
村镇银行	148	1 443	3 586	81 521	193	4 716
小贷公司	8	13	75	104	8	13
资金互助社	8	48				

资料来源:《中国农村金融服务报告(2016)》。

我国约有 2.3 亿农户,真正有贷款需求的农户大约为 1.2 亿户,其中获得农户小额信用贷款和农户联保贷款服务的农户数达 772 万户,占到全国农户总数的 31.2%,占有贷款需求且符合贷款条件农户数的 57.6%。实践证明,小额贷款业务是农村金融机构满足农村金融需求，促进农村经济发展行之有效的一种方式。

二、金融机构涉农贷款稳定增长，服务“三农”能力不断提高

自2007年创立涉农贷款统计以来，全部金融机构涉农贷款余额累计增长361.7%，9年间平均年增速为18.8%。涉农贷款余额从2007年年末的6.1万亿元增加至2016年年末的28.2万亿元，占各项贷款的比重从22%提高至26.5%。同时，银行业金融机构不断完善覆盖更广阔乡村的服务，基础金融服务已覆盖56万个行政村，覆盖率达到95%。

表3-7与图3-6列出了2007年以来“三农”贷款变化情况。

表3-7　2007年以来“三农”贷款统计情况　单位：亿元

年份	农村贷款余额	农业贷款余额	农户贷款余额	涉农贷款余额
2007	50 384	15 055	13 399	61 151
2008	55 569	15 559	15 170	69 124
2009	74 551	19 488	20 134	91 316
2010	98 017	23 045	26 043	117 658
2011	121 469	24 436	31 023	146 016
2012	145 467	27 261	36 195	176 310
2013	173 025	30 437	45 047	208 893
2014	194 383	33 394	53 587	236 002
2015	216 055	35 137	61 488	263 522
2016	230 092	36 627	70 846	282 336

资料来源：《中国农村金融服务报告(2016)》。

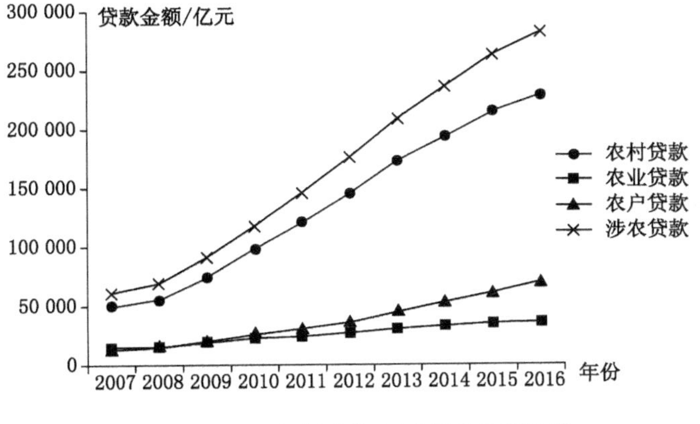

图3-6　2007年以来“三农”贷款情况变化

2007年年末，全国县域金融机构存款余额为9.11万亿元，占全国金融机构各项存款的比重为23.4%，全部金融机构涉农贷款余额为61 151亿元(包括粮棉油收购贷款、农产品加工贷款和部分农村基础设施贷款)，占全部金融机构贷款总额的22%，占GDP的比重为24.8%。到2016年年末，全部金融机构涉农贷款余额为282 336亿元，占全部金融机构贷款总额的26.5%。可以看出，自2007年以来"三农"贷款一直处在稳步增长的发展阶段。

表3-8与图3-7列出了涉农承贷主体贷款变化的情况。

表3-8　　涉农承贷主体贷款变化一览表

指标	2007年	2016年
农户贷款余额/亿元	13 399	70 846
占涉农贷款比重/%	21.9	25
企业贷款余额/亿元	42 063	199 038
占涉农贷款比重/%	68.8	71
各类非企业组织贷款余额/亿元	5 689	10 476
占涉农贷款比重/%	9.3	4

资料来源:《中国农村金融服务报告(2008)》《中国农村金融服务报告(2016)》。

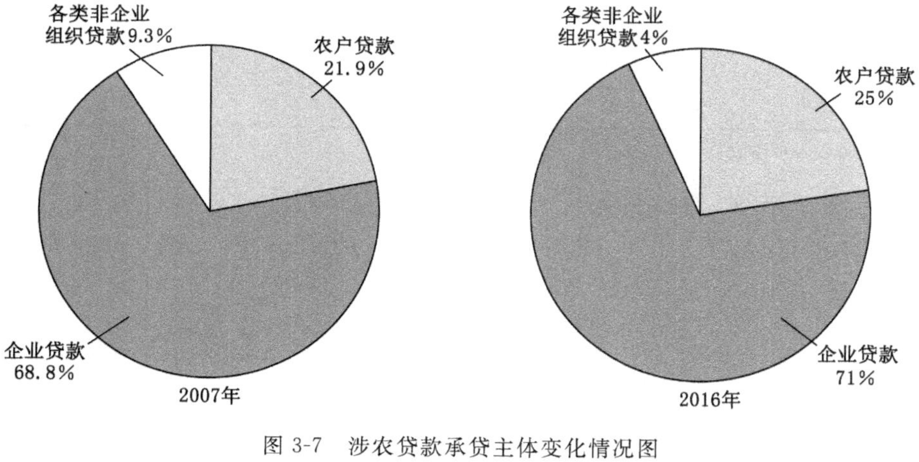

图3-7　涉农贷款承贷主体变化情况图

资料来源:《中国农村金融服务报告(2008)》《中国农村金融服务报告(2016)》。

2007年年末，全部涉农贷款中农户贷款余额为13 399亿元，占涉农贷款的比重为21.9%；企业贷款余额为42 063亿元，占涉农贷款比重为68.8%；各类非企业组织贷款余额为 5 689 亿元，占涉农贷款比重为 9.3%。到 2016 年年末，农户贷款余额上升为 70 846 亿元，占涉农贷款比重为 25%；企业贷款余额为 199 038 亿元，占涉农贷款比重上升为 71%；各类非企业组织贷款余额为 10 476 亿元，占涉农贷款比重为 4%。

按照发放机构划分，2007 年年末，国有商业银行涉农贷款余额 22 282 亿元，占全部涉农贷款的比重为 36.4%；政策性银行涉农贷款余额为 12 862 亿元，占全部涉农贷款的比重为 21%；农村合作金融机构涉农贷款余额为 20 850 亿元，占全部涉农贷款的比重为 34.1%，另有部分金融机构无涉农贷款。2016 年年末，全国性大型银行（中国工商银行、中国农业银行、中国银行、中国建设银行、国家开发银行、中国交通银行、中国邮政储蓄银行）涉农贷款余额 103 974 亿元，占全部涉农贷款的比重为 36.8%；中资中型银行（中国进出口银行、中国农业发展银行、招商银行、上海浦东发展银行、中信银行、兴业银行、中国民生银行、中国光大银行、华夏银行、广发银行、平安银行、北京银行、上海银行、江苏银行）涉农贷款余额 68 773 亿元，占全部涉农贷款的比重为 24.4%；中资小型银行（恒丰银行、浙商银行、渤海银行、小型城市商业银行、农村商业银行、农村合作银行、村镇银行）涉农贷款余额 81 626 亿元，占全部涉农贷款的比重为 28.9%；部分金融机构无涉农贷款。2016 年金融机构本外币涉农贷款分机构月报表，见表 3-9。

表 3-9　　2016 年金融机构本外币涉农贷款分机构月报表

项目	农林牧渔业贷款		农村（县及县以下）贷款		农户贷款		涉农贷款	
	余额/亿元	同比增长/%	余额/亿元	同比增长/%	余额/亿元	同比增长/%	余额/亿元	同比增长/%
全部金融机构	36 627	4.2	230 092	6.5	70 846	15.2	282 336	7.1
中资全国性大型银行	6 200	−1.5	88 222	2.0	23 979	27.4	103 974	2.5
中资中型银行	2 190	2.5	44 881	11.5	1 504	35.5	68 773	12.1
中资小型银行	17 287	26.6	71 497	22.3	30 381	27.0	81 626	21.1
其中：								
农村商业银行	12 828	34.8	46 107	28.5	23 735	34.6	53 096	26.2
农村合作银行	730	−23.6	1 468	−46.1	989	−41.3	1 767	−43.2
村镇银行	1 724	18.2	4 953	15.4	3 234	20.3	5 550	16.2
农村信用合作社	10 920	−16.1	24 712	−17.8	14 902	−15.2	27 039	−16.7
中资财务公司	30	−11.1	780	1.8	80	20.9	924	4.9

资料来源：《中国农村金融服务报告（2016）》。

三、农业保险快速发展，风险保障能力不断提高

农业保险作为增强农业风险抵御能力、促进现代农业发展的“稳压器”“保护伞”和 WTO 规则“绿箱”政策的重要内容，是各国普遍运用的农业支持保护政策。2007 年以来，在中央财政保费补贴政策的支持下，我国逐渐形成了“政府引导、市场运作、自主自愿、协同推进”的农业保险发展模式，构建了“中央支持保基本，地方支持保特色”的农业保险保费补贴政策框架，建立了基本覆盖全国所有省份及农林牧渔各个产业的农业生产风险保障体系。

2007 年中央财政首次对农业保险给予补贴，选择 6 省（自治区）的 5 种主要农作物开展试点，对农业保险的发展产生了重要的推动作用。6 省（自治区）主要农作物承保面积 1.48 亿亩（1 亩≈666.667 m^2），占试点地区播种面积的 70%。同时，生猪和能繁母猪保险取得明显成效，2007 年全国共承保能繁母猪 3 070 万头，超过全国存栏总量的 60%。截至 2007 年年底，保险业开办的“三农”保险险种达 160 余种，保险公司服务网点基本覆盖了全国广大乡村，仅中国人寿、太平洋人寿和平安人寿三家寿险公司在县域地区的机构总数就达 4 380 多个，拥有农村网点（含保险站、所）16 087 个，网点延伸到全国大部分自然村，并培养了一大批农村保险队伍。农业保险覆盖全国 4 980.85 万（户次）农户，保险金额达到 112 618 亿元，保费收入 51.84 亿元。2007～2015 年全国农作物保险情况见图 3-8。

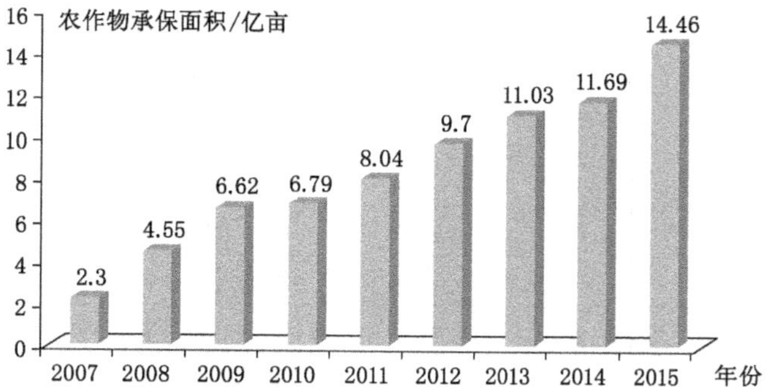

图 3-8 2007～2015 年全国农作物保险情况

资料来源：http://www.seenoon.com/html/zx/xngd/12501.html。

中央财政保费补贴范围由 2007 年最初试点的 6 省（自治区）扩大到全国，补贴品种由最初的 5 个种植业品种扩大至种植、养殖、林业 3 类 15 个品种，关系国计民生和国家粮食安全的农作物保险、主要畜产品保险、重要“菜篮子”产品保险

以及森林保险得到了重点发展。地方财政还对地方特色农产品、农房、农机具、设施农业、渔业保险等给予保费补贴支持，现已达 189 种。目前，全国共有 27 家保险公司经营农业保险业务，包括 22 家综合性保险公司和 5 家专业农业保险公司，形成了“2＋5”为核心的经营格局，人保财险、中华联合财险以及安信农险、安华农险、阳光农业相互保险、国元农险、中原农险等 7 家公司的农业保险市场份额占到 86％。形成了商业保险公司独立经营、政府与商业保险公司联办公保等多种模式，渔业、农机领域还开办了互助保险试点。

2016 年农业保险提供风险保障达 2.16 万亿元，比 10 年前增长了近 20 倍，共计向 2.4 亿户次农户支付赔款 1 544 亿元。2014～2016 年，农业保险的保险金额平均占农业生产总产值的 20％，赔款 267 亿元，占到农业生产直接经济损失的 9.67％，是各级政府救灾资金的 7 倍。农业保险日益成为农村经济社会发展的“稳定器”和“助推器”，我国引导农民利用购买保险来规避农业风险正取得显著成效。

2007～2016 年的 10 年间，我国农业保险提供风险保障从 1 126 亿元增长到 2.16 万亿元，年均增速 38.83％。农业保险保费收入从 51.8 亿元增长到 417.12 亿元，增长了 7 倍；承保农作物从 2.3 亿亩增加到 17.21 亿亩，增长了 6 倍，玉米、水稻、小麦三大口粮作物承保覆盖率已超过 70％。农业保险开办区域几乎覆盖了全国所有省份，农业保险经营主体从 2007 年的 6 家增加到 26 家，农业保险服务店乡镇覆盖率达 93％，村级覆盖率达 48％。承保农作物品种达到 211 个，基本覆盖农、林、牧、渔各个领域。2007～2016 年农业保险提供的风险保障情况，见图 3-9。

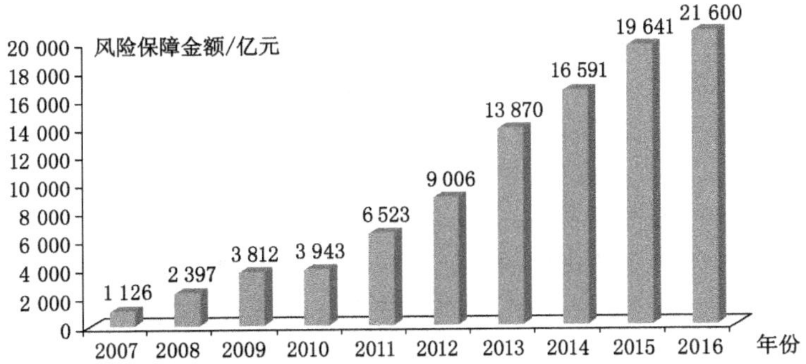

图 3-9　2007～2016 年农业保险提供的风险保障情况

资料来源：http://www.seenoon.com/html/zx/xngd/12501.html。

目前，我国农业保险业务规模已仅次于美国，居全球第二、亚洲第一。其中，养殖业保险和森林保险业务规模居全球第一。农业保险在提高农业抗灾减灾能力、促进农民增收、维护国家粮食安全等方面发挥着重要作用。

四、农村金融产品和服务创新加快，不断适应现代农业发展的要求

2008年10月，中国人民银行和银监会在中部六省和东北三省组织开展了加快推进农村金融产品和服务方式的创新试点。这次试点的主要内容包含五个方面：一是大力推广农户小额信用贷款和农户联保贷款，扩大农户贷款覆盖面，提高贷款满足率。二是创新贷款担保方式，扩大有效担保品范围。原则上，凡不违反现行法律规定、财产权益归属清晰、风险能够有效控制、可用于贷款担保的各类动产和不动产，都可以试点用于贷款担保。三是探索发展基于订单与保单的金融工具，提高农村信贷资源配置效率，分散农业信贷风险；在完善订单农业和农业产业化发展模式的基础上，鼓励涉农银行业金融机构、农村信贷担保机构及相关中介机构加强与保险公司的合作，以订单和保单等为标的资产，探索开发"信贷＋保险"的金融服务新产品。四是在银行间市场探索发行涉农中小企业集合债券，拓宽涉农小企业的融资渠道。五是改进和完善农村金融服务方式，提高涉农金融服务质量和服务效率，积极推进农村金融服务电子化、信息化和规范化。

2010年7月，中国人民银行、银监会、保监会、证监会联合发布《关于全面推进农村金融产品和服务方式创新的指导意见》，围绕农村金融服务满意度、便利度和可得性，中国人民银行等部门大力推动农村金融产品与服务创新。一是引导各地金融机构不断创新服务机制，大力推广低成本、可复制、可持续、"量体裁衣"式的农村金融产品与服务创新；二是按照"赋予农民更多财产权利"的改革部署贯彻落实工作，按照中央对农村集体土地所有权、承包权、经营权三权分置及经营权流转的要求，慎重稳妥地推进农村承包土地的经营权和农民住房财产权抵押贷款试点工作，探索实现农民对农村集体资产股份的抵押、担保权能，促进农业生产规模化、农业现代化、农民增收和城乡统筹发展。

推进农村两权抵押贷款是2017年农村金融创新的一个重点。加快农村金融创新，包括：对涉农业务较多的金融机构，进一步完善差别化考核办法；深入推进承包土地的经营权和农民住房财产权抵押贷款试点，探索开展大型农机具、农业生产设施抵押贷款业务；支持符合条件的涉农企业上市融资、发行债券、兼并重组；鼓励金融机构发行"三农"专项金融债；深入推进农产品期货、期权市场建设，积极引导涉农企业利用期货、期权管理市场风险，稳步扩大"保险＋期货"试点；积极推动农村金融立法等。

五、农村金融基础设施建设取得显著进展

近年来，中国人民银行以农户、家庭农场、农民专业合作社等农村地区生产经营主体为对象，持续推进农村信用体系建设，通过信用建设改善农村金融服务水平，助力精准扶贫和普惠金融的发展。中国人民银行于2014年印发了《关于加快小微企业和农村信用体系建设的意见》，确定63个市(县、工业园区)为小微企业和农村信用体系建设试验区；2015年印发了《关于进一步做好小微企业和农村信用体系建设工作的通知》《关于全面推进中小企业和农村信用体系建设的意见》，全面推进中小企业和农村信用体系建设。各地联合政府部门、农村基层组织、金融机构、信用评级机构等推进信用户评定和信用户、信用村、信用乡镇建设，探索开展家庭农场、农民合作社等新型经营主体评价，发现和增进农户等生产经营主体的信用。2010～2015年农村人口信用建档情况，见图3-10。

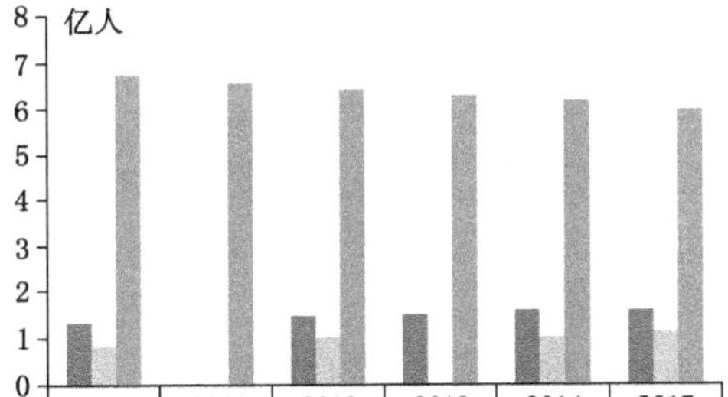

	2010	2011	2012	2013	2014	2015
信用建档数/亿人	1.34	0	1.48	1.51	1.6	1.59
信用评定数/亿人	0.83	0	0.98	0	1	1.12
农村人口数/亿人	6.74	6.57	6.42	6.3	6.19	6

年份

图3-10　2010～2015年农村人口信用建档情况

资料来源：《农村金融服务报告(2016)》。

农村融资担保体系建设方面，2015年7月，财政部、农业部、银监会印发了《关于财政支持建立农业信贷担保体系的指导意见》，拟用3年左右的时间建立健全政策性强、专注现代农业发展、覆盖全国的农业信贷担保体系。经国务院同意，国家农业信贷担保联盟有限责任公司由财政部会同农业部、银监会筹建，公司于2016年5月注册成立，与此同时，省级农业信贷担保机构组建工作也在积极推进。

农村支付体系建设方面，目前中国人民银行支付清算系统已覆盖11.84万个农村金融机构网点，覆盖率为93.46%。全国共有超过8万个农村地区银行

营业网点可以办理农民工银行卡特色服务受理方业务;全国助农取款服务点办理支付业务合计4.95亿笔,金额4 247.78亿元;农村地区开立单位银行结算账户1 823万户,个人银行结算账户35.61亿户,各类银行卡25.52亿张,基本实现了人人有卡、家家有账户、补贴能到户。目前助农取款服务点98.34万个,覆盖行政村超过50万个,行政村覆盖率90%。村民足不出村即可以办理取现、查询、转账汇款、代理缴费和跨行支付等业务。

第三节　我国农村金融资源的空间分布

金融资源的供给与需求在空间分布上具有非平衡性的特点,这导致金融运行也具有区域性的特点,因此空间尺度亦是描述农村金融发展状况的重要标准。本书基于2007～2016年从农村金融机构运营、农村涉农贷款等方面的数据,分析我国农村金融资源的空间分布及特征。

一、农村金融机构的空间分布

根据中国银监会的分类,农村信用社、农村商业银行、农村合作银行属于小型农村金融机构;村镇银行、贷款公司、资金互助合作社属于新型农村金融机构。本书将从网点数、就业人员、资产总额等方面分析小型、新型农村金融机构的空间分布及各地区发展情况。

(一)小型农村金融机构的空间分布

自1951年全国农村金融工作会议提出加强农村金融工作、发展农村信用合作以来,至今已60余年,目前小型农村金融机构逐步壮大,机构数量也趋于稳定。2003年第三轮农村金融改革将农村金融的发展转移到新型农村金融机构的建立上,因此小型农村金融机构在近10年的发展中出现了网点数增长缓慢甚至有所倒退,而总资产及从业人员有所增加的结构性改革中。

2009～2016年,我国部分地区的小型农村金融机构网点数量变化较小,除北京市网点数没有变化以外,天津、辽宁、吉林、河南、湖北、湖南、黑龙江、江西、山东等9个地区甚至呈现网点数下降的情况。其中,辽宁省网点数减少最多为257个,7年共减少10个百分点;河北、山西、内蒙古、广东、广西、海南、重庆、四川、上海、江苏、浙江、安徽、福建等13个地区呈现网点数增长的情况,其中广东省增长最多为400个。表3-10列出了2009～2016年部分地区小型农村金融机构网点变化情况。

表 3-10　　部分地区小型农村金融机构网点变化情况一览表　　单位：个

地区	2009 年	2016 年	地区	2009 年	2016 年
北京	694	694	湖北	2 228	2 151
天津	576	571	湖南	4 133	4 047
河北	4 791	4 881	广东	5 772	6 172
山西	2 932	3 164	广西	2 263	2 383
内蒙古	2 244	2 434	海南	388	460
辽宁	2 443	2 186	重庆	1 767	1 774
吉林	1 633	1 613	四川	5 622	5 869
贵州		2 333	黑龙江	1 999	1 971
云南		2 338	上海	319	388
陕西		2 841	江苏	3 009	3 288
甘肃		2 312	浙江	3 916	4 236
青海		376	安徽	2 945	3 110
宁夏		388	福建	1 832	1 923
新疆		1 149	江西	2 531	2 497
河南	5 367	5 276	山东	5 311	5 127

数据来源：同花顺 IfinD 金融数据库终端。

由于各省（自治区、直辖市）面积不同，要分析小型农村金融机构的空间分布情况仅看总网点数是不够准确的。例如，内蒙古的小型农村金融机构数量远大于北京、天津，但这并不能说明内蒙古农村金融发展状况优于北京、天津。为排除地区面积的影响，本书计算地区网点数与该地区面积的比值作为该地区小型农村金融机构分布密度。2016 年部分地区小型农村金融机构分布密度，见表 3-11。

表 3-11　　2016 年部分地区小型农村金融机构分布密度　　单位：个

地区	每万平方千米网点数	地区	每万平方千米网点数
北京	422	湖北	115
天津	477	湖南	191
河北	258	广东	343
山西	201	广西	100
内蒙古	20	海南	129
辽宁	147	重庆	215

续表 3-11

地区	每万平方千米网点数	地区	每万平方千米网点数
吉林	86	四川	120
贵州	132	黑龙江	43
云南	59	上海	615
陕西	138	江苏	306
甘肃	50	浙江	406
青海	5	安徽	222
宁夏	58	福建	155
新疆	6	江西	149
河南	315	山东	324

数据来源：同花顺 IfinD 金融数据库终端。

从表 3-11 可以看出，小型农村金融机构分布密度呈现较大的空间分异性，北京、上海、天津、广东、浙江、江苏等东部地区分布密度较大，而内蒙古、甘肃、新疆、黑龙江、吉林、宁夏等地区机构数量不足 100 个，上海每万平方千米小型农村金融机构数量最多为 615 个，是最少的青海省的 123 倍，两极分化情况较严重。

从就业人员来看，2009 年和 2016 年各地区都有明显的变化。除了河北省 2016 年就业人数比 2009 年降低了 2 013 人以外，其余各地区小型农村金融机构的就业人数均有所上升，其中四川省从业人员增长最多为 28 293 人，7 年增长了约 71%，河南省、广东省、江苏省分别增长为 14 376 人、15 795 人、13 101 人；而辽宁省增长较慢，仅增长 223 人。我国部分地区的小型农村金融机构就业人口变化，见表 3-12。

表 3-12 部分地区小型农村金融机构就业人口变化一览表 单位：人

地区	2009 年	2016 年	省份	2009 年	2016 年
北京	7 975	8 862	湖北	27 197	30 703
天津	7 286	8 707	湖南	36 535	40 164
河北	49 614	47 601	广东	62 346	78 141
山西	33 799	37 703	广西	21 566	24 699
内蒙古	24 551	27 041	海南	3 170	6 022
辽宁	32 473	32 696	重庆	12 552	16 140
吉林	22 436	24 989	四川	39 599	67 892
贵州		27 726	黑龙江	23 972	29 689

续表 3-12

地区	2009 年	2016 年	地区	2009 年	2016 年
云南		21 691	上海	4 943	6 216
陕西		25 584	江苏	36 215	49 316
甘肃		19 053	浙江	42 017	51 388
青海		4 344	安徽	27 612	32 867
宁夏		5 796	福建	17 174	20 487
新疆		13 299	江西	20 994	28 821
河南	46 712	61 088	山东	57 232	67 000

数据来源：同花顺 IfinD 金融数据库终端。

表 3-13 和图 3-11 给出了我国部分地区小型农村金融机构从业人员占全省金融业从业人员的比重。结果显示，四川省从业人数占比最高，为 34%；天津、北京、上海人数占比则较小，分别为 14%、2%、2%。小型农村金融机构从业人数占比较低主要有两个原因：一是金融业发展整体落后，例如新疆、宁夏等，金融业起步晚、发展缓慢，城市金融业还未成熟，更无暇顾及农村金融业的发展；二是金融业发展迅速，从业人员人口基数较大，相对农村金融机构从业人员占比较小，例如北京、上海等直辖市第三产业发展较快，金融业发展迅速，因此金融业从业人员总数较多，农村金融从业人数相对较少。

表 3-13　　部分地区小型农村金融机构从业人员占比

地区	人数占比/%	地区	人数占比/%
四川	34	陕西	20
贵州	31	黑龙江	20
内蒙古	29	重庆	19
河南	29	江苏	18
山西	28	广东	16
河北	28	新疆	16
山东	26	辽宁	16
甘肃	25	福建	16
安徽	24	浙江	16
江西	24	海南	15
广西	23	天津	14
湖南	23	北京	2

续表 3-13

地区	人数占比/%	地区	人数占比/%
宁夏	23	上海	2
云南	22	西藏	
吉林	21	青海	
湖北	20		

数据来源:同花顺 IfinD 金融数据库终端。

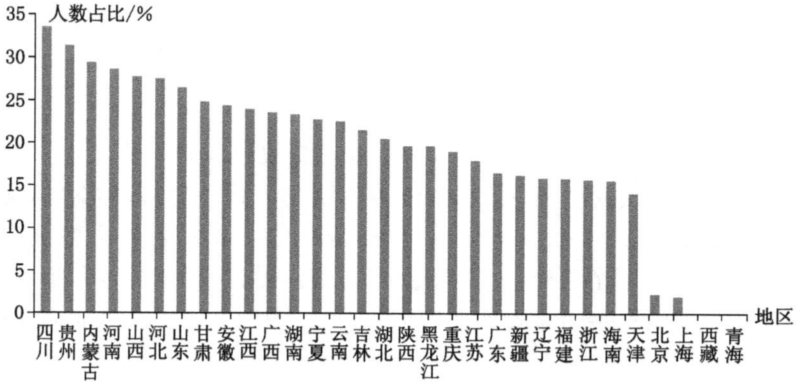

图 3-11　2016 年小型农村金融机构从业人员占比

数据来源:同花顺 IfinD 金融数据库终端。

表 3-14 为我国部分地区小型农村金融机构资产总额变化一览表。从表中数据来看,小型农村金融机构发展非常迅速。至 2016 年年末,广东达到了 31 131 亿元的总资产,比 2009 年增加了 21 732 亿元,是 2009 年的 3 倍;江苏、浙江、山东三省总资产在 2016 年也超过了 20 000 亿元。各地区平均涨幅为 3.71 倍,标准差为1.56,中国各地小型农村金融机构的总资产均处于快速增长的趋势,其中浙江、江苏等发达地区增长较快,浙江 7 年间增长了 13 587.61 亿元,而江苏也增长了15 561 亿元;辽宁、内蒙古等欠发达地区资产增长较为缓慢,辽宁 7 年间增长了3 846 亿元,内蒙古 7 年间增长了 3 999 亿元。

表 3-14　部分地区小型农村金融机构资产总额变化一览表　　单位:亿元

地区＼年份	2009 年	2016 年	地区＼年份	2009 年	2016 年
北京	2 846.5	7 236	湖北	2 243	9 099
天津	1 392	4 473.5	湖南	2 910.4	9 040.72

续表 3-14

年份 地区	2009 年	2016 年	年份 地区	2009 年	2016 年
河北	5 118	13 218.4	广东	9 399	31 131
山西	3 492	9 544.3	广西	2 153	7 245.8
内蒙古	1 571	5 570	海南	242.9	2 464.8
辽宁	2 257	6 103	重庆	2 005	7 862
吉林	1 463.7	7 525	四川	4 248	17 628.1
贵州		7 013	黑龙江	1 331	4 383.5
云南		9 184	上海	2 128	6 791
陕西		8 001.1	江苏	7 226	22 787
甘肃		5 057	浙江	7 588	21 175.61
青海		1 031	安徽	2 517	10 552
宁夏		1 423	福建	1 541.8	7 326
新疆		4 146	江西	1 851	7 531
河南	4 348	12 565.4	山东	7 271	20 375

数据来源：同花顺 IfinD 金融数据库终端。

总体来看，小型农村金融机构的发展，东部沿海地区趋向成熟，网点数及从业人员数增长较缓；西部内陆地区正处于发展阶段，从业人员数量增长较快。东部沿海及部分内陆地区网点密度较大，欠发达地区网点密度较小，全国小型农村金融机构的总资产均处于快速增长状态。

（二）新型农村金融机构的发展

2006 年，《中国银行业监督管理委员会关于调整放宽农村地区银行业金融机构准入政策更好地支持社会主义新农村建设的若干意见》首次允许产业资本和民间资本到农村地区新设银行，并提出要在农村增设村镇银行、贷款公司和农村资金互助社三类新型农村金融机构。2007 年，我国首家新型农村金融机构在江西建立，到 2008 年年末，全国新型农村金融机构已达到 292 家，仅山西一省就成立 59 个新型农村金融机构。新型农村金融机构空间分布变化情况，见表 3-15。

表 3-15　　新型农村金融机构空间分布变化一览表　　单位：家

年份 地区	2008 年	2009 年	2010 年	2011 年	2012 年	2013 年	2014 年	2015 年	2016 年
北京	1	20	7	8	6	15	15	37	38
天津	2	33	1	6	7	25	43	80	93

续表 3-15

地区＼年份	2008 年	2009 年	2010 年	2011 年	2012 年	2013 年	2014 年	2015 年	2016 年
河北	2	132	8	22	2	61	105	153	209
山西	59	152	6	21	29	55	59	72	129
内蒙古	26	263	37	58	97	91	70	87	190
辽宁	6		52	82	32	79	135	171	120
吉林	8	85	23		28		87	124	164
贵州	3	49	8	15	26	62	98	139	167
云南	10	137	17	23	42	57	67	83	102
陕西	5	64	9	9	12	17	17	39	18
甘肃	12	41	16	31	19	43	20	69	407
青海	1	7	3	3	3	1	4	3	96
宁夏	2	2	4	10	13	20	28	220	52
新疆	1	22	5	119	17	43	75	100	124
河南	2	10	19	64	107	187	246	311	372
湖北	10	14	17	39	48	69	106	131	145
湖南	3	11	14	96	39	48	60	76	110
广东	1	90	18	40	66	101	159	190	292
广西		31	18	28	75	132	182	211	594
海南			8	11	12	14	19	26	33
重庆	8	6	14	23	39	53	73	57	107
四川	15	22	45	78	114	153	182	218	242
黑龙江	2	4	13	31	43	45	55	65	76
上海	12	32	5	8	9	9	10	25	27
江苏	27	113	29	47	81	116	161	199	222
浙江	58	112	27	76	113	176	231	196	228
安徽	11	127	18	325	66	106	156	664	248
福建	3	5	5	7	13	30	46	68	192
江西	2	17	13	32	59	80	108	161	199
山东	0	53	12	36	78	118	125	301	268

数据来源：同花顺 IfinD 金融数据库终端。

从表3-15可以看出，2008～2009年间各地新型农村金融机构分布差距非常大，北京从1个新型农村金融机构增加至20个，安徽从11个增加至127个，而山东从0个直接增加至53个。此现象的发生，与2009年银监会发布的新规定有密切关系。2009年6月银监会印发《小额贷款公司改制设立村镇银行暂行规定》，该规定鼓励小贷公司转制成村镇银行，民营资本组建村镇银行，外资银行也可下乡组建村镇银行。2009年7月银监会发布《新型农村金融机构2009～2011年总体工作安排》，计划用3年时间，在全国设立1 294家新型农村金融机构。其中，村镇银行占到了1 027家，2009年、2010年、2011年分别计划开设312家、344家、371家村镇银行。在这一政策引导下，村镇银行在全国遍地开花，成为农村金融服务的有力补充。具体变化对比情况，见图3-12。

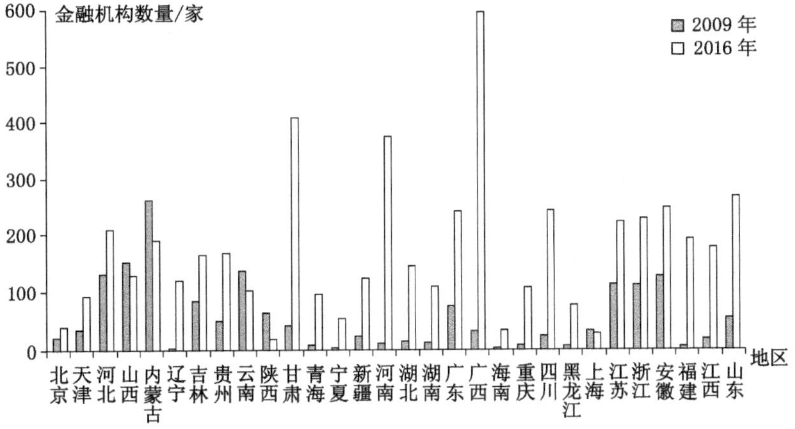

图3-12　新型农村金融机构数量变化对比

数据来源：同花顺IfinD金融数据库终端。

由境内外金融机构、境内非金融机构企业法人、境内自然人出资设立的村镇银行，是经银行业监管部门批准设立并监管的，不仅为农民、农业和农村经济发展提供金融服务，还可以开办各类银行业务。银监会倾向于由操作规范、风险防控能力强的大行或股份制银行做主发起人设立村镇银行以增强农村金融活力，但村镇银行在实际运营中受业务分散、贷款额度小、面向群体有限等诸多因素的影响，运营成本过高，导致营利困难，所以一些银行业金融机构对发起设立村镇银行的兴趣并不强烈。近年来，这一情况有所改观，农村新型金融机构开始稳步发展。

渣打集团于2008年11月在内蒙古和林格尔县设立的和林渣打正式营业。选择在内蒙古地区开设村镇银行，是因为内蒙古有大批农牧业企业，农牧业从业者相对集中以及自治区经济增长有巨大潜力。在渣打银行之前，2007 年汇丰银行作为首家进入农村市场的外资银行，在湖北随州成立了第一家村镇银行——湖北随州曾都汇丰村镇银行。截至 2016 年年末，汇丰银行已有 12 家村镇银行及下属的 14 家支行，服务网点总数达 26 个，是中国农村地区服务网络最广的外资村镇银行。截至 2016 年年末，有 5 家境外银行在农村地区设立了 33 家村镇银行，地域覆盖北京、河南、湖北、重庆等 10 个省市。

村镇银行发展的意义在于填补了许多偏远地区没有金融机构网点的空白，扭转了农村存款倒吸补贴城镇的趋势。至 2016 年，河北、山西、内蒙古、辽宁、吉林、河南、湖北、四川、贵州、云南等中西部地区村镇银行数量均有显著增加。2016 年村镇银行空间分布情况，见图 3-13。

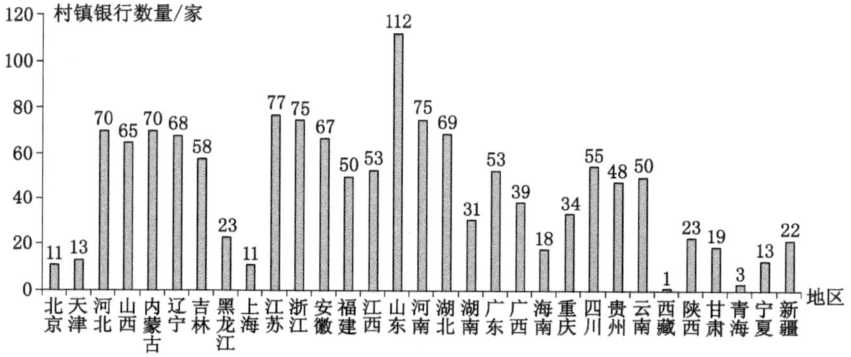

图 3-13　2016 年村镇银行空间分布情况

数据来源：同花顺 IfinD 金融数据库终端。

二、涉农贷款情况

自 2003 年深化农村信用社改革以来，我国农村金融体系不断完善，“三农”信贷投入稳定增长，近年来为实现推进农业现代化和供给侧改革的目标，各地区均开展了一系列扶持农业，推进农村基础设施建设的活动，差异化的货币信贷政策得到完善，信贷资产质押再贷款、金融扶贫再贷款正在开展中，农村金融改革试点地区进一步扩大，继浙江省丽水市、河北省玉田县等 6 个县、安徽省金寨县以及黑龙江“两大平原”等地区之后，四川省成都市和吉林省也相继展开农村金融服务综合改革的实验。

据中国人民银行调查统计司统计，我国涉农贷款截至 2016 年 12 月末为 282 336 亿元，其中浙江省贷款额最多，为 30 079 亿元；江苏省排名第二，为 28 271 亿元；西藏贷款额最少，仅 860 亿元。各地区的极差为 29 219 亿元，标准差为 7 276.38 亿元，各地对农业的扶持力度差别较大。2016 年涉农贷款的空间分布见图 3-14。

单位：亿元

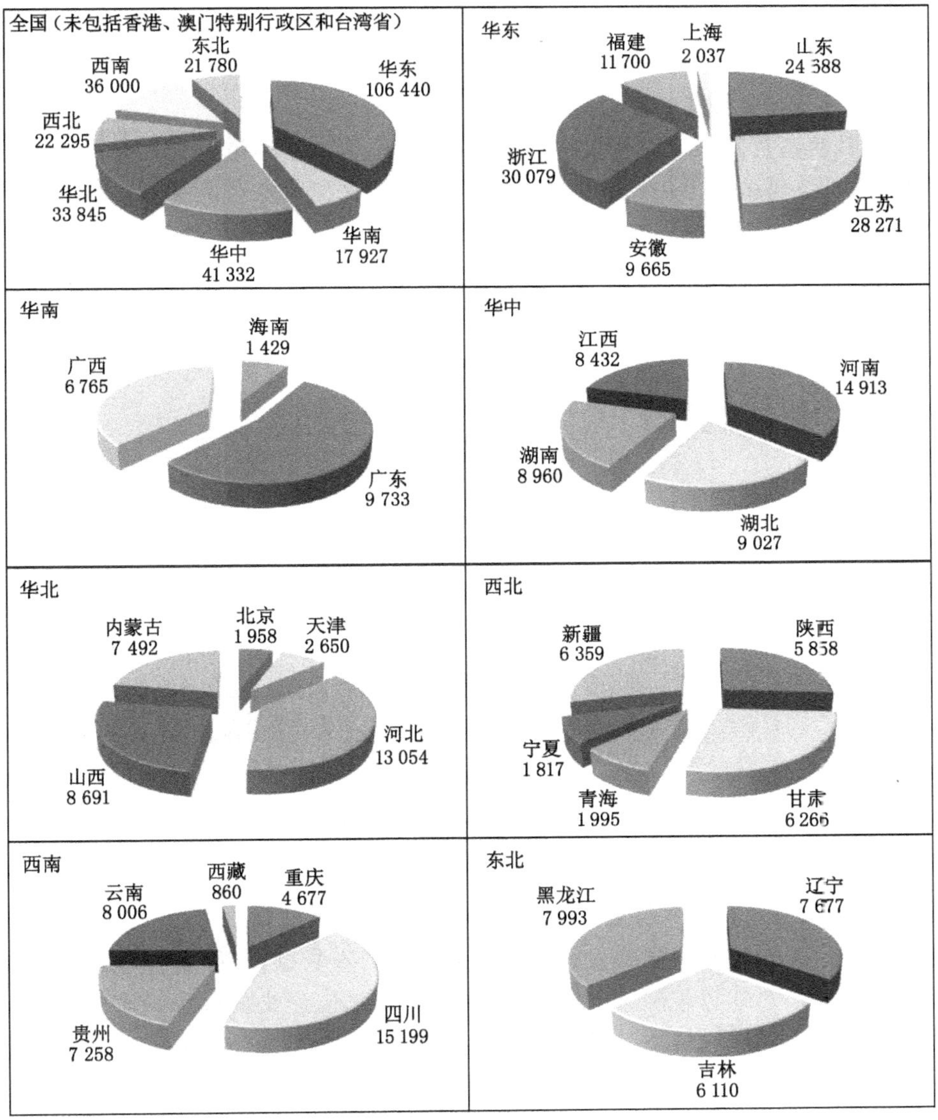

图 3-14　2016 年涉农贷款的空间分布

资料来源：《中国农村金融服务报告(2016)》。

从涉农贷款增减情况来看，北京、天津、河北、上海、浙江、海南等 6 个地区出现了同比负增长的情况，其中北京同比负增长最多为 26.4%；其余地区均呈现同比正增长的现象，其中西藏增速最快为 108.2%，平均增长率为 9.55%。为支持"三农"发展，除了少数经济发达地区第一产业比重较低外，各地金融机构的支持力度在逐年加大，中西部地区更是增速较快。

（一）农林牧渔贷款占总贷款比重

农林牧渔贷款是涉农贷款的一部分，也是显示该地区第一产业发展情况的指标，该贷款是金融机构发放给各主体进行农林牧渔业生产的贷款。从各地区农林牧渔业贷款占涉农贷款比例可以看出，涉农贷款用于生产的比重较少，特别是发达地区尤为明显。如江苏农林牧渔业仅占涉农贷款的 7%，欠发达地区如甘肃农林牧渔占比为 40%，具体的空间分布见图 3-15。

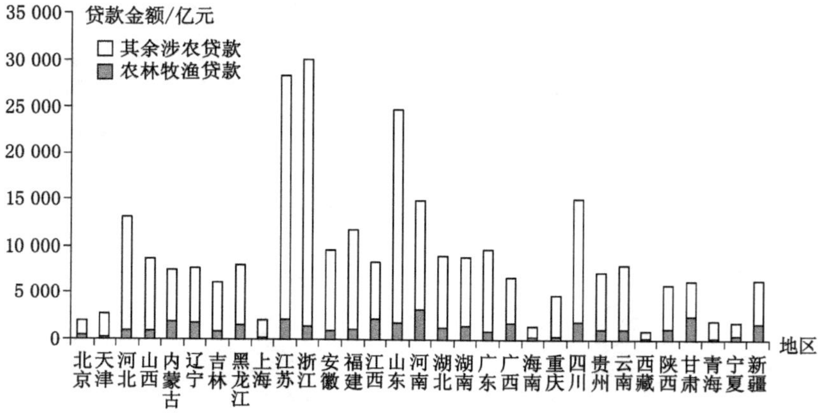

图 3-15　农林牧渔业贷款及涉农贷款的空间分布

资料来源：《农村金融服务报告(2016)》。

（二）农户贷款占农村贷款比重

涉农贷款按城乡还可分为农村贷款和城市涉农贷款，其中农村贷款包含农户贷款及农村企业贷款。从 2016 年农户贷款和农村企业贷款所占比重亦可看出当地农村金融发展情况。北京、浙江、江苏等省市农村企业贷款远大于农户贷款，北京农户贷款占 2%，企业贷款占 98%；江苏农户贷款占 20%，企业贷款占 80%；而甘肃、陕西、湖南、江西、安徽等地贷款以农户为主，其中甘肃农户贷款占 51%，企业贷款占 49%，陕西农户贷款占 45%，企业贷款占 55%。具体情况见图 3-16。

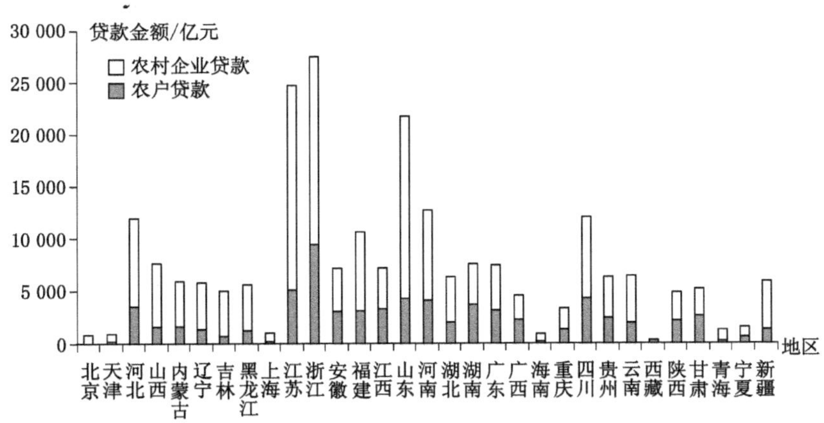

图 3-16　2016 年农户贷款及农村企业贷款的空间分布

资料来源：《中国农村金融服务报告(2016)》。

（三）涉农贷款占总贷款比重

近 10 年来农村金融稳步发展，贷款数额也在不断提高，然而城乡依然存在差距，2016 年各省涉农贷款占各省总贷款的比例依然较低，其中北京、广东尤为突出。北京的涉农贷款仅占北京贷款总额的 3%，广东涉农贷款占广东贷款总额的 8%，而新疆涉农贷款占比为 41%，山西为 42%，贵州为 40%。具体情况，见图 3-17。

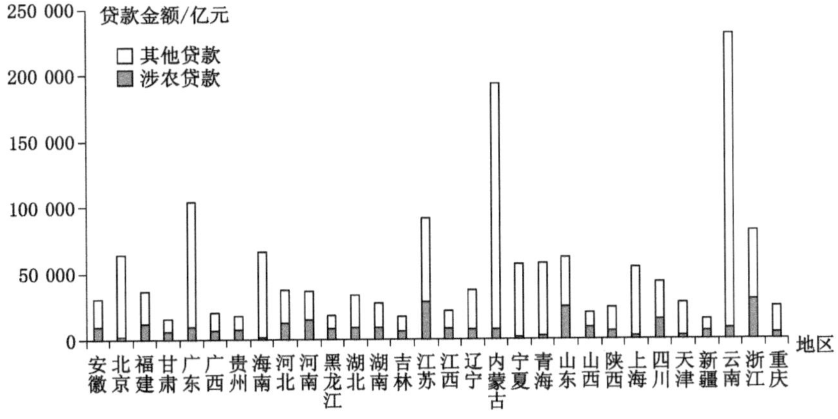

图 3-17　2016 年涉农贷款及其他贷款额的空间分布

资料来源：《中国农村金融服务报告(2016)》。

总体来看，发达地区涉农贷款数额较多，但其在总贷款的比重呈下降趋势，且涉农贷款占总贷款数额较少；欠发达地区涉农贷款数额虽少但处于增长状态，涉农贷款占比较发达地区多。与发达地区相比，欠发达地区农业发展在经济发展中仍占有较重要的地位，积极引导金融机构在中西部地区设置网点，加大支农力度，是解决欠发达地区金融供给不足的重要因素。

第四节　我国农村金融发展的总体特征

改革开放以来，我国农村金融发展取得了可喜的成绩，多层次、广覆盖、适度竞争的农村金融体系基本建立，无论是在金融网点分布、金融服务完善、金融基础设施建设方面都取得了骄人的成绩。总体来看，我国农村金融发展呈现以下五点特征。

一、农村金融服务基本实现了广覆盖但空间分布不均衡

截至 2016 年年底，除了中国农业发展银行、中国农业银行、中国邮政储蓄银行等涉农金融机构以外，全国共有 1 114 家农村商业银行，40 家农村合作银行，1 125 家农村信用社，1 443 家村镇银行，13 家贷款公司以及 48 家农村资金互助社，农村金融机构资产质量逐年提高，盈利能力不断提升。表 3-16 给出了 2007～2016年农村金融机构总资产情况。从表中得知，2007 年以来，除了农村合作银行资产负债情况下降外①，农村金融机构总资产均呈稳步增长态势。农村商业银行从 2007 年的 6 097 亿元上升到 2016 年 202 680 亿元；农村信用社从 2007 年的43 434亿元上升到 2016 年 79 496 亿元；新型农村金融机构和邮政储蓄银行总资产从 2007 年的 17 687 亿元上升到 2016 年的 95 072 亿元。具体情况见表 3-16。

表 3-16　　2007～2016 年农村金融机构总资产情况表　　单位：亿元

机构 / 年份	农村商业银行	农村合作银行	农村信用社	新型农村金融机构和邮政储蓄银行
2007	6 097	6 460	43 434	17 687
2008	9 291	10 033	52 113	22 163
2009	18 661	12 791	54 945	27 045

① 根据 2010 年《中国银监会关于加快推进农村合作金融机构股权改造的指导意见》，2010 年后国家不再组建农村合作银行，因此农村合作银行整体规模和机构数量在发生收缩现象。

续表 3-16

年份＼机构	农村商业银行	农村合作银行	农村信用社	新型农村金融机构和邮政储蓄银行
2010	27 670	15 002	63 911	35 101
2011	42 527	14 025	72 047	43 536
2012	62 751	12 835	79 535	53 511
2013	85 218	12 322	85 951	62 110
2014	115 273	9 570	88 312	70 981
2015	152 342	7 625	86 541	83 024
2016	202 680	4 359	79 496	95 072

资料来源：《中国农村金融服务报告(2016)》。

表 3-17 给出了 2007～2016 年农村金融机构总负债情况。从表中可知，除了农村合作银行负债情况下降外，农村金融机构总负债均呈稳步增长态势。农村商业银行从 2007 年的 5 767 亿元上升到 2016 年的 187 513 亿元；农村信用社从 2007 年的 41 567 亿元上升到 2016 年的 74 798 亿元；新型农村金融机构和邮政储蓄银行总资产从 2007 年的 17 568 亿元上升到 2016 年的 90 095 亿元。

表 3-17　　2007～2016 年农村金融机构总负债情况表　　单位：亿元

年份＼机构	农村商业银行	农村合作银行	农村信用社	新型农村金融机构和邮政储蓄银行
2007	5 767	6 050	41 567	17 568
2008	8 756	9 381	49 893	21 942
2009	17 546	11 940	52 601	26 713
2010	25 643	13 887	61 118	34 365
2011	39 208	12 959	68 575	42 247
2012	57 841	11 796	75 521	51 712
2013	78 492	11 232	81 434	59 812
2014	105 954	8 732	83 270	67 972
2015	140 343	6 955	81 379	78 995
2016	187 513	3 996	74 798	90 095

资料来源：《中国农村金融服务报告(2016)》。

图 3-18、图 3-19、图 3-20 与图 3-21 分别给出了农村商业银行、农村合作银行、农村信用社、新型农村金融机构及邮政储蓄银行资产负债变化情况。从图中

可以看出，除了农村合作银行及农村信用社因机构数量减小导致总资产及负债规模变小之外，其他农村金融机构自 2007 年以来资产负债情况均大幅增长。农村金融机构总资产及总负债的增加为农村多层次、广覆盖的金融体系形成奠定了较好的物质基础。

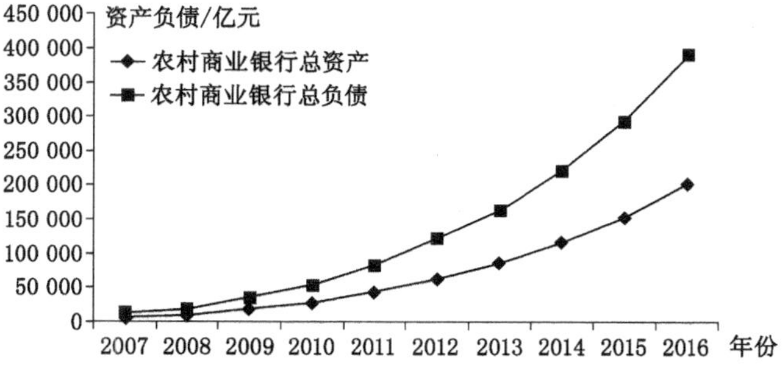

图 3-18　农村商业银行资产负债变化情况

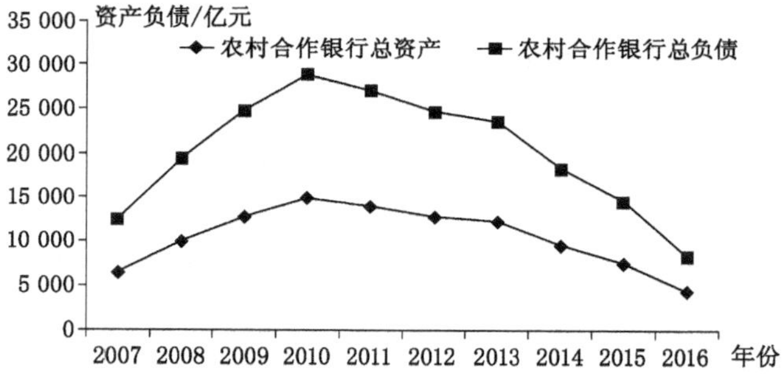

图 3-19　农村合作银行资产负债变化情况

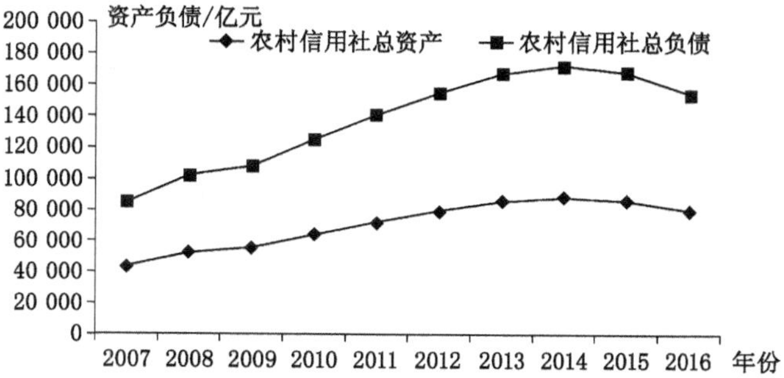

图 3-20　农村信用社资产负债变化情况

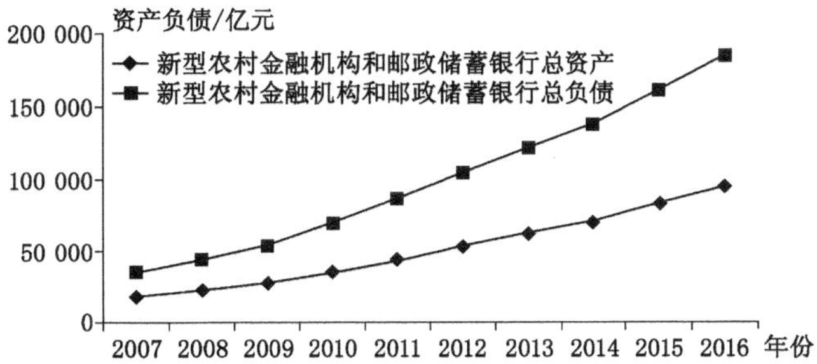

图 3-21　新型农村金融机构及邮政储蓄银行资产负债变化情况

但是不容忽视的是，农村金融资源在空间上的分布仍表现出较强的分异性。1999 年以来，四大国有银行大规模撤并地县级以下基层机构，目前仍在农村开展业务的国有银行分支机构寥寥无几，金融服务空白乡镇虽大幅度减少，但仍有 1 296 个乡镇无金融服务，占到乡镇总数的 6%左右。现有农村金融服务网点分布呈现不均衡状况，总体来看，东部地区分布密集，而中西部地区相对较稀疏。

图 3-22 与图 3-23 给出了 2016 年农村小型金融机构和新型金融机构网点空间分布情况。排名靠前的是上海、天津、北京、浙江、山东、江苏、安徽等东部省(直辖市)，而内陆省市如青海、新疆、内蒙古、黑龙江、甘肃、宁夏、云南、吉林、广西等省(自治区)均排名较后，区域分异较明显。

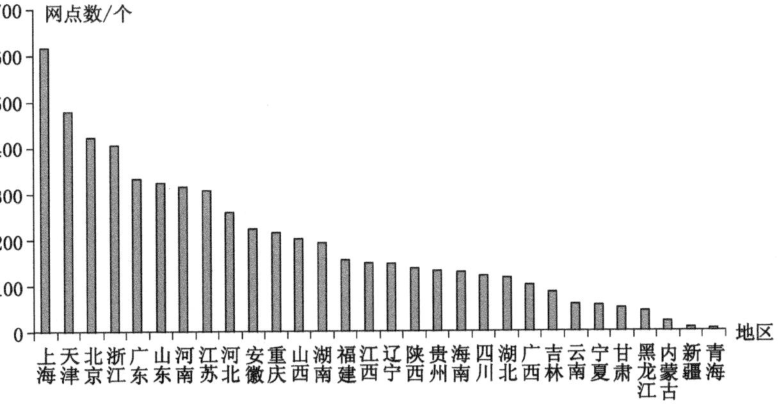

图 3-22　2016 年农村小型金融机构网点空间分布情况

资料来源：同花顺 IfinD 金融数据库终端。

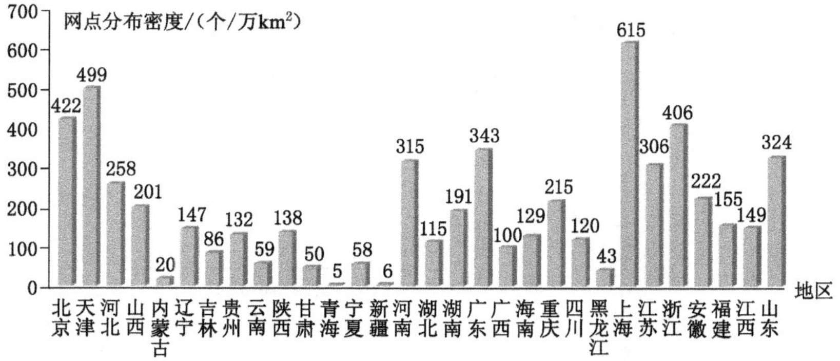

图 3-23　2016 年新型农村金融机构网点分布密度

数据来源：同花顺 IfinD 金融数据库终端。

二、"三农"支持力度显著提高但区域差异明显

（一）农村贷款

表 3-18 和图 3-24 给出了金融机构涉农贷款变化情况一览表。从全国来看，随着国家对"三农"问题的重视以及农村金融服务的不断完善，农村、农业及农户贷款的规模逐年提升，在各项贷款余额中的比重从 2007 年的 22%增加到 2016 年的 26.5%。但是区域之间的差异仍很明显，江苏、浙江涉农贷款占总涉农贷款的比重高达 10%以上，而海南、宁夏、青海、西藏等地所占比重不到 1%。

表 3-18　　金融机构涉农贷款变化情况一览表

年份	占各项贷款比重/%	涉农贷款余额/亿元
2007	22	61 151
2008	21.6	69 124
2009	21.5	91 316
2010	23.1	117 658
2011	25.1	146 016
2012	26.2	176 310
2013	27.3	208 893
2014	28.1	236 002
2015	27.8	263 522
2016	26.5	282 336

资料来源：《中国农村金融服务报告(2016)》。

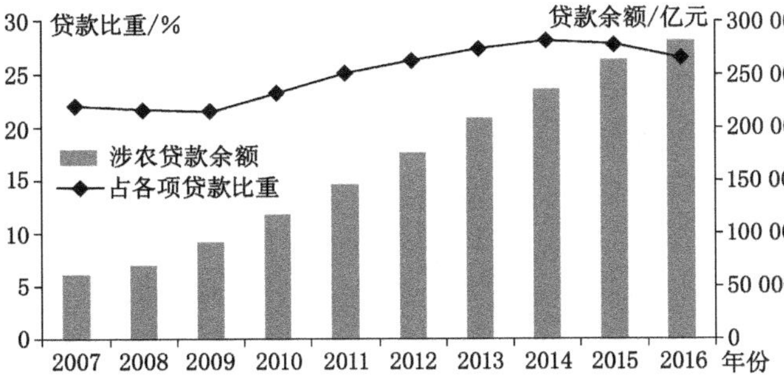

图 3-24　2007～2016 年涉农贷款变化情况

由前文图 3-14 所示可知，从全国来看，地区涉农贷款占全国涉农总贷款的比重，华东地区为 37.7%，华中地区为 14.6%，西南地区为 12.8%，华北地区为 12.7%，西北地区为 7.9%，东北地区为 7.7%，华南地区为 6.6%，农村贷款的区域分布极度不平衡。图 3-25 列出了 2016 年各省涉农贷款在全国涉农总贷款的比重，江苏、浙江、山东、河南、四川、河北占比较高，但大部分中西部地区都不到 3%，这与这些地区的农业在全国所占的比重极不相称。

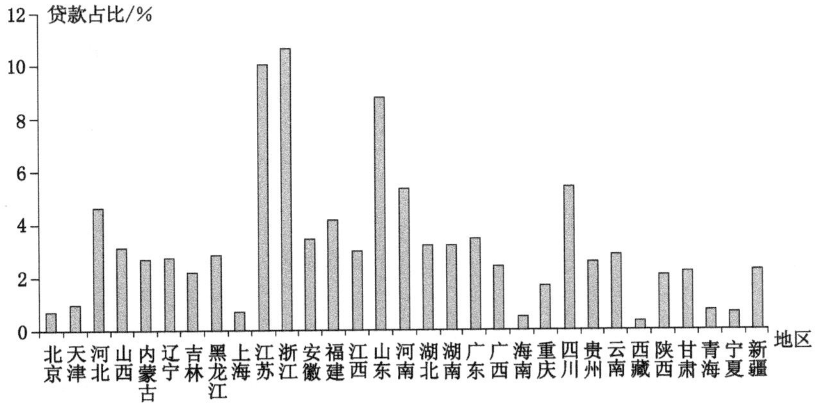

图 3-25　2016 年各省涉农贷款占全国涉农总贷款的比重

资料来源：《中国农村金融服务报告（2016）》。

（二）农业贷款

从前文图 3-15 可知，农业贷款（农林牧渔贷款）在涉农贷款中的比重表现出中西部地区如内蒙古、辽宁、黑龙江、江西、广西、甘肃、新疆、四川等地较高，而其余地区比重较低的特征。这表明上述中西部地区对农业的依赖性仍较大，而东部地区已开始由农业需求向非农产业需求转变，对农业的依赖性较弱。

（三）农户贷款

从前文图3-16可知，农户贷款在涉农贷款中表现出部分地区如陕西、贵州、四川、广西、广东、湖南等地个人贷款比重较大，而江苏、浙江、福建、山东、河南、河北、江西等地企业贷款相对较大的态势。个人贷款比重较大表明该地区仍以传统农业和小额资金需求为主，而企业贷款比重较大则意味着农业生产方式的改变，以及传统的小额资金需求向较大额资金需求、生存性需求向发展性需求的转变。

三、农村金融服务不断创新但特色化金融服务不足

近年来，农村金融创新非常活跃，不仅在传统负债业务和资产业务基础上积极创新，同时在中间业务领域也相继推出了银行卡、信息咨询、理财业务、黄金等金融产品。同时农村金融电子化建设力度也不断推进，以网络为依托，先后开展了电子联行及各类代收、代付等业务。此外，随着互联网技术的深入普及，通过互联网渠道和电子化手段开展金融业务的互联网金融发展迅猛，众筹融资、网络销售金融产品、手机银行、移动支付等互联网金融业态也在快速涌现，部分互联网金融组织在支持"三农"领域开展了有益探索。但是，由于诸多因素的制约，农村金融创新能力的发展仍然非常落后。当前农村金融服务品种单一，主要集中在传统的存贷款业务上，满足农户信贷资金需求的信贷品种较少，金融创新主要是模仿和借鉴国内商业银行的做法，以吸纳性创新为主，特色和原创性创新很少，创新产品具有很强的同质性。另外，受资金实力和开发水平制约，新科技应用存在成本高、水平低、推广慢等问题。目前，农村金融支付结算方式仍以传统结算为主，现金、同城结算、通存通兑占主导地位，信用卡、电话银行、网上银行、手机银行等先进工具的应用覆盖率偏小，甚至还没有推广。

从上文的分析可以看出，大部分中西部地区农业贷款和农户个人贷款占比较高；而其他地区农业贷款和农户个人贷款较低，农村企业贷款比重较高。随着农村经济的发展，当前的农村金融需求也呈现出多样化、个性化的发展趋势。其主要表现为传统的小额资金需求向较大额资金需求转变，生存性需求向发展性需求转变，信用需求向产权抵押需求转变，农业需求向非农产业需求转变。当前我国农业正处于由传统农业向现代农业转变的关键时期，不同地区金融发展水平的不同使得各地区呈现出不同的金融需求，加快个性化、特色化金融服务创新，满足不同地区、不同发展水平的农村金融需求，迫在眉睫。

四、农村金融基础设施逐渐完善但空间分异特征明显

截至2016年年末，农村地区金融机构开立单位银行账户1 823.07万户、个人账户35.61亿户；发放各类银行卡25.52亿张，人均持卡2.8张。中国人民银行支付清算系统覆盖11.84万个农村金融机构网点，覆盖率为93.46%。助农取款服务点98.34万个，所覆盖的行政村超过53.17万个，行政村覆盖率超过90%，村均拥有量为1.8个。农村居民足不出村即可办理基础金融业务，逐渐享受到了和城市居民同样的基本金融服务。

但不可否认，目前我国普惠金融服务仍存在区域和城乡不均衡、体系不健全的问题，普惠金融服务的"最后一公里"仍不畅通。作为金融机构运行的支柱和平台，我国金融基础设施建设仍有待加强。进一步完善征信体系便是其中的一项重要内容。

目前，农村地区金融机构信贷业务信息已纳入金融信用信息基础数据库，信息中包括农村企业、部分办理住房按揭、信用卡、准贷记卡的农村居民个人信息。由于农户信用信息的采集涉及农户家庭的基本信息、资产情况、经营项目信息等，而我国金融信用信息基础数据库采集的信息并不能完整满足农村信用体系建设中所涉及的农户信用信息的采集要求，尤其是偏远地区、欠发达地区农户信息采集不完整。农户信息的不完整，农户信用关系的特殊性，决定了要想建立完善的金融信用信息基础数据库就必须将农户信用信息纳入数据库中，从而填补征信系统在农户信用信息上的不对称。

五、非正规金融发展迅速但规范性差、隐患多

农村经济的发展离不开金融的支撑，然而在农村地区，尤其是欠发达地区正规金融组织存在严重不足，这为非正规金融机构的发展创造了广阔的空间。非正规金融机构虽然在一定程度上缓解了农村的金融需求，但是由于没有切实的法律保障，对农民的财产安全造成了威胁。

目前我国农村民间金融主要有民间借贷、民间合会、民间集资、农村合作基金会和私人钱庄等形式。民间借贷是通过非传统银行等金融机构以外的企业或者个人进行资金借贷的行为，一般是企业、个人与提供借贷的民间机构协定借贷。当前农村范围内的民间借贷主要有两种：一是期限较短的熟人借贷，特点是金额较少、期限不长、方便快捷，是熟人之间互帮互助的行为。二是期限固定的非熟人借贷，此类借贷会有固定的借款期限，且约定利息，通常利息会远远高于一般传统金融的利息。民间合会是民间盛行的一种互助性融资形式，已有上千年的历史，如今仍活跃在农村，一般由若干人组成，相互约定每隔一段时间开一

次会议，每次收集一定的资金轮流交给会员中的一人使用，基本上不以营利为目的。这种形式的农村非正规金融组织，随其会员数目的增加和相互之间了解程度的减少，营利性功能逐渐突出，安全性不断下降。

据2016年国家统计局调查数据显示，农民从正规金融渠道获得的借款占全部借款渠道的比重不到1/3，有50%～60%的农户向非正规金融机构贷款，农户借款中民间借贷的比例超过了70%。农村非正规金融降低了农户受到信贷约束的概率，降低了金融服务的门槛。农村的非正规金融满足了农户及农村中小企业的融资需求，客观上促进了农村经济的发展和农民收入的增长。加强对农村非正规金融市场的监管，深化农村金融体制改革，引导非正规金融与正规金融相融合是当前农村金融发展不容忽视的问题。

为促进农村发展，我国近年来借鉴国外小贷的成功经验，发展了中国的农村小贷业务。但经过实践发现，农村小贷在国内的实施并不乐观，除去几个试点，在大部分农村地区并不普及。手续繁复条件苛刻、农民信用等级差等限制着农村小贷市场的发展，见图3-26。

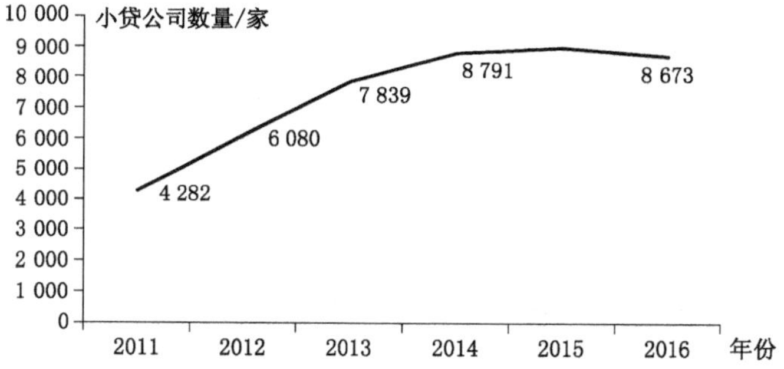

图3-26　2011～2016年全国小贷公司数量

资料来源：中国人民银行官方网站。

截至2016年年末，全国共有小贷公司8 673家。小额贷款的宗旨和基本目标是为广大农民服务，减少贫困，提高广大农民的生活水平。在中国这样一个农民占人口大多数的国家，吸取国外经验，实行小额贷款，是促进农村经济发展的一项正确措施。但是，由于种种原因，小额借款的发放还存在一定困难。农村小额贷款需要进一步加强宣传、简化程序、提高效率及政策引导，只有在实行过程中不断发现问题，改进政策，才能把小额贷款政策真正贯彻落实，广大农民才能真正享受到小额贷款政策的好处，农民的生活水平才能得到提高，农村经济才会更好地健康持续发展。

第四章

我国农村金融发展的空间分异：形成机制及可视化解析

从第三章对我国农村金融发展以及金融资源空间分布的统计描述可以看出，经过多年努力，我国虽已建立起了多层次、广覆盖、适度竞争的农村金融体系，但农村金融资源的分布呈现出较强的空间分异性。总体来看，东部地区无论在金融网点的设置、金融服务的创新，还是在对农村、农业、农民的金融支持方面都要优于中西部地区，农村金融资源呈现向东部集聚的趋势。农村金融发展空间分异机制是怎样的？其空间组织形式如何识别？本章将通过 Moran 指数分析区域金融发展的空间分异机制，利用 GIS 技术和 ESDA 方法，对全国农村金融发展水平、金融增长以及初始金融发展水平的动态关系进行研究。

第一节　区域经济空间分异的形成机制

对于区域经济空间分异的形成机制，国内外学者在理论研究中总结或提出了多种经济空间组织形式。许多学者将区域经济空间分异归结为要素禀赋的空间分异。如 Brakman 等人认为，如果需求和生产要素的空间分布完全均匀，受规模报酬不变技术和运输成本的支配，所有商品的生产都以满足当地需求为目的，这时将没有空间分异。Krugman 提出两个自然理论，强调第二自然（即非自然禀赋）对区域经济空间分异的影响。金丽国认为，扩展后的（即广义的）要素禀赋是空间经济演化的起点，其在空间上的分异是引起经济空间分异的基础条件。基于区位论、新经济地理学等的研究比较重视经济活动主体对区域经济空间分异的影响。此类研究的主要观点为：任何经济活动都始于经济活动主体的区位选择；若不对区域主体的行为进行研究，则无法真正揭示区域空间经济组织的机理。

增长极理论认为，经济增长并非同时出现在所有地区，而是以不同的强度首先出现在某些核心地区，即增长极。在一个区域中，不同规模等级的增长极相互连接，就共同构筑了区域经济空间分异的主体构架。核心-边缘理论认为，区域经济增长的过程中，区域内同时发生着极化效应和扩散效应。因此，区域经济增长的同时，必然伴随经济空间结构的改变，同时还伴随着区域经济的空间异化，并在不同时期表现出不同的异化格局。新经济地理学以收益递增作为理论基础，认为收益递增本质上是一个区域和地方现象，区域经济空间分异则是区域长期增长和空间集聚的结果。

通过对区域经济相关理论的研究和分析，我们可以得出，区域经济空间分异的出现是由区域经济发展的客观规律决定的，是区域经济发展过程中无法避免的客观现象。经济发展受空间的影响，而经济空间是非均质的，经济增长在经济空间上表现出明显的空间分异特征。因此，一个国家或区域的经济发展过程也是经济空间分异的过程。区域经济空间分异在物质形态上表现为由于各种类型的经济要素在空间分布的差异性而造成区域内部存在经济空间差异。

区域经济发展水平不但受到区域产业结构的影响，而且与该区域的空间结构密不可分。一方面经济活动与地理空间上的各种资源和要素是密切联系的，因此空间结构的地区差异造成了经济活动的空间分异；另一方面区域空间结构能产生各种特殊的经济效益，如规模经济、范围经济等，这些经济效益也是造成经济空间分异的重要原因。

一、区域经济空间分异的现象表征

（一）区域经济的绝对差异

区域经济的绝对差异是指一个区域内不同地区之间经济发展水平的实际差异，表现为不同地区经济数值之间以及与区域平均数值之间存在的差距。绝对差异反映了区域内部不同地区，尤其是富裕地区和贫穷地区之间的发展差距，以及区域的平均发展水平，是区域经济整体分异情况最直观、最显著的体现。

（二）区域经济的相对差异

区域经济的绝对差异反映了区域之间经济发展的实际（或规模）差距，区域经济的相对差异则反映的是区域之间经济发展的速度差异。区域经济的相对差异是指一个区域内不同地区经济发展水平与区域平均水平的分异程度，表现为相对区域平均水平而言不同地区经济分异程度的不同。相对差异反映了区域内部各个地区的贫富差异大小的程度，以及各个地区经济发展水平在区域中所处的地位，是区域内部分异情况的体现。

（三）区域经济的重心

区域经济的重心是指在区域经济空间里的某一个点，且在该点各个方向上的经济力量能够维持均衡，是区域经济发展均衡性在区域空间上的直观表现。经济重心反映了区域内不同地区发展差距与地理位置的关系。经济重心的空间动态演化过程是区域发展差异的集中体现，经济重心和人口重心的时空演变更能清楚地反映区域经济发展变化的轨迹，进而揭示人口和经济发展的规律及内在联系。概括地说，区域均衡发展的结果应是经济重心和人口重心在空间上趋于一致，因而两者分离的程度就体现了区域发展的非均衡性。

二、区域经济空间分异的形成机制

区域经济空间分异是指区域经济空间分化的状态和过程。区域经济空间分异的根源是区域经济增长因素在空间上分化的状态和过程。

（一）区域经济空间分异的要素禀赋

赫克歇尔-俄林的要素禀赋理论表明经济活动的空间分异源于要素禀赋结构的空间差异所决定的比较优势的空间差异。由于要素的非完全流动性和存在人为的要素流动障碍，要素禀赋的空间分异是一个普遍现象。要素禀赋是经济增长的源泉。单要素禀赋空间分异影响经济空间分异，综合要素禀赋空间分异对经济空间分异起决定作用。从静态上看，区域内综合要素禀赋好的地区，其分工水平高、集聚度高，经济增长水平也高，这决定了区域综合要素禀赋空间分异状态与区域经济空间分异状态相对吻合。从动态上看，区域综合要素禀赋空间分异状态的变化最终会导致区域经济空间分异状态的相应变化，这决定了区域综合要素禀赋空间分异过程与区域经济空间分异过程相对一致。

（二）区域经济空间分异的分工传导

区域综合要素禀赋空间分异对区域经济空间分异的决定作用是依靠综合要素禀赋、分工与集聚的耦合互动关系实现的。在区域综合要素禀赋空间分异与区域经济空间分异之间，区域分工水平的空间分异起传导作用。由于区域分工水平的空间分异，区域综合要素禀赋的空间分异便转化成区域经济空间分异。一方面，综合要素禀赋空间分异状态必然在分工水平空间分异状态上得到反映，最终转化成相应的经济空间分异状态；另一方面，综合要素禀赋空间分异状态的变化必然在分工水平空间分异状态的变化上得到反映，最终引起经济空间分异状态的相应变化。

王建廷认为，分工网络、交易的地理集中及分工水平相互作用，是解释区域经济空间分异的基本工具。当分工专业化水平很低时，因为交易需求很少，生产者在空间上是分散的；当分工专业化水平上升时，交易必不可少，交易的地理集中会引起空间分异，分工网络也会扩大。经济空间分异产生于自然空间的分异，却最终成就了分工专业化的演进。其原因为：一方面，分工深化所带来的区域专业化使客观可能的空间分异条件最终落实到人们的生产活动中；另一方面，分工的深化进一步扩展了市场范围，带来产业间、区域间相互供给与需求的增加，在整个空间层面，表现为区域间的经济联系越来越密切，区域间分工与交易日益成为经济生活的主流。

（三）区域经济空间分异的循环累积

受综合要素禀赋、分工与集聚耦合互动过程的支配，区域经济空间分异过程表现出明显的有限循环累积因果特性，即区域内初始状态或发生质变后的状态截然不同的地区，由于在综合要素禀赋、分工水平和集聚度上有本质的差异，其状态会在相反的方向上逐步强化或固化。其中，初始集聚度或发生质变后集聚度较高的地区，其集聚度维持于较高水平，或循环累积性上升后维持于较高水平，直至发生质变；而初始集聚度或发生质变后集聚度较低的地区，其集聚度的变化则相反，最终导致经济空间分异初始状态或发生质变后的经济空间分异状态逐步强化或固化。

（四）区域经济空间分异的制度变迁

制度因素对区域经济空间分异的影响体现在三个方面：一是区域管治模式作用于区域经济空间分异的机制。欧洲一体化是在经济全球化背景下区域管治模式的典范。Traistaru 等人根据匈牙利和罗马尼亚等国家制造业的相关数据，研究了 1990～1999 年欧洲一体化对经济空间组织形式的影响。他们研究发现，随着欧洲一体化的推进，这些国家的产业重新配置到靠近欧洲中心及其附近区域。他们认为这一研究结果支持了如下观点：由于规模报酬递增，经济活动趋向于少量区位集中生产；在经济一体化的初始阶段，贸易成本处于中间水平，产业集中于接近市场的核心地区；随着经济一体化的推进，贸易成本逐步减少，在一体化进程的后期，节约劳动成本的考虑驱使产业配置到劳动力便宜的边缘地区。二是对外开放作用于区域经济空间分异的机制。对外开放与贸易自由化会压缩国内市场和国内联系而突出国外市场的作用，削弱国内已经存在的中心，使国内非均衡经济空间格局弱化。由于较差的基础设施和区域间较少的贸易流，国内贸易成本较高，对外开放将使发展中国家国内区域分异进一步加剧。三是国家或区域内部的体制变革作用于区域经济空间分异的机制。长三角地区不同程度的市场化进程对区域空间格局产生了非对称性的影响，是形成高、中、低三个梯次空间板块的根本原因。长江沿岸对外开放带内的各种开发区是外向型经济发展的重要依托，开发区建设给沿江区域空间格局带来了巨大变化。制度变迁带来了政治、经济和社会领域的巨大变革，引起了作为经济发展载体的区域经济空间的剧烈转型和重组，分权化、市场化和全球化成为影响、支配我国区域经济空间分异的重要动力。经济空间分异的形成机制，见图 4-1。

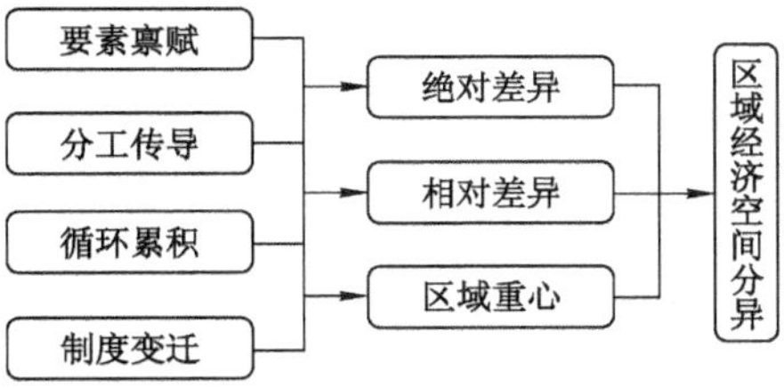

图 4-1　经济空间分异的形成机制

第二节　区域经济空间分异的测度方法

以往研究多侧重于运用广义熵指数、区位熵、基尼系数和泰尔指数，对国家或省级尺度的区域经济差异测度、影响因素、趋同性（收敛性）以及差异产生的机制等方面进行研究，但是这些传统方法缺乏空间视角，难以刻画区域经济空间的相互作用和内在机制。近年来，学术界逐渐开始从时空角度研究区域经济发展的新格局和时空动态不平衡问题。尤其是标准差椭圆、ESDA 与 GIS 技术的引进，能很好地揭示区域和地理单元间的空间关联在区域经济增长和差异中的影响，整合基于数值的一元和多元相关分析与基于二维空间联系的分析模型对区域经济差异的研究，并能将区域经济差异的空间分布特征可视化。

一、传统的区域经济差异测度方法

研究收入分配和地区差异的学者提出了许多度量地区差异的指标，这些指标可以分成两类，一类是绝对差异指标，如全距和标准离差；一类是相对差异指标，如最大和最小之比、变异系数、库兹涅兹比率、基尼系数、泰尔指数等。绝对差异指标能够体现最高收入地区和最低收入地区的绝对差额，但它潜伏着巨大的基数差异。相对差异指标则克服了基数差异的弊端，是相对于某种标准进行比较分析。

（一）基尼系数

基尼系数以每一个指标值作为参考值，把每两个指标之间的绝对差距定义为衡量的差幅，它不是取区域指标平均值的偏离值，而是把所有区域的指标值取差，然后加总所有的绝对差距。区域差异是“两两区域之间差异”的加总，再通过除以所有区域的个数（区域总数）和区域指标的平均值，从而得出基尼系数。其计算公式为：

$$G=\frac{1}{2}n^2\mu\sum_{i=1}^{n}\sum_{j=1}^{n}n_in_j\,|\,y_i-y_j\,|$$

其中：G 为基尼系数；n 为区域总数；μ 为指标的平均值；n_i 和 n_j 分别为区域 i 和 j 的人口占所有区域人口的比重；y_i 和 y_j 分别为区域 i 和 j 的评估指标值。基尼系数越大，表明区域之间的差异越大。

（二）变异系数

变异系数是常见的用来反映总体差异的指标之一，反映的是样本偏离平均值的程度。变异系数的计算公式为：

$$CV=\frac{\sqrt{\frac{1}{n}\sum_{i=1}^{n}(PCY_i-\overline{PCY})^2}}{\overline{PCY}}$$

其中：n 为研究区内地区个数；PCY_i 为地区 i 的人均地区生产总值；$\overline{PCY}$为 n 个地区的平均人均地区生产总值；CV 为地区经济发展差异系数，反映的是各地区之间经济发展差异情况。CV 值越大，表明各地区之间经济发展差异程度越大，反之亦然。

（三）库兹涅兹比率

库兹涅兹比率反映了两个经济要素在地理分布上的联系情况，如果两个要素在地理上的分布比较一致，联系比较密切，库兹涅兹比率就比较低；反之，库兹涅兹比率就比较大。设 S_i 为第 i 个地区第一要素占全国的比例，P_i 为第 i 个地区第二个要素占全国的比例，则库兹涅兹比率 K 为：

$$K=\sum_{i=1}^{n}|\,S_i-P_i\,|$$

（四）泰尔指数

泰尔指数把分布概率作为参考值，即 $y_i=Y/n$ 时的概率与实际分布概率和最大分布概率相比得到差异指数。泰尔指数从信息量和熵的概念出发考察个体之间的差异性，用来衡量地区差距，而且根据各个地区所属的地带，可以将这种差距分解为地带内差距和地带间差距，比较两者对整体差异的贡献，这是其他衡量差异性指标如变异系数、基尼系数等所无法比拟和难以实现的。个体之间越是接近，泰尔指标的值越小；而泰尔指标越大，则表明个体差异性越大。

$$T=\sum_{i=1}^{n}\left(\frac{I_i}{I}\cdot\log\frac{I_i/I}{P_i/P}\right)$$

其中：I_i 是地区 i 的收入；I 是总收入；P_i 是地区 i 的总人口；P 是所有地区的总人口。

二、区域经济空间分异测度方法

（一）差异性指数

空间分异早期研究关心的主要目标是种族隔离和阶层隔离。20 世纪 50 年代初，一场大规模的维护黑人民权运动在美国爆发。随着对种族隔离法的抗议及相关法律政策的出台，人们开始广泛关注黑人在社会中的地位，开始重视隔离相关方面的研究，并总结出大量的研究成果。受到测量革命的影响，学者们开始意识到对于黑人与白人间的社会隔离研究还不够透彻，迫切需要一个简单实用的量化解决方案。

差异性指数于 1955 年由 Duncam 提出，一直被视为理解空间隔离的数学表示的基础。因为差异指数简洁、实用，受到许多学者的追捧，并成为系统研究的标准指数。差异性指数（D 指数）的表达式是：

$$D=\frac{1}{2}\sum_{i=1}^{n}\left|\frac{w_i}{W}-\frac{b_i}{B}\right|$$

其中：D 为差异性指数；W 为研究区域中 w 群体总的人数；w_i 为研究区域 i 单元中 w 群体的人数；B 为研究区域中 b 群体总的人数；b_i 为研究区域 i 单元中 b 群体的人数。差异性指数主要表现为每个单位与人口平均值的偏差。

差异性指数虽然具备简单实用的特点，但也具有许多制约条件。比如，它没有考虑到绝对人口规模，这将造成高估或低估整个分离指数小组的任意性；不同单元格的划分不能够精确计算；同时，差分指数并不代表重要的空间分离维——空间聚集性。

（二）标准差椭圆

标准差椭圆（Standard Deviational Ellipse，SDE）是空间统计方法中能够精确地揭示经济空间分布多方面特征的方法。此方法最早由 Lefever 在 1926 年提出，用于揭示地理要素的空间分布特征。目前它已在社会学、人口学、犯罪学、地质学、生态学等领域得到广泛应用。

SDE 方法通过以中心、长轴、短轴、方位角为基本参数的空间分布椭圆，定量描述研究对象的空间分布整体特征。具体来说，空间分布椭圆以地理要素空间分布的平均中心为中心，分别计算其在 X 方向和 Y 方向上的标准差，以此定义包含要素分布的椭圆的轴，见图 4-2(a)。使用该椭圆可以查看要素的分布是否被拉长，由此而具有特定方向。

SDE 方法基于研究对象的空间区位和空间结构，可从全局的、空间的角度定量解释地理要素空间分布的中心性、展布性、方向性、空间形态等特征。椭圆空间分布范围表示地理要素空间分布的主体区域。其中，中心表示地理要素在二维空间上分布的相对位置；方位角反映其分布的主趋势方向（即正北方向顺时针旋转到椭圆长轴的角度）；长轴表示地理要素在主趋势方向上的离散程度。SDE的空间表达，见图4-2。

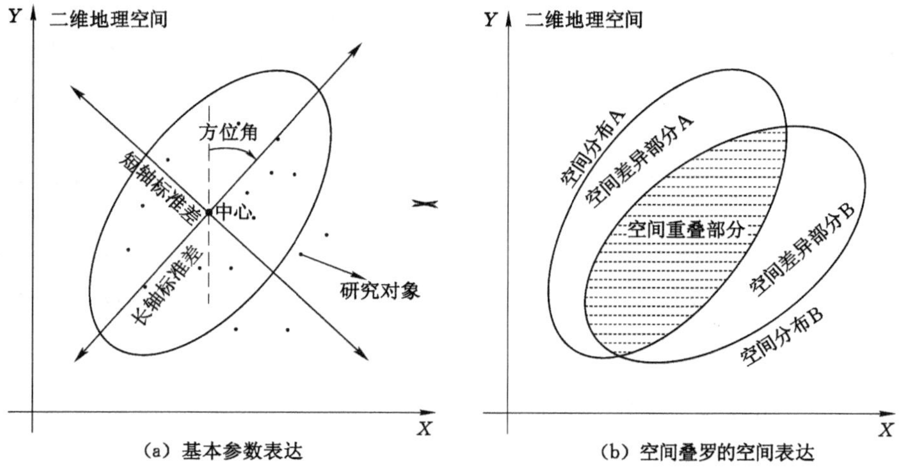

图4-2 SDE的空间表达

对不同椭圆的大小、方位角等基本参数进行比较，可以提供不同空间分布之间的差异信息，而且空间分异系数可以定量刻画不同分布之间的空间分异程度，见图4-2(b)。例如，空间分布B相对于A的空间分异系数$I_{B/A}$可通过以下具体表达式定量描述：

$$I_{B/A}=\text{空间差异部分 B 的面积/空间分布 B 的面积}$$

（三）信息熵

信息熵原是一个物理学的概念，用来测度系统的复杂性和均衡性，一般来说，信息熵值越高，其系统有序度越低，系统越紊乱。信息熵在土地利用结构变化研究中得到广泛运用。对具有固定行政界线的某个区域，设其总面积为A，该区域内土地利用类型分为n类，用$A(x_i)$表示各种土地利用类型的面积，则某一土地利用类型出现概率可用下式表示：

$$p(x_i)=A(x_i)/A \quad (i=1,2,\cdots,n)$$

显然，$\sum_{i=1}^{n}p(x_i)=1$，满足归一化条件，则该区域土地利用结构信息熵可定义如下：

$$H(x)=-\sum_{i=1}^{n}p(x_i)\ln p(x_i)$$

信息熵H可用来表示系统的复杂性和均衡性，在此处用来描述一个区域土地利用类型的复杂程度。假如，某区域的土地利用类型有 n 种，当该区域处于未开发时，其值为 0，即 $H_{min}=0$；相反，当区域各种土地类型已趋于稳定、均匀，且满足熵值最大化条件时，即 $A(x_1)=A(x_2)=\cdots=A(x_n)=A/n$ 时，则 $A(x_i)=1/n(i=1,2,\cdots,n)$，此时该区域熵值最大，有 $H_{max}=\ln(n)$ 。根据以上分析可知，当区域内土地利用类型越多，各种类型土地面积越接近时，则熵值越大。

（四）区位熵

区位熵分析法是空间分析中用以计量所考察的多种对象相对分布的一种方法。区位熵表示一个区域某一行业的规模水平和专业化程度，通常是指一个区域特定部门的产值在该区域总产值中所占的比重与背景区域该部门产值在背景区域总产值中所占比重方面的比率。区位熵值越大，表明该区域产业优势越大。具体的计算公式如下：

$$Q=(Y_{ai}/Y_a)/(Y_i/Y)$$

其中：Q 为产值区位熵；Y_{ai} 为 a 地区某产业的产值；Y_a 为 a 地区所有产业的产值；Y_i 为全国某产业的产值；Y 为全国所有产业的产值。

在区域经济分析中，区位熵是一种十分有用的工具。由于区域规模有很大差异，所以，各区域在经济总量、人口、幅员各方面差别非常显著。若直接进行市场绝对份额比较显然无法显示区域规模不同地区的各自优势行业所在，而通过区位熵指标就排除了区域规模差异因素，有利于显示真正的区域优势行业，可以真实地反映地理要素的空间分布、主导经济部门的作用及其变化特点。区位熵在分析区域产业内部结构时，可以对比有关部门或产业活动的区位熵，研究区域优势行业的变动及趋向，明确各部门或产业活动在区域经济发展中的功能差异以及重点和薄弱环节所在，从而判断和确定区域经济发展的主导产业，为产业结构调整提供依据。

（五）探索性空间数据分析技术

ESDA 是一种具有识别功能的空间数据分析方法，它将统计学和现代图形计算技术结合起来，用直观的方法展现空间数据中隐含的空间分布、空间模式以及空间相互作用等特征。探索性空间数据分布技术(ESDA-GIS)是基于 GIS 平台，以空间关联性测度为核心，通过描述、显示和揭示研究对象的空间分布，发现空间集聚和空间异常，解释研究对象之间的空间联系和相互作用机制的一种新的测度方法。

ESDA-GIS 技术的核心内容是空间自相关测度，包括全局和局部空间自相关两种。空间自相关是指地理事物分布空间位置的某一属性值之间的统计相关性，是检验某一现象是否显著地与其相邻空间单元的现象相关联的重要指标。根据研究目的需要，可分为全局空间自相关和局部空间自相关两类。全局空间自相关反映空间邻接或空间邻近的区域单元的属性值的相似性，可用于分析研究区域的总体空间关联和空间差异程度，但不能验证局部区域存在的空间异质性，通常用 Global Moran's I 指数进行度量。计算公式如下：

$$I=\frac{\sum_{i=1}^{n}\sum_{j=1}^{n}w_{ij}(X_i-\overline{X})(X_j-\overline{X})}{S^2\cdot\sum_{i=1}^{n}\sum_{j=1}^{n}w_{ij}}$$

其中：X_i 和 X_j 分别为区域 i 和 j 的属性值；$\overline{X}$ 为属性的平均值，$\overline{X}=\frac{1}{n}\sum_{i=1}^{n}X_i$；$w_{ij}$ 为区域 i 和 j 之间的空间权重；$S^2=\frac{1}{n}\sum_{i=1}^{n}(X_i-\overline{X})^2$，$n$ 为研究区域内地区总数。

I 的取值范围为[−1,1]。若 Moran's I 的值接近 1，表示经济水平相似的地区在空间上显著集聚；若 Moran's I 值接近−1，表示该区域的经济水平在空间上呈极化趋势；若 Moran's I 的值为 0，则表示该区域的经济在空间上没有相关性。

局部空间自相关可反映每个区域与周边地区之间同一属性值的相似性，用于验证局部区域存在的空间异质性，可弥补全局空间自相关的缺陷。通常用空间联系的局域指标（Local Indicators of Spatial Association，LISA）、Moran 散点图等进行度量。LISA 是用来进一步衡量观测单元属性和其周边单元之间相近（正相关）或差异（负相关）程度及其显著性的重要指标，优势在于可对每个观测单元周围的局部空间集聚的显著性进行评估，揭示对全局联系影响较大的单元。计算公式如下：

$$I_i=\frac{(x_i-\overline{x})\sum_{j=1}^{n}w_{ij}(x_j-\overline{x})}{m^2}$$

其中：$m^2=\frac{1}{n}\sum_{i=1}^{n}(x_i-\overline{x})^2$，对 j 求和仅限于区域单元 i 的所有邻居。

由于 ESDA 方法中的全局和局部自相关分析方法能够对空间集聚度进行可视化分析，是广泛接受的研究空间依赖性和异质性问题的方法，本章将利用这一方法实证研究我国农村金融发展空间分异情况。

第三节　我国农村金融发展空间分异的 GIS 分析

一、研究方法

本节将利用 GIS 的 ESDA 方法，研究我国农村地区金融增长的空间依赖和异质性。其基本思路是：① 运用 GIS 的空间与属性数据存储管理功能，创建空间属性数据集；② 利用其数据操作与可视化功能，进行探索性空间数据分析方法结果的可视化解析；③ 在空间分布格局和区域经济演化的描述和视觉分析的基础上，对空间聚集和异常进行诊断，探索农村金融发展的空间相互作用机制。

设 Moran's I 全局自相关指数为：

$$I_t = \frac{n}{S_0} \cdot \frac{\boldsymbol{z}_t^{\mathrm{T}} \boldsymbol{W} \boldsymbol{z}_t}{\boldsymbol{z}_t^{\mathrm{T}} \boldsymbol{z}_t} t, \quad (t = 2001, \cdots, 2014)$$

其中：$\boldsymbol{z}_t$ 为第 t 年全国各县级农村区域金融指数，是标准化后的列向量；$\boldsymbol{W}$ 为行标准化的空间权重矩阵，表示区域 i 和 j 的空间连接方式；S_0 是 $\boldsymbol{W}$ 的各个元素的代数和，即 $S_0 = \sum_{i=1}^{n} \sum_{j=1}^{n} w_{ij}$。

空间权重矩阵可表示为多边形邻接关系（Rook 和 Queen 一阶或高阶空间邻接矩阵），在探索性空间数据分析中，空间权重矩阵的选择起着重要的作用。Moran's I 说明了 $\boldsymbol{W}\boldsymbol{z}_t$ 和 $\boldsymbol{z}_t$ 线性相关程度，如 Moran's I 大于（小于）其期望值 $E(I) = -1/(n-1)$，表示全部区域存在正（负）的空间自相关。

Moran's I 是一个全局统计量，不能发现空间自相关的局部结构，受空间异常值影响较大。为研究空间自相关的局部模式，诊断经济增长的空间分异，需要进行局部空间自相关分析。常用的工具是 Moran 散点图和局部空间自相关指数（LISA）。

Moran 散点图分别以标准化 $\boldsymbol{W}\boldsymbol{z}_t$ 和 $\boldsymbol{z}_t$ 为纵、横坐标，将平面空间分为四个象限：象限Ⅰ表示在该区域和相邻区域是高值（HH）；象限Ⅱ表示本区的值低，相邻区域的值高（LH）；象限Ⅲ表示在该区域和相邻区域是低值（LL）；象限Ⅳ表示本区的高值，相邻区域的低值（HL）。其四个象限分别对应四种不同的区域经济空间差异类型：

Ⅰ象限（HH）：自身和周边区域的金融发展水平都较高，二者空间差异小；

Ⅱ象限（LH）：自身金融发展水平较低，周边区域较高，二者空间差异大；

Ⅲ象限（LL）：自身和周边区域的金融发展水平都较低，二者空间差异小；

Ⅳ象限（HL）：自身金融发展水平较高，周边区域较低，二者空间差异大。

Moran's I 为 $\boldsymbol{W}\boldsymbol{z}_t$ 对 $\boldsymbol{z}_t$ 的回归系数，通过杠杆价值和 Cook'd 等统计量的诊断，我们可以发现对 Moran's I 具有较大影响的区域。但 Moran 散点图不能给出空间聚集的统计学意义，为了获得空间聚集的意义，需要建立局部 Moran's I：

$$I_{it} = \frac{(x_{it} - \mu_t)}{m^2} \sum_{i=1}^{n} w_{ij} (x_j - \mu_t)$$

其中：$m^2 = \frac{1}{n} \sum_{i=1}^{n} (x_{it} - \mu_t)^2$；$x_{it}$ 为区域 i 第 t 年的观测值；μ_t 是第 t 年观测值的

平均值；I_{it} 大于 0 意味着类似观测（高或低）区域聚集在一起，I_{it} 小于 0 说明观测值空间上的集聚现象，也可识别空间异常值（对全局 Moran's I 影响较大的区域）。通过将 Moran 散点图和局部 Moran's I 的显著性结合，可得空间集聚图。

二、数据处理和空间权重矩阵的选择

在进行金融发展水平的国家比较时，金融理论界通常采用戈德史密斯（1969）提出的金融相关比率（FIR）以及麦金农提出的货币存量与国民生产总值之比两个指标来表示一国或一地区的金融发展深化程度。这两个指标又分别称为戈氏和麦氏指标。金融相关比率是指，某一时点上现存金融资产总额与国民财富实物资产总额加上对外净资产总量之比。在大多数研究中，人们把金融相关比率的计算简化为金融资产总量与 GDP 之比。

根据资产流动性的高低，金融资产大致分为货币类金融资产、债券类金融资产和股票类金融资产三大类。由于我国目前缺乏各地区货币余额以及金融资产等相关统计数据，因此无法直接使用戈氏和麦氏指标。考虑到我国主要的金融资产集中于以银行为代表的金融机构手中，金融机构最主要的金融工具是存款和贷款，而股票和企业债券在中国金融资产结构中只占很小的比重（农村更是如此）。所以，本书选用县域金融机构存贷款的规模作为金融资产的一个衡量标准，这一指标能大致反映出农村金融发展水平。金融相关比率可以表述为：

金融相关比率＝（存款＋贷款）/地区生产总值

根据数据可得性，选取全国 264 个县存贷款余额及地区生产总值数据，计算得出该区域金融相关比率来近似的取代农村地区金融发展水平。数据时间为 2001～2014 年，数据来源于 Wind 数据库，数据样本见表 4-1。

表 4-1　　县域金融发展空间分异的样本选取

江苏江阴	江苏昆山	江苏高邮	江西瑞昌	江西德兴
江苏宜兴	江苏太仓	江苏丹阳	江西贵溪	安徽桐城
江苏新沂	江苏启东	江苏扬中	江西瑞金	安徽天长
江苏邳州	江苏如皋	江苏句容	江西南康	安徽明光
江苏溧阳	江苏海门	江苏兴化	江西井冈山	安徽界首
江苏金坛	江苏东台	江苏靖江	江西丰城	安徽宁国
江苏常熟	江苏大丰	江苏泰兴	江西樟树	福建福清
江苏张家港	江苏仪征	江西乐平	江西高安	福建长乐

续表 4-1

福建永安	黑龙江穆棱	湖南常宁	山西潞城	山东昌邑
福建石狮	黑龙江北安	湖南武冈	山西高平	山东曲阜
福建晋江	黑龙江五大连池	湖南汨罗	山西介休	山东邹城
福建南安	黑龙江安达	湖南临湘	山西永济	山东新泰
福建龙海	黑龙江肇东	湖南津市	山西河津	山东肥城
福建邵武	黑龙江海伦	湖南沅江	山西原平	山东荣成
福建武夷山	湖北丹江口	湖南资兴	山西侯马	山东乳山
福建建瓯	湖北当阳	湖南洪江	山西霍州	山东乐陵
福建建阳	湖北枝江	湖南冷水江	山西孝义	山东禹城
福建漳平	湖北枣阳	湖南涟源	山西汾阳	山东临清
福建福安	湖北宜城	湖南吉首	山东章丘	贵州赤水
福建福鼎	湖北钟祥	内蒙古霍林郭勒	山东胶州	贵州仁怀
甘肃玉门	湖北应城	内蒙古满洲里	山东即墨	贵州兴义
甘肃敦煌	湖北安陆	内蒙古牙克石	山东平度	贵州凯里
甘肃临夏	湖北汉川	内蒙古扎兰屯	山东莱西	贵州都匀
甘肃合作	湖北石首	内蒙古额尔古纳	山东滕州	贵州福泉
黑龙江双城	湖北洪湖	内蒙古根河	山东龙口	广西岑溪
黑龙江尚志	湖北松滋	内蒙古丰镇	山东莱阳	广西东兴
黑龙江五常	湖北武穴	内蒙古乌兰浩特	山东莱州	广西桂平
黑龙江讷河	湖北广水	内蒙古阿尔山	山东蓬莱	广西北流
黑龙江虎林	湖北恩施	内蒙古二连浩特	山东招远	广西宜州
黑龙江密山	湖北利川	内蒙古锡林浩特	山东栖霞	广西合山
黑龙江铁力	湖北仙桃	青海格尔木	山东海阳	广西凭祥
黑龙江同江	湖南浏阳	青海德令哈	山东青州	广东增城
黑龙江富锦	湖南醴陵	陕西兴平	山东诸城	广东从化
黑龙江绥芬河	湖南湘乡	陕西韩城	山东寿光	广东乐昌
黑龙江海林	湖南韶山	陕西华阴	山东安丘	广东南雄
黑龙江宁安	湖南耒阳	山西古交	山东高密	广东台山

续表 4-1

广东开平	海南五指山	河北泊头	河南辉县	四川江油
广东鹤山	海南琼海	河北任丘	河南沁阳	四川峨眉山
广东恩平	海南文昌	河北黄骅	河南孟州	四川阆中
广东廉江	海南万宁	河北河间	河南禹州	四川华蓥
广东雷州	海南东方	河北霸州	河南长葛	四川万源
广东吴川	河北藁城	河北三河	河南义马	四川简阳
广东高州	河北晋州	河北冀州	河南灵宝	四川西昌
广东化州	河北新乐	河北深州	河南邓州	云南安宁
广东信宜	河北鹿泉	河南巩义	河南永城	云南楚雄
广东四会	河北遵化	河南荥阳	河南项城	云南个旧
广东兴宁	河北迁安	河南新密	河南济源	云南开远
广东陆丰	河北武安	河南新郑	四川都江堰	云南景洪
广东阳春	河北南宫	河南登封	四川彭州	云南大理
广东英德	河北沙河	河南偃师	四川邛崃	云南瑞丽
广东连州	河北涿州	河南舞钢	四川崇州	陕西兴平
广东高要	河北定州	河南汝州	四川广汉	陕西韩城
广东普宁	河北安国	河南林州	四川什邡	陕西华阴
广东罗定	河北高碑店	河南卫辉	四川绵竹	

数据处理使用的软件是 Arcgis、Matlab 和 GeoDa，由于原始数据可能严重偏离正态分布，全局自相关指数的计算和统计检验会受到影响，因此，将原始数据进行基于极大似然法的幂转化模型 Box-Cox 转换，经转化后的变量遵循正态分布为：

$$y(\lambda)=\begin{cases}\dfrac{y^{\lambda}-1}{\lambda}, & \lambda\neq 0\\ \ln(y), & \lambda=0\end{cases}$$

式中的 $y(\lambda)$ 是转换后的值，服从正态分布。当 λ 为 0 时，相当于对 y 进行自然对数转化。Box-Cox 幂分布取决于参数 λ，λ 通过最大化似然函数 $L_{\max}$ 可得：

$$L_{\max}=-\frac{1}{2}\ln\sigma^2+(\lambda-1)\sum_{i=1}^{n}\ln y_i$$

其中：$\sigma^2=\dfrac{1}{n}\sum_{i=1}^{n}[y(\lambda)_i-\overline{y(\lambda)}]^2$。

表 4-2 列出了转换前和转换后典型年份的金融相关比率正态分布的检验指标和最优的转换参数 λ。从表中可看出：转换前，每年的金融发展指标的偏度和峰度均比较大，由 Shapiro-Wilk 方法进行正态性检验得出的结果表明，在 1%的水平是拒绝各年金融发展指标服从正态分布的原假设。转换后，各年金融相关比率的偏度和峰度都大幅度减小，只有 2001 年和 2013 年的数据在 10%的水平显著外，其他年份均不显著，这说明转换后的各年份的金融发展指标基本服从正态分布。

表 4-2　　　　正态性检验

年份	转换前		正态性检验 Shapiro-Wilk	p 值	最有转换参数	转换后		正态性检验 Shapiro-Wilk	p 值
	偏度	峰度				偏度	峰度		
2001	1.86	5.31	0.86	0.00	0.00	9.70	96.44	0.12	0.08
2011	0.97	2.10	0.95	0.00	0.02	10.30	113.26	0.14	0.21
2012	0.77	1.17	0.97	0.00	0.01	10.08	113.85	0.17	0.30
2013	0.73	0.84	0.97	0.00	0.02	9.50	103.61	0.19	0.76
2014	0.84	1.47	0.96	0.00	0.01	15.48	246.91	0.07	0.83

空间权重矩阵 W 使用距离 k-nearest 权重矩阵，这个距离权重是基于各个县级的行政单元政府所在地的权重。为了分析的稳健性，k 分别取值为 10、15、20。

$$\begin{cases} w_{ij}(k)=0, & i=j,\forall k \\ w_{ij}(k)=1, & d_{ij}\leqslant d_i(k) \text{ 且 } w^*_{ij}(k)=w_{ij}(k)/\sum_{i=1}^{n}w_{ij}(k) \\ w_{ij}(k)=0, & d_{ij}>d_i(k) \end{cases}$$

其中：$w_{ij}(k)$为 k 阶邻近距离空间权重的初始赋值(0 或 1)，$w^*_{ij}(k)$为其标准化值；$d_i(k)$为选定的每个区域的门槛距离，即区域 i 与 j 之间第 k 阶最小距离，以使每个区域 i 有恰好 k 个邻近区域。

三、农村金融发展空间分异的 GIS 分析

（一）全局空间分异分析

全局 Moran's I 指标可以表明全部区域的数据分布是否为聚集、离散或随机分布。该指标的值域为[−1,1]，取值−1 表示完全负相关；取值 1 表示完全正相关，取值 0 表示不相关。计算公式如下：

$$I=\frac{n}{\sum_{i=1}^{n}\sum_{j=1}^{n}w_{ij}}\cdot\frac{\sum_{i=1}^{n}\sum_{j=1}^{n}w_{ij}(x_i-\bar{x})(x_j-\bar{x})}{\sum_{i=1}^{n}(x_i-\bar{x})^2}$$

为得到全国县级地区的金融相关比率的全局 Moran's I 估计值以及显著性检验结果，可利用上述建立的 GIS 数据集。由表 4-3 与图 4-3 可以发现：① 在研究时期内全局 Moran's I 均为正，并在 1%水平上显著，说明全国农村县域的金融发展水平存在正的空间自相关，即发展水平低的区域、发展水平高的区域各自在空间上相互集聚在一起，空间依赖现象明显。② 每年的全局 Moran's I 指数基本呈现增加趋势，这说明农村金融空间集聚程度逐渐增加。

变异系数是数据间的变异程度。为比较 ESDA-GIS 在衡量总体区域差异上与常规统计方法的区别，本书特选择传统的变异系数法来测度地区金融发展的总体差异，公式为：

$$CV=(SD/Mean)\times 100\%$$

其中：CV 为变异系数；SD 为标准偏差；$Mean$ 为平均值。

代表性年份的全国县域农村金融指数变异系数以及全局 Moran's I 指数，见表 4-3。图 4-3 中的全国县级金融指数的变异系数不断增加，基本与 Moran's I演化的趋势相同（2012 年为例外点），这表明金融差异扩大的一个主要原因是县级金融发展水平的空间集聚。

表 4-3　代表性年份的全国县域农村金融指数变异系数以及全局 Moran's I 指数

年份	变异系数	Moran's I	p 值
2001	0.49	0.17	0.001
2011	0.41	0.19	0.001
2012	0.42	0.27	0.001
2013	0.42	0.19	0.001
2014	0.44	0.23	0.001

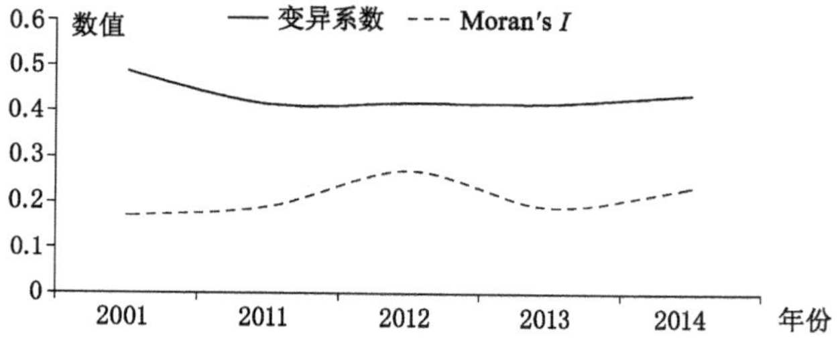

图 4-3　代表性年份金融差异和全局空间自相关演化

（二）局部空间分异的 GIS 可视化分析

1. 基于散点图的局部空间模式及其动态

局部 Moran's I 指数高，则表明有相似变量值的面积单元在空间集聚；指数低，则表明不相似的变量值的面积单元在空间集聚。计算公式如下：

$$I_i = \frac{n^2}{\sum_{i=1}^{n}\sum_{j=1}^{n} w_{ij}} \cdot \frac{(x_i - \bar{x})\sum_{j=1}^{n}(x_j - \bar{x})}{\sum_{i=1}^{n}(x_i - \bar{x})^2}$$

全局 Moran's I 指数和局部 Moran's I 指数存在以下关系：

$$\sum_{i=1}^{n} I_i = n \cdot I$$

运用 Moran 散点图和局部 Moran's I 识别空间自相关的局部模式、非典型区域以及空间集聚区能够很好地刻画全国农村金融发展的空间分异。图 4-4 和图 4-5 分别是 2001 年和 2014 年在 k＝10 时的 Moran 散点图。可以看出，大多数区域均落在象限Ⅰ和Ⅲ。这一现象说明全国县域金融水平存在正空间自相关。从表 4-4 可知，2001 年 86.1％的区域（其中，23.7％为“高-高”的热点区域，简称 HH 型；62.4％为“低-低”冷点的区域，简称 LL 型）为正空间自相关，只有 13.9％为“低-高”或“高-低”异质区域（简称 LH 型或 HL 型）。2014 年 75.5％为正空间自相关（其中，28.3％为 HH 型，47.2％为 LL 型），“低-高”或“高-低”异质区域为 24.5％。对比 2001 年和 2014 年的散点图发现象限Ⅰ的“高-高”异质区域个数增加了 8 个，象限Ⅲ的“低-低”冷点的区域减少了 8 个，总空间相关点增加了 13 个。这说明在全国金融发展过程中，极化作用增强，生产要素逐渐向增长极集聚。

表 4-4　　2001 年和 2014 年集聚分布对比表

区域	2001 年	2001 年变化率	2014 年	2014 年变化率
HH	22	23.7％	30	28.3％
LL	58	62.4％	50	47.2％
LH	5	5.4％	9	8.4％
HL	8	8.5％	17	16.1％
总计	93	100％	106	100％

从图 4-4、图 4-5 可知，LH 为左上区域，表明自身发展水平较低，周边地区较高，两者的空间差异程度较大，有较强的空间负相关，即异质性突出。

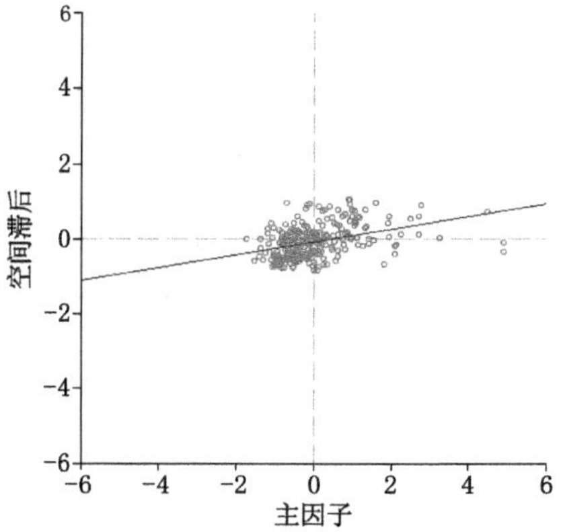

图 4-4　2001 年金融相关比率 Moran 散点图

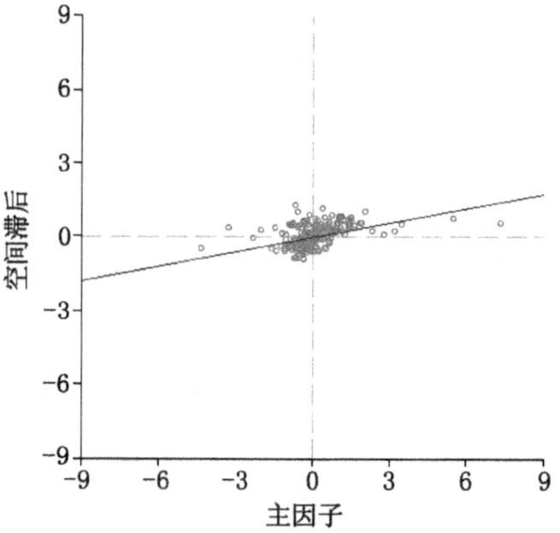

图 4-5　2014 年金融相关比率的 Moran 散点图

HH 为右上区域，表明自身和周边地区的发展水平均高，两者的空间差异程度较小，存在较强的空间正相关，即热点区域。

LL 为左下区域，表明自身和周边地区的发展水平均比较低，两者的空间差异程度较小，存在较强的空间正相关，即盲点区。

HL 为右下区域，表明自身发展水平高，但周边发展水平低，两者的空间差异程度比较大，存在较强的空间负相关，即异质性突出。

图 4-6 显示了 2001 年和 2014 年全国农村金融空间分异变化。从图 4-6 中我们可以看出全国农村金融发展过程中空间异质性的变化。

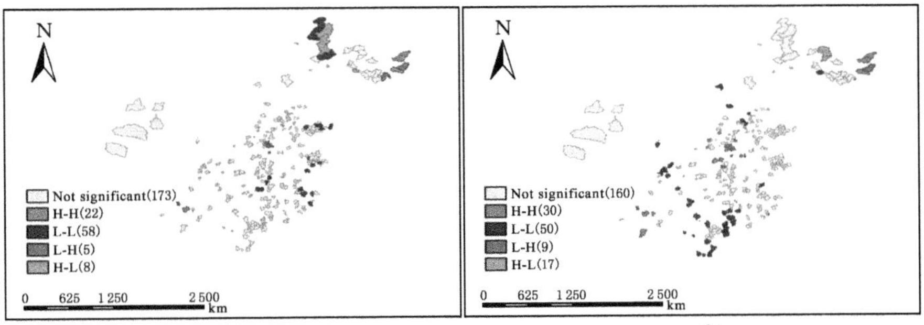

(a) (b)

图 4-6 2001 年和 2014 年聚集分布图

(a) 2001 年聚集分布；(b) 2014 年聚集分布

2001 年 LL 聚类主要在东部区域，HH 区域分布较为松散，2014 年 LL 聚类主要在南部区域。

利用 Moran 散点图，可将区域和其领域关系的时空演化分为四类：① 只有区域自身变化，区域从 HH 类型演化为 LH，即 HH-LH，或 HL-LL，LL-HL，HL-HH；② 只有邻域发生变化，即 HH-HL，HL-HH，LL-LH，LH-LL；③ 自身和邻域都发生变化，即 HH-LL，HL-LH，LL-HH，LH-HL；④ 自身和邻域都没有发生变化。前三类变化是金融发展空间结构不够稳定的表现，第四种是空间结构稳定的表现。在研究时期内，上述四种类型转换所占比例分别为 14%、16%、15%和 55%，虽然最后一种转化比率最大，但依旧有 45%的金融发展空间结构表现出不大稳定。随着各种增长的快速发展，相较于扩散效应，增长及对周围区域的极化效应明显较大。2001 年与 2014 年的区域类型分布数据，见表 4-5。

表 4-5 县域金融发展的局部空间分异与集聚

2001 年	2014 年	2001 年	2014 年	2001 年	2014 年	2001 年	2014 年
HH	HH	HL	HL	LH	LH	LL	LL
黑龙江密山	山西霍州	河北河间	黑龙江北安	内蒙古乌兰浩特	黑龙江虎林	内蒙古扎兰屯	河北晋州
黑龙江同江	黑龙江密山	山西侯马	黑龙江五大连池	黑龙江虎林	安徽界首	内蒙古额尔古纳	河北涿州
黑龙江富锦	黑龙江同江	内蒙古牙克石	黑龙江海伦	黑龙江穆棱	福建石狮	江苏常熟	河北定州
安徽界首	黑龙江富锦	内蒙古根河		河南舞钢	福建晋江	江苏昆山	
山东新泰	黑龙江绥芬河	黑龙江双城		云南大理	河南舞钢	江苏仪征	内蒙古丰镇
河南荥阳	河南巩义	黑龙江绥芬河			河南卫辉	安徽天长	内蒙古二连浩特

续表 4-5

2001 年	2014 年	2001 年	2014 年	2001 年	2014 年	2001 年	2014 年
山东新密	河南荥阳	河南义马			湖北宜城	安徽宁国	黑龙江双城
河南新郑	河南新密	甘肃临夏			云南大理	福建建瓯	广东增城
河南登封	河南新郑				陕西兴平	福建建阳	广东从化
河南偃师	河南偃师					福建福安	广东乐昌
河南孟州	河南汝州					山东即墨	广东台山
河南禹州	河南禹州					山东莱阳	广东开平
河南长葛	河南长葛					山东莱州	广东鹤山
广西合山	河南邓州					山东招远	广东恩平
四川华蓥	河南项城					山东栖霞	广东雷州
云南楚雄	湖北丹江口					山东海阳	广东高要
	云南安宁					山东寿光	广东四会
	云南楚雄					山东荣成	广东英德
	云南景洪					湖南汨罗	广东连州
	陕西韩城					湖南临湘	广西东兴
	陕西华阴					湖南沅江	广西桂平
							广西宜州
							广西凭祥
							海南五指山
							海南琼海
							海南文昌
							海南万宁
							海南东方
							四川都江堰
							四川彭州
							四川广汉
							四川什邡
							四川绵竹
							四川江油
							四川简阳
							贵州赤水
							贵州凯里

续表 4-5

2001 年	2014 年	2001 年	2014 年	2001 年	2014 年	2001 年	2014 年
HH	HH	HL	HL	LH	LH	LL	LL
							贵州都匀
							贵州福泉
							甘肃合作

2. 基于 Local Moran's I 局部空间模式的显著性检验

Moran 散点图不能对其显著性进行检验，但可识别金融发展过程中的局部空间模式，而 Local Moran's I 可以识别统计上显著的空间集聚区。由于全局空间自相关的存在，可利用准显著性推断(Pseudo Significance)对其进行检验。通过计算 2001 年和 2014 年局部 Moran's I 以及其显著性，结合 Moran 散点图得到 5%水平上的空间集聚图。

从图 4-7 发现：① 全国农村金融局部自相关模式反映了全局空间依赖关系。在 5%显著水平上、局部 Moran's I 显著的区域中，2001 年有 75%的区域，其中 HH 为 55%，LL 为 20%；2014 年有 88%的区域，其中 HH 为 52%，LL 为 36%。② 在与全局空间自相关模式不同的区域中，HL 类型的区域所占比例比较大(2001 年为 15%，2014 年为 6%)，LH 类型比重较小(2001 年为 9%，2014 年为 7%)，两者均呈下降趋势。③ 两个局部空间集聚区在研究期内非常稳定。2001 年变量显著性表明显著性区域主要以显著县域为主，极显著县域有 42 个，显著县域有 51，且皆呈零星状分布于研究区；而与 2001 年相比，2014 年极显著县域增加，且分布于东部、中部区域。

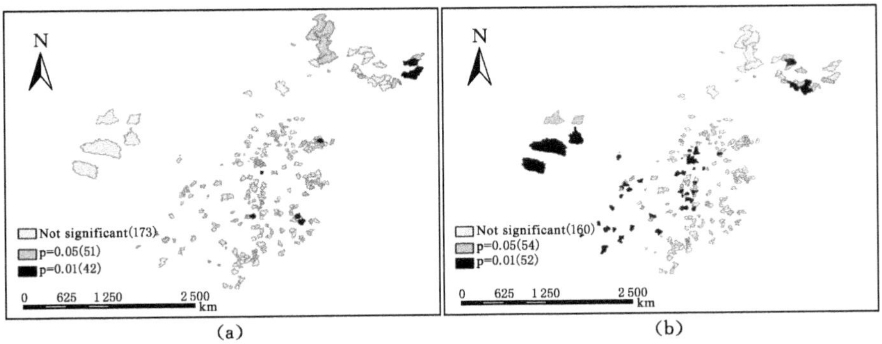

图 4-7　2001 年和 2014 年显著性分布图

(a) 2001 年显著性分布；(b) 2014 年显著性分布

（三）农村金融相关比率增长率和初始金融发展水平的 GIS 分析

2001～2014 年金融发展情况，见表 4-6。2001～2014 年的农村金融发展的变异系数和全局 Moran's *I* 表明，区域金融的空间分异呈现扩大的趋势。全国 2001～2014 年农村金融发展的全局 Moran's *I* 在 1%水平上显著，且大于 2001 年的水平，这说明金融增长率的空间集聚程度更高了。

表 4-6　　2001～2014 年金融发展情况

类型	金融增长区域
HH	48
LL	29
LH	8
HL	14
总计	99

图 4-8 所示比例聚集图表明，H-H 聚类以东部为主，且占比例较大，L-L 聚类主要分布于东北区域。

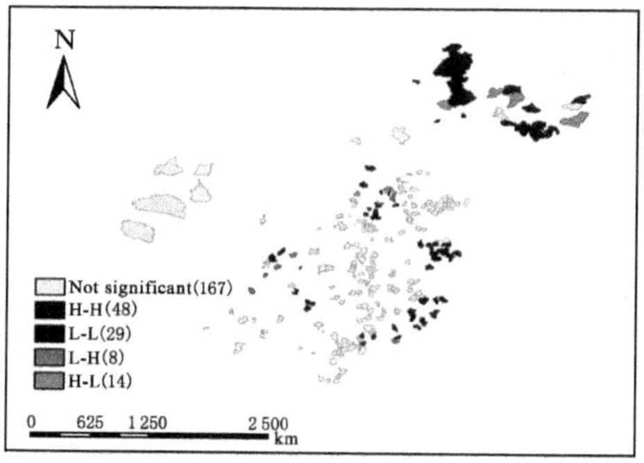

图 4-8　比例集聚图

如果 β 收敛存在，那么金融增长率的局部空间自相关类型应该和初始金融发展水平的局部空间自相关类型相反（区域的初始发展水平的局部空间自相关类型为 HH 类型，其增长率的局部自相关类型为 LL 类型）。采用以下步骤进行计算：

（1）计算 2001 年全国农村金融发展水平的空间格局。利用 GeoDa 计算 2001 年的金融指数标准化值及其空间滞后的标准化值。根据 Moran 散点图关于坐标系中不同的象限的定义，利用 ARCGIS 的条件赋值语句，对各个区域赋值，每个区域都对应一定的局部空间自相关类型。

（2）用第一步的方法对 2001 年与 2014 年的金融相关比率进行处理，每个区域的金融增长率也对应一定的局部自相关类型。

(3) 将上述处理的两图层进行叠加，可得初始金融指数水平局部空间自相关的类型及金融增长率局部空间自相关类型的图层。

(4) 通过 ARCGIS 属性查询功能，可以得到初始金融发展水平和增长率关联的局部空间模式，如：HH-LL、HH-HH、HH-LH、HH-HL 等。

汇算结算显示：① 初始发展水平的局部自相关类型为 HH 的区域表现出明显的 β 收敛，78%区域的金融增长率局部空间自相关类型为 LL，即大部分初始金融发展水平较高的地区增长率较小。② 初始发展水平局部空间自相关类型为 LL 的区域中有 24%表现出相关的增长率。③ 全国 72%的区域金融增长率均低于整个区域的平均水平。

（四）结论与启示

县域金融发展的空间分异与集聚，见表 4-7。

表 4-7　县域金融发展的空间分异与集聚

HH	HL	LH	LL
福建福清	河北晋州	广东陆丰	河北晋州
福建长乐	河北新乐	广西东兴	河北鹿泉
福建永安	河北武安	四川峨眉山	河北武安
福建石狮	河北南宫	四川阆中	山西潞城
福建晋江	河北沙河	四川简阳	山西高平
福建南安	河北定州	四川西昌	山西原平
福建龙海	河北安国	甘肃临夏	内蒙古霍林郭勒
福建建瓯	河北冀州		内蒙古满洲里
福建漳平	广东深州		内蒙古牙克石
福建福安	山西古交		内蒙古扎兰屯
福建福鼎	内蒙古阿尔山		内蒙古额尔古纳
广东增城	黑龙江讷河		内蒙古根河
广东鹤山	黑龙江虎林		内蒙古丰镇
广东四会	黑龙江密山		内蒙古乌兰浩特
广东兴宁	黑龙江北安		黑龙江双城
广东普宁	黑龙江海伦		黑龙江尚志
四川都江堰			黑龙江五常
四川彭州			黑龙江铁力

续表 4-7

HH	HL	LH	LL
四川绵竹			黑龙江同江
四川江油			黑龙江绥芬河
四川华蓥			黑龙江海林
贵州仁怀			黑龙江宁安
贵州凯里			黑龙江穆棱
贵州都匀			黑龙江五大连池
贵州福泉			山东临清
			河南林州
			河南卫辉
			河南辉县

通过研究与分析 2001 年与 2014 年全国县域金融发展指数与空间集聚的特征，得到了以下结果：

（1）县域金融发展的异质化（差距）和空间集聚程度，都产生了上升状态，即县域金融发展越来越依赖空间的集聚程度。

（2）金融发展与空间的集聚程度呈强相关性（正），表明了金融发展水平与农村地区的空间集聚联系紧密，增大了农村之间金融发展的差距。

（3）金融发展在空间分异上产生了两大集合：其一是 HH 区域聚集带，主要包括了福建、广东、贵州、四川部分地区；其二是 LL 区域聚集带，主要包括了河北、山西、黑龙江、内蒙古等地区。

（4）初始发展水平高的空间集聚地区呈现高度的金融增长，而初始发展水平低的空间集聚地区呈现恶性循环的状态。

（5）全国 28.3％的地区处于空间集聚下的金融发展增长状态，47.2％的区域呈现空间集聚下的金融发展缓慢状态。

县域金融发展空间依赖和异质的存在给我国农村金融的协调发展、农村金融研究、农村金融改革及政策的制定提供了依据，同时也提出了新的挑战。

（1）空间依赖性的存在，已经直接对区域金融发展产生了实质性的影响，因此使用传统的金融模型研究区域金融发展时，需要将该地区周边的空间依赖性考虑到模型中来。

（2）空间依赖已经产生了集聚区域，会对传统模型的收敛假设造成影响，并且空间异质性会对模型的稳健性造成影响，在不同区域下的金融收敛状况是不同的。因此，将空间依赖和空间异质作为因素放入区域农村金融发展的研究中，是值得考虑的。

（3）县域金融发展的空间分异客观上要求在农村金融改革和发展上要根据各地金融发展的现实和不同阶段，采取更具个性化、特色化的金融服务以满足不同层次的金融需求。

第五章

我国农村金融发展的空间分异：影响因素及分形研究

本书在前四章分别就农村金融发展空间分异的现象及分异特征进行了研究，并基于探索性空间技术对农村金融空间分异情况进行了可视化分析。研究结果表明：农村金融空间分异特征明显，金融发展的空间依赖和异质性给农村金融发展带来了挑战。那么农村金融发展的空间分异是如何形成的？其影响因素是什么？

蔡志刚于2001年在研究中国农村金融发展差异时提出金融政策的差异是造成金融发展区域差距的原因之一；伍海华于2002年将各地金融发展的差异归因于经济差异、金融政策、金融机构布局及资本市场发展差异这四大原因。杜婷婷于2008年把区位和环境、经济基础和经济结构以及制度等方面因素看作是影响江苏各区域农村金融发展差异的主要原因。高新才于2009年认为，经济发展水平的区域差异、市场化进程的区域差异以及政府行为的区域差异是农村金融发展差异的主要原因。杨德勇等人(2014)的研究表明，农村经济投资水平、农村金融机构发展状况、农村基础设施尤其是邮电道路等方面的建设，对于农村金融的发展有显著正向和推动作用。现有的研究成果为本章的分析提供了有益的启发，但是它们并未在一个明确的理论框架下来分析问题，同其他宏观经济现象的分析类似，金融发展影响因素的探讨缺乏微观基础。

如果把农村金融视为一个系统，则农村金融的发展过程有着较为深刻的含义。从农村金融系统的诱致性生成和随后的演进、系统发展的轨迹看，农村金融系统并非是预先设定的，其发展更像是一种自组织行为而非他组织行为。只有农村金融系统形成了自组织系统和过程，农村金融才能不断自我完善、自我复制、自我提高和自我发展，从而实现农村金融效率的帕累托改进。因此，从自组织的角度来探讨农村金融发展空间分异形成原因应是一个切入点。

第一节　农村金融发展的自组织演化机制

系统论认为，演进与存在具有对应性和辩证统一性。农村金融的发展是一个金融与地理相耦合、时间和空间相融合、物质要素和地域条件相结合的复杂的系统工程。在开放、竞争、协同、非均衡、非线性等系统存在的一般条件下，系统由潜在阶段向高级阶段的演进也成为一个普遍的、必然出现的过程。

一、自组织及其动力条件

自组织理论是一门新兴的、尚属较前沿的理论学科，主要研究系统的动态发展问题。大多数学者认为，比利时科学家普利高津在20世纪60年代提出的耗散结构理论宣告了自组织理论的诞生。这一理论最初被广泛用在自然科学领域，近年来社会科学也开始采用这一原理。

按照协同论的创始人哈肯的表述：如果系统在获得空间的、时间的或功能的结构过程中，没有外界的特定干预，我们便说系统是自组织的。这里"特定"一词是指，那种结构和功能并非外界强加给系统的，而且外界是以非特定的方式作用于系统的。相对于他组织，自组织是一种自动的、自发的行为，是一种自上而下、由内至外的发展方式。其主要含义为：在大多数情况下，作用于系统的外部力量并不能直接对系统的行为产生作用，而是作为一种诱因，即引入序参量引发系统内部发生相变，系统通过这一系列的变化自发组织起来，最终大量微观个体的随机过程表现出宏观有序的现象。自组织系统的基本特征是开放性、非线性、非平衡性、正反馈和涨落等。

从效果上看，自组织与他组织现象一样，都是系统达到了一定的目的，都是实现了某种确定的状态。而它们之间的根本区别在于：同样对于系统新状态的出现、新功能的形成和一定目的的达到，其原因不同。对于他组织，出现这些现象的原因在于系统之外，而自组织则不同。所以，对于自组织，出现组织结构，其直接原因在于系统的内部，与外界无关。在实际情况中，对于区域经济发展的自组织与他组织行为的顺序及强度可能处于动态变化之中。总的来说，自组织与他组织关系是复杂多样的，从不同的视角考察有不同的行为模式和内涵，不同的区域、不同的产业其情况也各异。

根据自组织理论的耗散结构原理，自组织动力形成过程必须满足四个必要条件：开放性条件、非稳定态条件、动力学条件和诱发性条件，见图5-1。

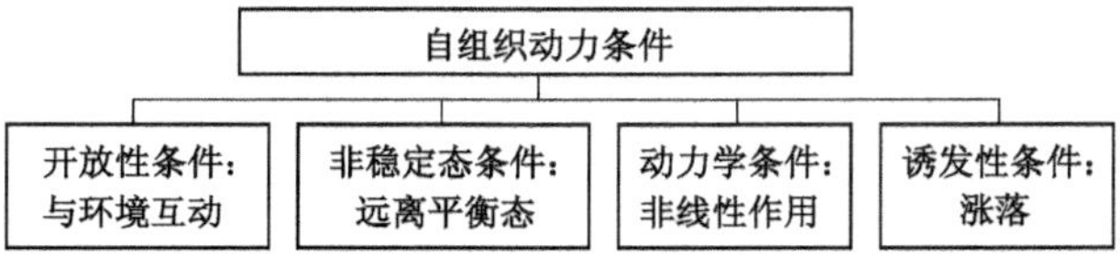

图 5-1　自组织动力条件

（一）开放性条件（与环境互动）

开放性条件，即与环境互动，也称为熵①减机制。一个与环境没有任何交换的封闭系统不可能出现自组织行为，对环境开放即与外界进行物质、能量、信息交换的系统才可能产生自组织运动。普利高津以总熵变公式 $dS=d_iS+d_eS$ 为工具，科学地论证了开放性是自组织的必要条件。根据热力学第二定理，一个孤立系统会自发地从非平衡态发展到物理性质均匀的平衡态；反过来，它不会自发地从平衡态返回到非平衡态，所以，孤立系统熵增加的过程是不可逆的，即系统的熵增量 $dS\geqslant 0$。其中，d_iS 是系统内部混乱性产生的熵，称为熵产生，热力学原理保证熵产生为非负量，即 $d_iS>0$；d_eS 是系统通过与外界相互作用而交换来的熵，称为熵交换或熵流，可正可负。

$d_eS=0$，系统是封闭的，与外界没有交换，内部的熵产生使系统的混乱程度不断增加，不可能出现自组织；

$d_eS>0$，与外界交换得到的是正熵，总熵变 $dS>0$，系统以比封闭状态下更快的速度增加混乱程度，不会发生自组织；

$d_eS<0$，且 $|d_eS|<d_iS$，通过对外开放从环境中取得负熵，但从环境得到的负熵不足来克服内部的熵增加，总熵变 $dS=d_iS+d_eS\geqslant 0$，系统也不会发生自组织；

$d_eS<0$，但 $|d_eS|>d_iS$，从环境得到的负熵大于内部的熵增加，总熵变 $dS=d_iS+d_eS<0$，系统出现熵减过程，即自组织过程。

当系统达到平衡时，熵值最大，系统此时也最无序、最混乱。因此，系统的熵减少是组织化程度、系统有序度提高的必要条件，而在开放条件下熵减少来源于系统外的负熵 d_eS 增加和系统内在无干扰下自我产生的熵 d_iS 减少两部分。任何与环境没有物质、能量交换的系统只能自发地走向无序的状态。要使自组织机制发生作用，必须避免区域内金融企业之间、金融企业与环境之间以及区域与其外部环境之间的封闭、隔绝状态，通过提高开放性，输入能够满足企业发展所

① 熵是热力学中的术语，用来表示热能转化为功的程度的量度。在系统分析中，熵是系统混乱程度的量度。

需的物质、能量和信息，引入负熵。

（二）非稳定态条件（远离平衡态）

在平衡态下，系统与环境没有任何广义的资源交流，状态变量也不随时间发生变化，是一种缺乏效率、没有生机的死结构。远离平衡态是指系统内可测的物理性质处于极不均匀的状态。只有在远离平衡态时，系统处在流和力的非线性区并达到一定阈值后，系统稳定平衡的条件不能得到满足且变得不稳定，系统才会自己组织起来，产生一种新的有序结构。

（三）动力学条件（非线性作用）

满足叠加原理的线性关系无法产生整体突现性，整体突现性是系统组成部分之间、系统与环境之间非线性相互作用的产物，是典型的非线性效应。在非线性作用下，系统内部各要素或子系统之间及其参量之间能够产生协同动作或相干效应，使系统内部的涨落放大，从而使系统内无序转变为有序、低级有序转变为高级有序。系统内部的非线性作用表现在：当外部环境仅有量的变化且量变积累到一定程度的时候即达到阈值时，会导致系统发生相变。哈肯用一组状态参量来描述协同系统的状态，这些状态参量随时间变化的快慢程度是不相同的。其中必然存在少数几个随时间变化慢的变量（慢变量），当系统逐渐接近于发生显著质变的临界点时，这些为数不多的慢变量就完全确定了系统的宏观行为并表征系统的有序化程度（序参量），那些为数众多的变化快的状态参量就由序参量支配。慢变量的变化决定系统的相变，而快变量本身的变化要受到少数慢变量的支配，这就是协同学中的慢变量支配原则。序参量的大小可以用来标志宏观有序的程度。当系统是无序时，序参量为零。当外界条件变化时，序参量也随之变化。当外界条件变化到达临界点时，序参量增长到最大，此时出现了一种宏观有序的有组织的结构。

（四）诱发性条件（涨落）

涨落意味着若干子系统的非平衡性和对系统稳定的平均状态的偏离，涨落是偶然的、杂乱无章的、随机的，在自组织中起极为重要的作用。当在临界点（即阈值）附近，在这里瞬间的涨落和扰动造成的偶然性将被放大，系统通过涨落去触发旧结构的失稳，探求新结构，触发耗散结构产生。新结构本质上是一种涨落的放大，这种被放大的涨落通过与外界交换能量而稳定下来。一个开放的、远离均衡态的非线性系统通过涨落的放大驱动，能够发生自组织行为。通过涨落使系统失稳并获得新的稳定性，故涨落导致有序。这也明确地说明了在非平衡系统具有了形成有序结构的宏观条件后，涨落对实现某种有序所起的决定作用。

二、农村金融发展的自组织演化过程

（一）农村金融发展的序参量

农村金融是一个社会系统，是由众多单元和层次、多种联系协同组成的开放系统，其基础组成单元是各类金融机构、金融工具、金融市场和其赖以生存的农村金融环境，其发展并不是稳定和固定的，而是一个不断发展的变化过程。农村金融的发展更像一种自组织而非他组织行为，序参量（慢变量）支配原则在农村金融系统中起着重要作用。

农村金融的发展具有众多的状态变量，如农村金融结构的完整度、农村金融资产的规模程度、农村金融市场的发达程度、农村金融产权的清晰度、农村金融制度的健全度、农村金融产品的市场价格信号真实度等。在开放的环境里，农村金融系统的变化，首先是从快变量开始的，如农村金融发展的规模（包括金融资产规模、金融机构规模、金融市场规模等），而农村金融结构以及与之相随的组织体制的变革，农村金融产品的价格信号真实度往往是金融发展过程中不得不面对和解决的问题。如果我们把农村金融发展规模看作是金融发展中的快变量，而把农村金融结构优化看作是农村金融发展中的慢变量，根据自组织理论，大量的快变量可用慢变量表示，即快变量随慢变量的变化而变化；慢变量的变化决定系统的相变，慢变化参量完全确定了系统的宏观行为并表征系统的有序化程度。可见，农村金融结构优化（金融机构的多元性、金融工具的多样性、金融市场的开放性）作为慢变量在农村金融系统由规模扩张向结构优化的有序发展过程中起着至关重要的作用，它最终影响整个农村金融有序化的进程。

（二）农村金融发展的自组织行为

（1）作为一个开放系统，农村金融发展是在时间维度上的复杂性和有序化程度的增长过程，它与外界交换的熵必为负熵，从而形成新的有序结构。农村金融系统与外界的企业、个人以及环境等不断进行着物质和能量的交换，包括资本、要素、产品、服务、资源和信息。农村金融系统在服务实体经济的同时，会获得利润回报，并会调整自己的系统结构和功能。例如，金融机构和金融市场的增加或减少，金融企业的发展、壮大和消亡，金融产品的更新和金融网点的布局与撤并等。对于农村金融系统来说，超分工整合的发展使得金融机构如银行、保险、证券等专精于自己的优势领域，从而导致金融机构间异质性加强，结果是任何一个企业都无法单独为某一消费者提供全套产品或服务。所以，为了满足消费者的需求，金融系统内的金融机构必须紧密合作。也就是说，金融机构将会有大量的信息、资源、能量等的流动。从自组织这一角度来说，各金融机构不断地从环境中获取物质和能量，这些物质和能量给系统带来了负熵。从外界获得的负熵流大于内部熵的产生时，系统便会朝着熵减的方向发展，即朝着降低无序、增加有序的方向发展，结果会使整个系统的有序性的增加大于无序性的增加，而且随着负熵流的绝对值的增长，有序度增长的速度也会随之加快。金融系统处在进化时期，从外界环境中所吸收的负熵大多用来完善农村金融系统的结构和功能。一旦到了结构最复杂、功能最完善、有序化程度最高时，系统所含的负熵最多、总熵值最小。此时，农村金融系统成长或演化的自组织能力达到最强，在具备一定条件下，便会自发地形成了新的有序结构和新的组织。

农村金融发展过程中，生成系统正熵的因素主要有以下几个方面：① 区域内金融产品不能满足客户多样化的金融服务需求。比如，商业银行提供的服务和金融产品较为单一，而随着社会经济的发展，银行客户的金融服务需求将会越来越多样化，这种金融产品和服务的供需矛盾是系统正熵产生的主要源泉。② 区域内金融风险累积，现有风险管理手段无法有效分散风险。金融产品价格的波动和监管政策的调整使得区域内的经营风险不断累积，在无法寻找到新的风险分担方式时，农村金融创新系统由于各部门的无序性增加而形成累积的正熵。③ 农村金融系统内部信息不流动。④ 农村金融创新激励机制不明确，无法有效地将产品构想开发为新的金融产品。

在农村金融演化过程中，生成系统负熵的因素主要有以下几个方面：① 技术进步所带来的新的金融工具、方法、系统的应用。这是农村金融发展过程中直接吸收的一种负熵流。技术进步不仅直接提高了系统运作的效率，而且使许多新的产品创意成为可能，新的技术、信息系统的应用增加了系统的有序性。② 客户传达的引导性的需求信息。这种引导性的需求信息可能直接给处于无序状态的银行创新系统提供了发展思路，为系统向有序、复杂方向演化引入了负熵。③ 来自于系统外部的竞争压力。其他地区商业银行或金融机构提供新的金融产品、吸引人才抑或转变组织结构，都会对农村金融的发展造成压力。这种压力能够使得系统向更高层次的有序化结构发展，是系统最为明显、有效的一种负熵。④ 管制放松。金融管制的放松为农村金融的发展演化提供了新的契机，系统可以用更丰富的方式调配更多的资源，从而达到向更高层次发展的目的，这是系统长期、间接的一种负熵。

（2）作为一个远离平衡态的系统，农村金融系统内部，各金融主体之间存在着资本实力、企业文化、核心竞争力、创新水平、员工队伍水平、效益水平等多方面的差异。市场与环境是变化莫测的，而市场本身处于激烈的变革状态，市场波动性强，这将直接导致市场的重要参与主体——各类金融机构呈现出非平衡性的特征。那些实力强劲、能适应市场需要的竞争者将在市场博弈中发展壮大；而弱小的、不具备市场适应能力的竞争者将被逐步淘汰出局。市场需求的变更和增加，催生了丰富多彩的金融产品和金融机构。农村金融系统就是这样在内部各子系统之间、与外部环境之间的交互作用中不断向前发展，从无组织到有组织（专业的投资中介出现），从单一层次到多层次（由单一的商业银行向金融混业经营转化）以及同一层次的从简单到复杂（不同组织结构的金融机构产生），从低级到高级（金融发展由量的增加到质的提高）逐步演化起来。

（3）农村金融系统内部，各金融机构、金融工具、金融市场之间，普遍存在着复杂的竞争和协作关系。随着外部环境变量如国内生产总值、居民收入、区域产业结构等的逐步变化，系统各要素的变化并不是简单的量的变化，而是随着这些外部环境变量持续变化并累积到一定程度，其发展总是与一定的经济发展水平相适应。当经济发展产生一种新的金融需求，而原有的金融产品、金融机构或金融市场又无法满足这种需求（即发生系统失稳）时，金融创新就在所难免了。推动农村金融系统发展的各个动力，既有各自相对独立的运动规律和独特的职能作用，又有彼此相互制约的作用。它们发生多向、多维的交叉渗透关系，在普遍的相互作用中形成一个多层次的立体网状结构，从而形成系统发展的合力。为推动农村金融系统走出线性区，区域内的金融机构及其相关机构要达到一定的数量且各种独立要素也要较多。通过提供农村金融发展的公共资源等条件，使各主体、各要素之间的关联性加强，产生复杂的非线性相互关系，而不是简单的因果关系、线性依赖关系。这种非线性关系存在正反馈机制、负反馈机制以及两者共同作用的过程，进而推进农村金融系统出现分叉现象。

（4）政策、市场、技术、人才和资金等因素的变化都会产生系统的涨落。在远离平衡态时，其中某种涨落可能被放大，推动农村金融系统的演化与发展。农村金融系统从无组织走向自组织，或从较低级的自组织走向结构有序的较高级的自组织，往往有多种发展的可能性存在。用自组织理论的术语来说，就是系统在进入自组织之前的分叉处往往同时存在着若干个分支，这正是金融系统作为复杂巨系统的一个体现。实际系统究竟进入哪一分支，事先并不能预先决定。金融系统中各金融机构子系统的竞争与协同推动着系统演化，但不能或不足以决定自组织进入哪一分支。根据自组织理论，实际系统进入某一自组织分支以及怎样进入自组织分支，是由涨落来决定的。在金融资源系统自组织过程中，系统存在着随机内部涨落和异动性内部涨落，也存在着外部涨落。内部涨落系由农村金融的结构或模式在运行中自发产生的波动，会对运行模式的效率与效果产生影响，从而导致新的技术范式代替旧的技术范式的系统革命性变化。外部涨落指系统的外部环境中各种行为主体或各种行为与发展模式所产生的影响，这些影响因金融系统的开放性而通过竞争与协同的非线性方式作用于不同的金融机构，从而促成资源配置行为的实现，在系统科学中这又称为“环境噪音”。

（三）农村金融发展的他组织行为

现实中，农村金融的发展往往是他组织与自组织两种力量共同作用的结果，只是两种机制在不同时段、不同区域中的相对地位和作用强度有所差异。这种差异具体体现在先发区域与后发区域上。比如，对于后发区域，就可能经历两个发展阶段，首先是以外力为主的他组织模式，然后是在合适的条件下转化为以内力为主的自组织模式。这种模式转变往往意味着农村金融结构的有序化和功能的优化。按照发展过程来划分，农村金融发展从常规发展阶段跃迁到高速发展阶段。

从作用的时序考察，农村金融系统的演化方式可以分为两种基本过程，一种是他组织在先，自组织在后。由于他组织的行为创造了农村金融发展的自组织条件，使得发展的自组织机制逐步发挥作用，使自组织发展为高度有序的系统。另一种是自组织在先，他组织在后。农村金融在发展的初期先依靠系统内部各金融要素的组合，形成发展的雏形阶段，后在政府等的干预下，依靠他组织通过金融创新等外部动力优化农村金融结构，来加快农村金融发展。

根据自组织理论，政府即他组织，属于农村金融发展中的外部力量。政府在区域经济中的作用，一直是经济学中最富有争议的一个论题。直到凯恩斯主义出现后才被理论所承认。许多国家政府干预区域经济的实践证明，在区域经济发展过程中，中央政府与区域政府的作用是不同的。区域政府干预农村金融主要是为了促进农村金融发展，而中央政府干预农村金融除了要促进经济发展外，还主要着眼于处理好农村金融关系。政府干预农村金融发展的必要性体现在两个方面：一是商业金融系统的内在缺陷要求政策金融的存在。二是市场失灵客观上要求政府在农村金融市场发展及金融资源配置效率上起推动作用。尽管市场能够自发地调节农村金融的运行，但由于市场本身存在缺陷，使其在进行资源配置时，有时并不能达到最优，即所谓的市场失灵。因此，必须实行政府干预。斯蒂格利茨（Stiglitz）概括了金融市场中问题的七个方面：公共品的监控问题，监控、选择和贷款的外部性问题，金融机构破产的外部性问题，市场不完善和缺乏问题，不完善竞争问题，竞争性市场的帕累托无效率问题，投资者缺乏信息问题等。斯蒂格利茨认为，政府对金融市场监管应采取间接控制机制，并依据一定的原则确立监管的范围和监管标准，且指出完善的游戏规则有利于金融市场的发展。

（四）农村金融自组织发展的差异

从逻辑分析的角度看，区域内金融机构、金融工具、金融市场及其开放性使其与环境进行物质和信息的交换，引入负熵流。负熵流使系统偏离原有的平衡状态，系统内部各要素各子系统产生了差异，形成专业化和多样化的分工与协作状态。系统内部的差异和分化使金融机构等部门有可能在功能互补的基础上产生非线性相互作用，形成多重反馈与循环催化的系统网络组织。非线性作用使得系统内部涨落可能通过非线性叠加而被放大，成为主导系统结构演变趋向的关键。但是，在实际的区域经济发展过程中，情况要复杂得多。首先，对于不同农村金融系统，各个条件的表现形式和程度是不同的，即系统自组织条件具有个性化的特点。其次，对于系统的不同生命周期阶段，各个条件所起的作用与功能也是不同的，即系统自组织条件具有动态变化的特点。再次，一个条件的改变可能引起其他条件的相应变化。例如，系统开放度的提高可以给环境输入带来扰动，引起系统的涨落变化，而系统非线性作用则进一步强化了系统与环境的互动。最后，不同区域所处的环境以及初始状态下的内部熵增加(即混乱程度)也不一致，从而熵减机制在不同的区域产生的效应不同。农村金融发展的空间分异正是缘于此。

第二节 我国农村金融发展空间分异的影响因素

一、对我国农村金融发展空间分异的理论解释

(一) 农村金融发展的自组织过程

从第三章对我国农村金融发展空间分异现象描述可以看出，农村金融发展是在我国市场化进程不断推进，金融业改革力度逐渐加大的背景下发展起来的。从自组织和他组织这一角度来说，金融发展是按照“他组织在先，自组织在后”的演化方式进行的。由于他组织(政府、市场等)的行为创造了农村金融发展的自组织条件，使得金融发展的自组织机制逐步发挥作用，转化为以内力为主的自组织模式，而这种模式转变意味着农村金融发展的有序化和功能的优化。这主要体现在两个方面。

(1) 随着改革开放的力度不断加大，农村金融系统不再是封闭的状态，系统开放过程中负熵流的引入导致农村金融发展的序参量发生变化。系统的涨落是引发金融发展的诱致性因素。具体到金融发展上，这些涨落表现为金融发展所需要的一些因素如政策、市场、技术、人才、资金、经济等，它们共同作用，通过金融发展的非线性作用而迅速放大、传递、形成客观上的“巨涨落”。当积累到一定程度，在临界点附近时，在这里瞬间的涨落和扰动造成的偶然性被放大，系统通过涨落去触发旧结构的失稳和新结构的生成，从而使金融得以发展。

从自组织角度来说，农村金融业与外界不断进行物质、能量和信息的交换。在这一交换过程中，有大量的负熵流流入，以降低原内部由于封闭所产生的熵增

加，即改变不合理的金融结构、不完善的公司治理、经营管理机制、激励机制等，以提供高效的非线性作用机制，表现在农村金融业发展上就是金融规模的增加、金融机构结构和金融工具结构的变化。金融系统的非线性作用连同金融机构、金融主体之间复杂的竞争、协作关系随着外部环境变量持续变化，累积到一定程度，使金融系统发生了相变。因此，开放过程中大量负熵的引入，如新型金融机构的出现（农村信用社、农村商业银行、证券机构、保险机构、信托机构等）、新型金融工具的出现（股票、债券、各种金融理财产品、银保产品、投资基金）、金融组织结构的变革（如国有商业银行的“三农”事业部的成立、外资银行参股、农村合作银行、村镇银行、贷款公司、农民资金互助合作社）都为农村金融业的发展由无序到有序、由低级有序到高级有序提供了充分条件，使其金融发展的序参量（金融结构）与改革开放以前相比出现了显著的变化。

（2）系统内非平衡与不均匀的涨落导致系统由低级向高级有序的实现。与此同时，系统内出现了区域内部的分化和不平衡。东部、中部以及西部地区作为不同的金融系统，有着不同的开放度。尽管农村金融是开放系统，具有非线性和远离平衡态，并可以通过涨落来打破旧的结构，触发新的农村金融发展模式的形成，但是流入区域内部各个地区的负熵流并不总是完全一样。熵减机制在东部、中部和西部表现出了不同的形态，从而导致农村金融的自组织机制发展不平衡。总体来看，西部地区金融发展表现出的自组织态较弱；东部在一定外力的影响下，表现出了较强的自组织能力，实现了自身质的飞跃，并呈现显著的地域特色。

（二）农村金融发展空间分异的原因

基于自组织的熵减机制，我们可以对我国东部、中部、西部农村金融发展的自组织机制作出下列推导：

第一步，设 dS_{db}、dS_{zb}、dS_{xb} 分别表示东部、中部和西部的总熵变；d_iS_{db}、d_iS_{zb}、d_iS_{xb} 分别表示东部、中部和西部内部的熵增加；d_eS_{db}、d_eS_{zb}、d_eS_{xb} 分别表示东部、中部和西部从环境中得到的负熵。根据自组织发展的动力条件之一，即开放性条件，则熵减机制如下：

$$dS_{db} = d_iS_{db} + d_eS_{db}$$
$$dS_{zb} = d_iS_{zb} + d_eS_{zb}$$
$$dS_{xb} = d_iS_{xb} + d_eS_{xb}$$

由第三章的现状描述及第四章的实证分析可知：$dS_{db} < dS_{zb} < dS_{xb} < 0$。此式表明，改革开放以来，三大农村金融系统的涨落触发了农村金融发展的耗散结构产生，金融业整体发生了质的变化。金融业由单一的、封闭的、被动的发展模式，向多样化、开放式、主动式的金融结构优化、金融深化的方向转变。三大区域从环境得到的负熵足以克服内部的熵增加带来的混乱程度，出现了熵减（自组织

过程)，即 $dS<0$。但是，农村金融发展差异表明，熵减机制在东部、中部和西部三大区域发挥的效应是不一样，由此，三个地区金融的深化程度也不同，东部的总熵变最小，其金融深化程度最高，中部次之，西部最低。

第二步，由于金融自组织过程是来自区域内部的熵增加和从外部环境中引入负熵流两种力量共同作用的结果，假定：

$$|d_eS_{db}|>|d_eS_{zb}|>|d_eS_{xb}|$$

$$d_iS_{db}<d_iS_{zb}<d_iS_{xb}$$

则有：

$$d_iS_{db}+d_eS_{db}<d_iS_{zb}+d_eS_{zb}<d_iS_{xb}+d_eS_{xb}$$

由此表明东部内部的熵增加(正熵)，即内部金融发展的混沌状态要小于中部以及西部地区，而其从外部环境引来的负熵的绝对值则大于中西部，因而其金融自组织能力强于中西部，表现在金融发展上则为金融发展水平较快，金融深化程度较高。这一定程度上解释了熵减机制在三大区域出现不同效应的原因。尽管各地农村金融发展都兼具自组织所需要的发展动力，但显然诸多因素影响了金融自组织能力的顺利实现和自组织机制的有效发挥，从而导致金融发展水平的地区差异。

那么，农村金融自组织能力的影响因素是哪些？这可以从两个方面来体现：一是内部熵增加的不同；二是负熵流的不同。内部熵产生和引入负熵流的不同主要源于以下因素：经济发展的地区差异、区位条件、市场化进程、区域创新能力、区域信用环境、政府的行为及政策等。这些因素共同作用于农村金融系统从而导致金融自组织能力的地区差异。

二、农村金融发展空间分异的影响因素

(一) 经济发展的地区差异

实体经济发展是人类赖以生存的基础。某一区域的国民收入在一个初始经济中分割、配置以及流动状况是决定该区域初始金融状态的一个关键点。初始经济及其后续发展形成特定的区域经济条件，不同的经济发展水平产生不同的金融资源需求，即区域经济发展决定农村金融规模以及与区域经济结构相适应的金融结构。经济对金融的需求程度取决于经济总量、经济商品化和货币化的程度等因素。一方面，国民经济增长速度越快，居民可实现越多的消费剩余，从而产生更多的储蓄能力和储蓄需求；另一方面，企业将随经济增长速度的加快产生更多的外部融资需求。筹资和融资需求的扩大导致对金融机构和金融资产的发展。同样道理，即使在既定的经济增长速度下，经济发展过程中也会出现产业和部门之间发展的不均衡。这种发展差异越大，产业部门对金融机构将储蓄资

源从发展缓慢的产业向高速成长产业转移的需求也越高。随着区域经济的不断增长，经济主体不仅会增加对原有金融服务的需求，而且会产生更高层次的金融服务需求。作为对金融服务需求的回应，农村金融机构、金融资产和金融市场都会随之扩张和发展。从金融自组织的角度来说，这些实际上就构成了农村金融发展的关键性因素和诱致性条件——涨落。

金融资本的逐利性和流动性，决定了发达地区的经济主体对金融资源更具吸引力，使金融资源总是流向那些效率高、收益大的地区。金融资本与发达地区产业资本和人力资本优势整合，产生集聚效应，迸发经济活力，推动了经济的快速增长，进而又促进了金融的更快发展，这说明经济发展的不平衡会导致金融发展的不平衡，而金融发展的差异又促使地区经济差异进一步加大。从自组织的角度来说，就是经济发展的地区差异使农村金融系统的涨落在地区间不同，从而引发金融发展的地区差异。东部地区由于有着较好的经济基础，所以对金融服务的需求大，金融发展的速度也快。因此，东部金融系统的涨落要大于其他地区，金融发展的规模和结构上都要高于其他地区。因此，现代经济条件下出现的各种各样的金融机构，如外资银行、信托投资公司、租赁公司、保险公司等大都云集在东部地区，西部地区相对比较贫乏。

（二）自然环境与地理区位

金融是经济的核心，金融不但以一定的经济基础作为依托，金融的发展也跟经济一样，依赖一定的自然条件和地理环境。地理因素、区位因素、历史因素、矿产资源、能源等往往决定了金融资本的初始积累。事实上，农村金融机构以及金融市场的设立无不蕴含着丰富的金融地域性和区位思想。一方面，国民收入的分配格局、投融资观念及储蓄偏好的差异使金融机构必须实行市场细分策略，即根据地域背景和区域情况设置机构网点，确定业务种类，界定地域营业范围；另一方面，金融市场所吸引的业务量随着距离而递减。即使在电子通信的时代，也不能消除空间距离的不可灭性，只代表着金融交易技术、手段方法的虚拟化，金融交易的机会成本仍然伴随着业务量的扩展而递增。由此可见，金融市场的选址是地理因素直接作用的结果，而金融市场的区域结构也最终导致金融交易空间格局的形成。以上海为例，其金融中心地位的确立与其优越的地理位置、较高的人口素质、悠久的金融发展历史有着密切的关系。美国经济学家凯德尔(Keidel)就曾指出，造成中国地区差距并使差距仍在扩大的根本原因是地理区位优势的不同。

缪尔达尔的循环累积因果论认为，经济发展过程在空间上并不是同时产生和均匀扩散的，而是从一些条件较好的地区开始，这些区域由于初始优势而比其他区域超前发展。佩鲁的增长极理论认为，增长并非同时出现在各部门，而是以不同的强度首先出现在一些增长部门（增长部门，在经济上特指推进型主导部门，在地理意义上特指区位条件优越的地区）。弗里德曼的中心-外围论则将那些发展条件较优越、经济效益较高，处于支配地位的地区设为中心区；将那些发展条件较差、经济效益较低，处于被支配地位的地区设为外围区。初始条件的不同是经济金融非均衡发展的前提，初始条件差异越大，则区域经济金融非均衡发展的势能就越大。如果初始条件完全相同，在市场机制作用下，农村金融的非均衡发展缺乏前提，便会均衡发展。

（三）市场化改革

市场化改革的深入，对地区金融发展差距有着直接的影响。从我国改革的历史来看，1978～1992 年邓小平视察南方谈话之前，改革在争论中艰难前行。1992 年以后，基本确立了市场机制在资源配置中的主导性作用，金融资源以市场为基本导向实现了在地区间的配置。由于不同地区之间市场化改革的进程并不一致，存在较大差距，市场化程度高的地方金融资源流动的速度加快、数量增加，这也在一定程度上拉大了总体金融发展差距。樊纲等人对中国各地区市场化的相对进程进行的研究表明，中国东部、中部、西部三大地区中，东部的市场化程度最高、中部其次、西部最低，而在三大区域内，金融发展的地区差距也是东部最高、中部次之、西部则最为均衡，两者间存在对应关系。

市场化改革对金融差距的重要影响体现在金融制度资源的不平衡分布上。随着区际开放和交流的深入，金融资源在区域间的流动相对来说更为顺畅。东部地区依靠自身的优势地位吸引了大量的资本，金融得到快速发展。更为重要的是，东部拥有了金融制度的先发优势，身处长江中下游、紧靠上海金融中心，这为吸引国内外更多的金融资源提供了优越条件，金融发展与金融制度的市场化进入了累积循环的良性轨道。西部地区不仅金融资源稀缺，市场化的金融制度及金融意识更为缺乏，在趋利动机的支配下金融资源通过种种途径流向投资回报率高的东部地区。依靠东部的辐射，中部也得到一定程度的发展。尽管在 20 世纪 90 年代中期之前，严格的金融管制及行政壁垒封堵了许多流动渠道，区域间金融差距无法拉大，但随着东中部金融市场化进程的推进和区际开放，区域间差距的上升是可预期的结果。

东部发达地区因为具备优先的经济改革权利，表现出更强的市场活力，与西部欠发达地区相比，其货币化程度更高，市场机制更加完善，经济和金融发展之间处于良性的同步快速发展阶段。东部农村地区也因此具备了经济与金融自我发展的能力，能够保持农村金融和经济的稳步增长；而西部欠发达地区农村市场经济改革滞后，不仅缺乏经济发展的活力，而且在区域间生产要素流动和贸易分工中一直处于劣势，与东部发达农村地区相比存在很大差异。尤其是进入

20 世纪 90 年代以后，市场机制在资源配置中起主导作用，金融资源实现以市场机制为导向的地区之间配置。鉴于东部地区市场化程度较高，其金融资源流动速率提高，数量增加，这也在一定程度上加剧了农村金融增长区域之间的差异。

（四）政府行为及政策

改革开放以后，国家宏观经济政策明显向东部地区倾斜。一方面，国家大量的资金投入促进了东部地区的快速发展。另一方面，自 20 世纪 80 年代初以来，国家作出的一系列重大的区域经济决策，如沿海优先开放政策、浦东开发开放政策等，使东部地区大受其益。1991 年以后，由于政府政策、国际经济形势和自然、历史条件给予了东部发展的历史性机遇，也为其创造了金融集聚的现实条件。这种集聚一经建立，就不断强化自身，极化效应非常显著。在东部快速发展的同时，西部的发展一直处与被忽视状态。

1. 差异化的开放政策

对外开放是促进农村金融结构调整和升级的重要动力。一般来说，在开放的条件下，一国或一个地区的金融发展在相当程度上受外部因素的支配和影响。特别是与本国（或地区）金融关系密切的国家或地区，他们通过金融机构的进入、金融业务和融资技术的带入、资本的流动等形式，将导致本地区金融结构出现变动。改革开放以来，我国主要实施了“梯度推移”的非均衡改革、开放战略，地区开放政策具有很大的倾向性，采取了优先支持区位和经济条件好的东部地区发展的倾斜性政策，逐步向中西部地区转移。东部地区作为对外开放的前沿地带，在财政投资、税收减免、项目审批、外汇留成、进出口配额、金融信贷等方面都享有大量优惠政策。这些政策实际上是对既有体制的率先突破，但由此也形成了东西部之间的经济发展与体制改革进程等方面的差异。

2. 差异化的区域投资政策

随着东部经济的发展，东部地区获得了大量的政府财政支持，并且拥有较大的投资立项权。东部地区对固定资产投资立项和外商投资立项的审批权明显高于中部与西部地区，投资立项程序简便快捷，加上具有较多的优惠政策，投资环境较好、对内对外投融资渠道广泛、政府管理机制比较灵活等原因，因此吸引了较多的国外投资。在优惠政策和市场力量的综合作用下，中部、西部有相当一部分资金通过银行存贷差、横向投资和股票交易等多种形式流向东部地区。在差异化投资政策的影响下，东部获得了较多建设投资，推动了经济较快增长，取得了“先发优势”。而由于财政投资重点的不同，对西部那些长期依靠国家资金投入、缺少“造血机制”的地区产生了不利影响，进而加剧了差距的扩大趋势。

3. 差异化的农村金融政策

金融领域非均衡、倾斜性的金融政策，使东部迅速建立了发达的金融机构体系和成熟的金融市场体系，储蓄向投资转化的渠道较为通畅，获得的信贷资金、企业债券、股票发行上市额度较多，金融效率较高。与此相比，中部及西部地区金融资源缺乏，金融机构体系单调，金融市场发展滞后，上市公司数量少，获得的金融资源较少，金融效率不高，对经济发展产生了较强的抑制作用，导致西部及中部的资金向东部流动。在金融机构的设置方面，东部比西部开放早，政策较为灵活，无论是境内的金融机构，还是外资金融机构，在东部地区设立分支机构所受到的限制都要比西部少，因此，东部地区金融机构体系较为发达。这为东部地区的发展提供了更为有利的金融支持。

20 世纪 90 年代初，我国确立了股票市场融资体制，出于控制金融资源的考虑，国家并未将股票市场运作完全纳入市场机制。与之相适应，我国对上市资源采用了行政性分配和额度控制的办法。在这种情况下，争夺上市公司数量成为各地争夺股票融资资源的核心。东部许多企业通过上市融资，促进了企业经营机制的转变，解决了企业发展的资金制约问题，增强了企业的活力，大量的资金通过股票市场流向东部地区，为这些地区的经济发展筹集了大量的资金。

地区差异的存在，使全国统一的金融政策、金融工具，在地区之间产生了不同的政策效应。从表面上看，我国各地区间的金融制度基本上是一致的。但由于金融结构在各地区间存在较大差异，统一的宏观调控措施往往对农村金融发展产生迥异的影响。由于具有相对高效的金融组织体系和金融市场，东部地区可以通过金融中介和金融市场两个渠道实现储蓄向投资的转化，因而对宏观调控有着较强的承受和消化能力。增加相同的基础货币投放产生货币总量的扩张比西部地区明显。与此同时，由于金融市场的发展程度极低，银行信用仍是西部地区储蓄向投资转化的基本渠道，因而对宏观调控反应敏感且适应周期较长。不仅如此，基于经济较发达地区在中国经济中举足轻重的地位，我国宏观调控政策的制定更多的是以经济较发达地区的经济运行为参照系。这样，统一的宏观调控措施就会对不同农村金融发展产生不同的作用效果。

政府对农村金融发展差异的形成具有关键性影响，政府金融制度制定上的区域差异和地方政府不同经济发展政策所造成的区域经济环境差异是农村金融差异形成的根本性原因。从某种程度上，农村金融差异并非来自于微观经济主体的推动，而是通过国家行政力量构建形成的。农村金融差异主要反映的是政府对金融机构的外在驱使程度的差异，它为农村金融发展的差异创造了制度条件和保障。

（五）区域信用环境

金融机构是建立在诚信基础上的特殊行业，信用风险是金融机构众多风险因素中最为重要的风险，社会信用程度的好坏决定了金融生态环境的优劣，金融生态环境的优劣也直接影响着社会诚信体系的建设。一个地区的信用发展程度越高，金融结构就越复杂，金融发展的层次和水平也就越高，居民可支配的金融资源也就较多，金融资源相对充裕；而信用化程度低的地区，则面临着更多的资金缺乏问题。

例如，作为地域性商帮，苏商形成于清朝中后期。与擅长金融票号的晋商和专注商品贸易的徽商不同，他们更加注重实业。苏商以商贸为副，重视产品质量，注重商业信誉，讲究诚信为本，敢为人先，敢冒风险，敢于做大。同时，他们十分重视人才和管理，也注重个人修养，讲究仁和谦让、诚实守信、不断学习。在获得了财富之后，不断谋求发展，很多人成为当地甚至全行业的龙头，而且他们大都怀有满腔的报国热情和爱国之心。苏商作风低调，不贪求个人享受，即使拥有巨额财富，也依旧平实俭朴，但又十分热衷慈善，重视地方教育，极力回馈社会、造福百姓。良好的社会形象和商业传统使东部地区吸引了大批的资金和人才，从而为东部金融发展奠定了坚实的基础。

（六）区域创新能力

金融创新是贯穿于金融发展过程中的动力，是金融业克服自身局限、解决内部结构矛盾、满足社会需求的必由之路。尽管每一次创新的动因、背景、条件、环境有所不同，创新的过程与效果也有所差异，但每次创新都是经济、金融发展过程中的内部结构性矛盾的发展结果，也是触发金融系统新结构生成的动力。创新的结果是通过增加或改变金融机构、金融工具、金融交易的种类和活动方式重塑金融结构，新增或强化金融功能，提高金融效率，这也是创新为什么能通过改变金融结构，推动金融发展的主要原因。

依靠良好的外部发展环境和区位优势，东部经济得以迅速发展，对金融服务的需求也增加，这些需求客观上引导着东部金融业不断开拓创新，为区域发展提供新产品和服务。同时，由于金融机构集聚，东部金融业的竞争压力也较大，这也迫使东部金融业在新产品的开发、新技术的使用和客户服务方面不断挖掘潜能，寻求经营上的突破。与东部相比，由于西部经济发展相对落后，金融机构相对较少，因而对金融服务的多层次的需求不如东部多，金融机构的竞争压力也不如东部金融机构大，从而金融机构相对缺乏创新的动力和意识。创新不足，使得金融发展地区差异也就成为一种必然。

由此，农村金融自组织能力受到来自区域经济发展差异、区位地理环境、市场化进程、政府行为及政策、区域信用环境以及区域创新能力等多种因素的影响，这些因素交织在一起，形成系统的涨落，共同作用于农村金融系统，使系统总熵变在地区间产生差异。

根据自组织理论，系统内部熵增加会导致系统的混沌状态，负熵流的引入会减少系统的混乱程度，如果负熵流的绝对值大于系统内部的熵产生，总熵变就会减小，系统朝着熵减方向发展，自组织作用就会产生效应。由资源禀赋、区位条件和经济基础构成的初始条件在农村金融发展中起到了前提性作用，也是系统熵产生的基础；而区域创新能力、区域信用环境、政府政策及行为、区域市场化进程则会对系统负熵的绝对值的增加产生积极的影响，从而使系统由混沌向有序，由低级有序向高级有序转化。东部优越的地理区位、悠久的商业环境和良好的经济基础使东部农村金融系统内部熵增加要小于西部及中部。伴随着我国改革开放的政策实施，东部是最早也是最大程度上享受到我国改革政策带来的种种发展便利的地区。东部市场化进程较快，大量金融机构、金融工具、金融市场的引进及其开放性使得东部金融系统与环境进行充分的物质和信息的交换，因而东部负熵流的引入要远远大于中部和西部，而负熵流使东部金融系统偏离原有的平衡状态。形成专业化和多样化的分工与协作状态。系统内部的差异和分化使金融机构等部门在功能互补的基础上产生非线性相互作用。因此，由政策、市场、技术创新、人才和资金等因素的变化所产生的系统的每一次涨落，都强化了其自组织机制在促进区域经济发展方面的作用，表现在农村金融发展上，东部地区发展的程度与层次就要高于西部。

与东部相比，中部与西部由于市场化进程、创新能力、经济发展水平、政策支持等引发系统涨落从而导致金融系统新结构生成的诱致性因素要小于东部，因而其金融系统与外部环境交换的负熵流较少，其总熵变较大，金融自组织机制不能得以充分发挥，从而影响金融作用于区域经济的效果，表现在农村金融发展上，就是其发展的程度和层次相对就低。由此，东、中、西部差异形成。农村金融发展空间分异的生成机理，见图 5-2。

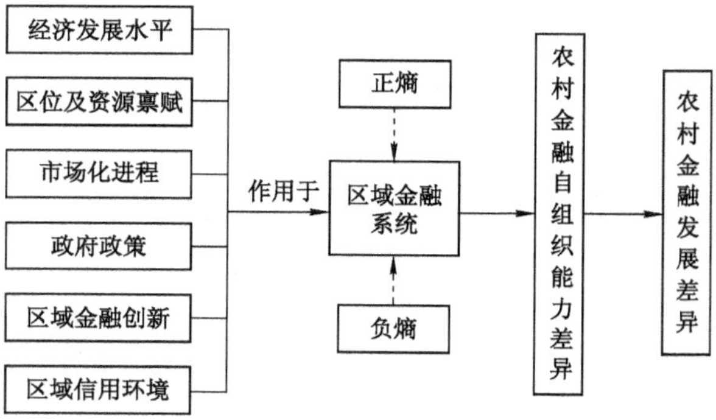

图 5-2 农村金融发展空间分异的生成机理

第三节 农村金融发展空间分异的分形评价

为研究农村金融空间分异的具体情况，本节从Cobb-Douglas生产函数出发，建立分形理论的相关模型，同时为寻找适合的指标，采取因子分析以及借用赤池准则（AIC准则）进行指标筛选，最终拟合二元回归模型，对农村金融发展空间分异情况进行横向与纵向的分形研究。考虑到数据的可得性以及江苏农村金融（苏南、苏中、苏北）发展的现实与我国东、中、西部农村金融发展的相似性，本书以江苏为例，对农村金融空间分异影响因素进行分形评价。分形理论可以将无序变得有序可寻，将众多区域由凌乱变为规整，从而可以有效地进行地域差异性的研究，且可以通过维数计算公式，来形象地说明区域的经济发展水平。通过分形维数可以研究金融指标间的关系，寻找金融系统中的内部机理，求得每个系统中因变量对自变量的灵敏度，借此分析当地的金融发展情况。

一、分形理论的模型构建

分形是对不具备特征长度但具有一定统计意义下自相似性的图形、结构或现象的总称。其主要有以下特征：① 分形是“连续但不可微分”和全然“不连续但自相似”的图形。② 分形时间序列在不同时间标度上有类似的统计特性。或者说，分形分布有一个在统计上自相似的概率密度函数，具有长期相关性。③ 分形时间序列是一种“有偏随机游动”即分数布朗运动，它与标准随机游动不同，其机会在某个方向上是有偏的，概率分布不是正态分布。

分形理论是描述具有无规则结构的复杂系统结构形态的一门新兴边缘科学，已经广泛应用于物理、化学、地理、哲学等诸多领域。借助分形几何语言，有可能对传统理论尚未澄清的问题做更深入地理解，或是可能会观察到一些以前没被注意到的东西。以欧式几何学为基础的传统几何学，研究的是一些规则的几何图形，这些图形的共同特征就是具有特征长度，是平滑的、可微的，其维数只取整数值，是拓扑意义下的维数。比如：点是零维的、直线是一维的、平面是二维的、立体是三维的，而分形研究的却是更为复杂、不规则、不可微的几何图形。分形具有较多的特征，如具有精细结构、存在着任意小的比例细节、大多数情况下可以用十分简单的方法定义和生成等，但分形最重要的特征是自相似性，其自相似性使其内部结构不存在特征长度，故它具有无标度性。人们已不能像对待普通物体所习惯的那样，通过长度、重量、体积等参数来反映分形的特征，而要通过分维数来定量描述分形。

分形理论源于1975年美国哈佛大学数学系教授Mandelbrot寻求海岸线有

多长这一问题，进而提出分维思想，将直线看作一维、平面看作二维，那么曲线则介于一到二维之间，以维数与几何长度来判定该曲线长短，这样新颖数学理论将各领域学者的思绪从线性领域带入了非线性领域，给传统经济理论带来了重大冲击。在经济与金融领域曾有于晓秋等人(2005)在投入产出模型基础上使用分形理论证明了区域经济系统的分形特征。张成虎等人(2009)给出了分形理论的三种应用，分别应用于金融市场分析、区域经济分析以及经济梯度分析。杨德勇等人(2016)进行了京津冀地区农村金融差异的研究，其中通过对 Harrod-Domar 经济增长模型两边求微分转化为 Cobb-Douglas 生产函数计算其维数，来比较各地区经济发展水平。该理论在经济领域日趋成熟。本书将在参考杨德勇等人所建模型并加以修正的基础上，对江苏农村金融空间分异进行研究。

经济发展水平是由众多因素决定的，因此我们在研究金融空间分异时，要讨论各金融要素对该地区经济发展起到的作用，将一地区看作一个经济系统，通过函数表示该系统中各要素作用的结果：

$$y=f(x_1,x_2,\cdots x_n)$$

其中，x 代表相关金融要素，由于这些要素的加入，导致了该区域经济总指标 y 的变化。在一个地区中，区域经济总指标也可以理解为是该地区的经济产出量。由于该函数的确定要经过指标选取及回归拟合才能进一步确定，因此在本章中用 $f(x)$ 来表示其内容，具体实证分析见后所述。将上述函数求微分得：

$$\mathrm{d}y=\sum_{i=1}^{n}\frac{\partial f(x)}{\partial x_i}\mathrm{d}x_i=\sum_{i=1}^{n}\frac{\partial y}{\partial x_i}\mathrm{d}x_i$$

将上式左右两边同时除以 y 可得：

$$\frac{\mathrm{d}y}{y}=\sum_{i=1}^{n}\sigma_i\frac{\mathrm{d}x_i}{x_i}$$

其中：$\sigma_i=\frac{\partial y}{\partial x_i}\cdot\frac{x_i}{y}=\frac{\mathrm{dln}\ y}{\mathrm{dln}\ x_i}$

根据德国数学家 Hausdorff Felix 给出的分形维数定义，σ 满足广义分形维数形式，所以当且仅当分形维数计算结果为分数时，表示该地区的经济系统具有分形特征，将其两边求积分：

$$\int\frac{1}{y}\mathrm{d}y=\sum_{i=1}^{n}\sigma_i\int\frac{1}{x_i}\mathrm{d}x_i\Rightarrow y=\mu\prod_{i=1}^{n}x_i^{\sigma_i}$$

其中，$\mu=\exp\sum_{i=1}^{n}C_i$ 是比例系数；C_i 为积分常数。上述函数可以看作是一个经济系统的运作过程，x 表示投入，即加入的金融要素，而 y 则是表示产出，可以理解为是投入的金融要素带来的影响，在后文中用农村居民纯收入来表示。等式右侧是 n 个 x^{σ} 连乘，n 表示影响因素的数量，当 $n=2$ 时上式满足陈彦光和罗静所

(2000)推导的 Cobb-Douglas 生产函数；而当 $n=1$ 时，上式就可以写为：

$$y=kx_i^{\sigma_i}$$

此式表示投入 x_i 与产出 y 间的关系。其中：k 为常系数；σ_i 为分形维数，反映因变量与自变量之间的相关关系。本书所用分形维数从非线性领域研究其自变量对因变量带来多大影响，即因变量对自变量的灵敏度。在这里考察区域农村金融各因素对农村人均纯收入的影响。

二、指标选取

从众多的影响因子当中选取与农村金融空间分异相关的指标是第一步。首先通过 EPS 知识服务平台来找寻与农村金融空间分异相关的指标，进行初步筛选，然后通过因子分析进行量化筛选，再通过赤池准则来确定指标的选取，最终选定资本产出效率和储蓄投资转化率作为后文分形理论模型的指标。

（一）指标初步筛选

本书通过 EPS 知识服务平台查询与农村金融、区域发展两个主题相关的指标，可以直观地看出哪些指标较为重要，其中距离中心越近的指标相关性越强，见图 5-3。

由图 5-3 可以直观地看到 43 个指标中有 10 个指标与存贷款有关且大多位于中心位置，即关系较强；8 个指标与投入、产值有关；另有 6 个指标与农民收入有关；其余指标主要有人口、利率、教育水平等，其中人口数量位于图中心位置应着重考虑。初步判断与农村金融空间分异有较大联系的有储蓄投资、财政支出、农村收入、人口数量、地区生产总值。影响农村金融增长的指标主要有储蓄投资转化率、人口、资本产出效率。由于农村教育水平难以衡量，因此不计入考虑；而利率由中国人民银行发布定额，在江苏省内各市差距不大，因而可以认为利率对时间序列有所影响而对空间数据差异影响较小，因此可以不考虑。

（二）指标定量筛选

本书在研究农村金融空间分异前，需要选出影响该区域经济发展的重大金融指标。因此，应先进行因子分析，筛选过程如下：

首先，将所选地区数据进行标准化处理与异常值剔除，这里将数据转化为 z 分数，公式如下：

$$z=(x-\mu)/\sigma$$

其次，通过数据处理可消除单位不同的影响，使得数据便于直接比较。将三个标准差外的数据（拉依达准则法）视为异常值加以剔除，同时运用插值法填补缺失。该步骤可以很好地整合所选数据，避免误差的同时不会对结果有较大影响。

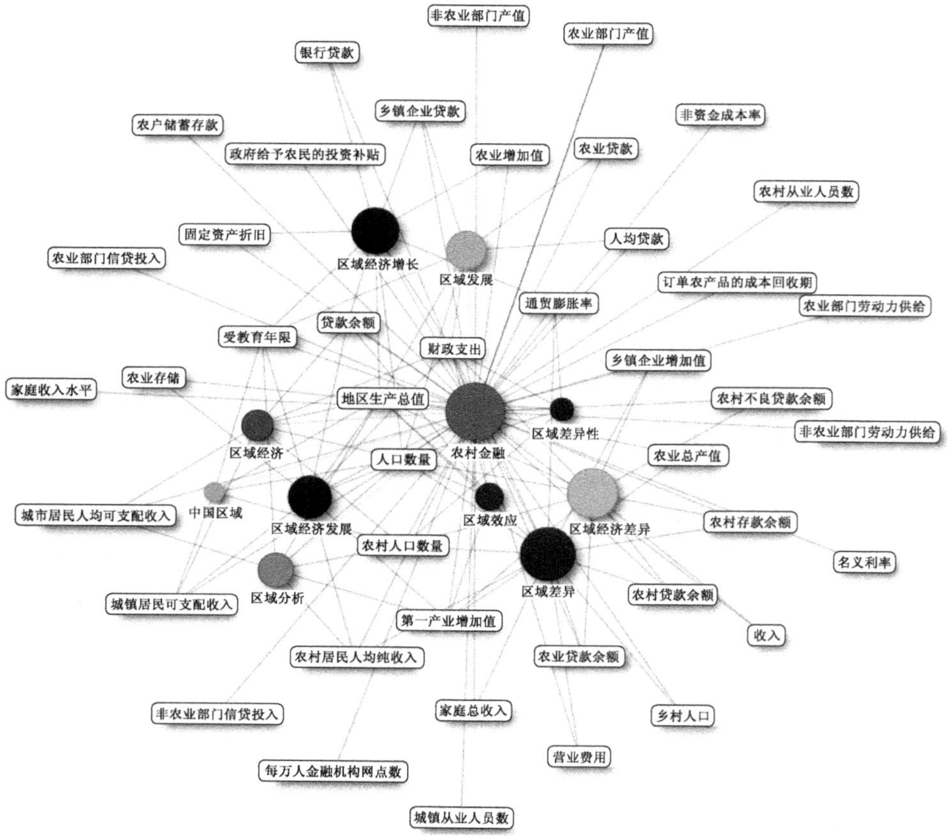

图 5-3　农村金融空间分异影响因素相关指标

因子分析主要通过以下步骤完成：

① 计算相关系数矩阵，具体相关系数公式如下：

$$\rho(Y_i, X_j) = \frac{\mathrm{Cov}(X_j, Y_i)}{\sqrt{\mathrm{Var}(X_j)}\sqrt{\mathrm{Var}(Y_i)}}$$

② 计算相关系数矩阵的特征根和特征向量，设 $\boldsymbol{R}$ 的特征值为 λ_i，对应的特征向量为 $\boldsymbol{e}_i$，则有如下线性变换：

$$Y_1 = \boldsymbol{e}_{11} X_1 + \boldsymbol{e}_{21} X_2 + \cdots + \boldsymbol{e}_{p1} X_p$$

$$Y_2 = \boldsymbol{e}_{12} X_1 + \boldsymbol{e}_{22} X_2 + \cdots + \boldsymbol{e}_{p2} X_p$$

$$\cdots\cdots$$

$$Y_p = \boldsymbol{e}_{1p} X_1 + \boldsymbol{e}_{2p} X_2 + \cdots + \boldsymbol{e}_{pp} X_p$$

③ 计算因子贡献率公式如下：

$$\rho_j^2 = \sum_{i=1}^{m} \lambda_i e_{ji}^2$$

对各指标排序为后文回归指标筛选准备。本书选用 2014 年江苏省 11 个城市（未包括淮安市和连云港市，因这两个城市数据存在重大缺失）的数据进行计算，主因子载荷度见表 5-1。

表 5-1　　主因子载荷度

指标＼主因子	y_1	y_2	y_3
x_1	0.741	0.306	0.439
x_2	0.728	0.360	0.396
x_3	0.611	0.602	0.289
x_4	0.600	0.590	0.287
x_5	0.724	0.320	0.412
x_6	0.596	0.596	0.283
x_7	0.594	0.588	0.272
x_8	0.606	0.583	0.294
x_9	0.294	0.155	−0.017
x_{10}	0.188	0.165	−0.114
x_{11}	0.304	0.227	−0.018

通过因子分析可得出贡献度排序，主成分结果见表 5-2。

表 5-2　　主成分结果

相关项目＼主成分	储蓄投资转化率	资本产出效率	储蓄率	人口
特征值	3.005	2.847	1.186	0.871
贡献度	38%	36%	15%	11%
累计贡献度	38%	74%	89%	100%

因子分析要求累计贡献 80%以上成分作为主因子，前两项累计贡献度仅为 74%，需再加一项指标，而后两项指标贡献度明显较前两项有所差距。

(1) 储蓄投资转化率

衡量农村金融中介的效率指标,用农村存贷比(LDR)表示,即金融中介将储蓄转化为贷款的效率,公式为:

$$存贷比=\frac{贷款余额}{存款余额}$$

(2) 资本产出效率

农村金融的发展有利于降低交易成本和改善信息不对称现象,而金融市场的资源配置功能使投入到农村的资金能够按照投入项目回报率的高低自发调节,因此具有利润增长潜力的新技术和新产品能够获得足够的资金支持,从而提高产出效率。本书假设资本边际生产率受资本产出率的影响,从农村实际情况出发,基于数据可得性,以农业固定资产投资占农业总产值的比重(I/GDP)代表农村资本产出效率。

(3) 储蓄率

影响我国农村储蓄率的因素有很多,如人均可支配收入、货币化水平、名义利率、通货膨胀率、农村金融市场的融资机制和效率等。由于储蓄率贡献度较小,它的存在可能会影响指标对研究对象的描述精确度,本书用 AIC 准则来确定其存在价值。

(三) AIC 准则确立指标

为了找出最合适的回归模型来反映该地区经济系统,本书引入 AIC 准则来确定所选指标个数,其计算公式如下:

$$AIC=2k-2\ln(L)$$

其中:L 代表似然函数值;k 表示模型中参数的个数。通过公式就可以看出,当模型中参数越少,k 值越小,模型越简洁,似然 L 值越大,表示模型得出结果与真实越接近,即 AIC 值越小越好。

似然值的计算反映的是结果与真实值间的差距,在回归分析中本书通过最小二乘拟合,因此似然值估计可以通过残差平方和来反映。经过修正后的 AIC 计算公式如下:

$$AIC=2k+n\ln(RSS/n)$$

其中:$RSS=\sum(Y-\hat{Y})^2$,表示真实值与估计值间的差距,即残差平方和。

本章以前文中因子分析得出的贡献度排序,依次加入指标进行回归分析,回归模型如下:

$$y=\beta_0+\beta_1x_1+\beta_2x_2+\cdots+\beta_nx_n+\varepsilon$$

以无锡市的数据为例,给出计算结果,见表 5-3。

表 5-3　　AIC 准则结果

依次选取指标数量	AIC 值	拟合函数及 R^2 值
1	4.721 8	$y=0.549x+1.7653, R^2=0.32$
2	4.519 4	$y=0.524x_1+0.316x_2+0.8434, R^2=0.89$
3	6.312 1	$y=0.504x_1+0.325x_2+0.127x_3+0.6945, R^2=0.91$

可见当选取两个金融指标时最适合，同样的方法计算其余各市，发现平均最优选取指标数为两个。选取的指标依次是农业资本产出效率和储蓄投资转化率。说明这两个指标足以可以反映该地区的金融发展状况，而储蓄率可以不纳入考虑。

事实上，上述指标的选取也是符合金融意义的，根据 Harrod-Domar 经济增长模型可知：

$$g=\frac{\mathrm{d}Y}{Y}=\frac{\mathrm{d}Y}{\mathrm{d}K}\cdot\frac{\mathrm{d}K}{Y}=\frac{\mathrm{d}Y}{\mathrm{d}K}\cdot\frac{I}{Y}=\frac{\mathrm{d}Y}{\mathrm{d}K}\cdot\frac{\theta S}{Y}=K\theta S$$

其中：g 表示的是经济增长率；Y 表示收入；I 表示投资；S 表示储蓄；k 表示资本产出效率；θ 表示投资储蓄的转化率。上式得出的结果表示经济增长与资本产出效率、投资储蓄之间的关系。另外，经济增长率可以用农村收入来代替，这就符合了前文所建的回归模型：

$$g=\beta_0+\beta_1 x_1+\beta_2 x_2+\varepsilon,\quad x_1=LDR,\quad x_2=I/GDP$$

由此可见，数据分析与金融模型契合，该回归分析具有现实意义，可用于实证研究。本书没有采用农村地区生产总值增长率，而是使用农村人均纯收入增长率 y 来衡量农村经济增长，是由于农村地区生产总值并不能有效地反映农村金融发展和农村经济增长之间的联系；而促进农民增收则是解决“三农”问题中农民问题的必然选择，因此用农村人均纯收入增长率 y 来反映农村经济增长更具有现实意义。

三、基于分形理论的农村金融空间分异研究

本书通过 Ifind、Wind 数据库查询江苏省各市统计年鉴，进而收集、整理相关数据，基于数据的可得性，选择县域相关数据近似的取代农村金融发展数据，同时利用 Matlab 进行编程计算。数据处理后，先进行横向分析，计算出各市的分形维数来判断各地的农村金融发展水平，共划分出三类地区，发达地区，较发达地区，欠发达地区；再从纵向出发，计算各年的分形维数，来讨论江苏农村金融的发展方向。

在处理数据时如果发现某年数据与其余各年数据差距超过三个标准差范围，即认为是异常值，通过插值替换该年数据。

（一）横向比较

首先，计算各市2010～2014年*LDR*、*I*/*GDP*、农村人均收入增长率的平均值，见表5-4与表5-5。

表5-4　　农村人均收入与*LDR*、*I*/*GDP*的分形函数

地区	城市	*LDR*分形模型	*I*/*GDP*分形模型
苏南	苏州	$y=0.031x^{1.242}$	$y=0.021x^{0.501}$
	无锡	$y=0.027x^{1.152}$	$y=0.045x^{0.557}$
	常州	$y=0.025x^{0.975}$	$y=0.048x^{0.862}$
	镇江	$y=0.024x^{0.926}$	$y=0.049x^{0.851}$
	南京	$y=0.026x^{1.097}$	$y=0.046x^{0.541}$
苏中	南通	$y=0.023x^{0.917}$	$y=0.066x^{0.857}$
	扬州	$y=0.022x^{0.912}$	$y=0.061x^{0.818}$
	泰州	$y=0.047x^{0.319}$	$y=0.079x^{0.202}$
苏北	徐州	$y=0.023x^{0.975}$	$y=0.053x^{0.812}$
	盐城	$y=0.026x^{0.447}$	$y=0.071x^{0.196}$
	宿迁	$y=0.048x^{0.481}$	$y=0.121x^{0.271}$

表5-5　　农民人均纯收入增长与*LDR*、*I*/*GDP*的分形维数

地区	城市	*LRD*与农民收入增长关系的分形维数		*I*/*GPP*与农民收入增长关系的分形维数	
		维数	系数（*k*）	维数	系数（*k*）
苏南	苏州	1.242	0.031	0.501	0.021
	无锡	1.152	0.027	0.557	0.045
	常州	0.975	0.025	0.862	0.048
	镇江	0.926	0.024	0.851	0.049
	南京	1.097	0.026	0.541	0.046
苏中	南通	0.917	0.023	0.857	0.066
	扬州	0.912	0.022	0.818	0.061
	泰州	0.319	0.047	0.202	0.079
苏北	徐州	0.975	0.023	0.812	0.053
	盐城	0.447	0.026	0.196	0.071
	宿迁	0.481	0.048	0.271	0.121

维数表达研究对象之间的联系，维数越大则表明研究对象间联系越复杂。本书将所得维数分为三类分别表示低、中、高三个级别，维数低于0.5，则认为其关联较为简单；维数大于0.8，则认为其关联较为复杂。

表5-4和表5-5反映出各地区农民人均纯收入增长与*LDR*、*I/GDP*的分开方函数及分形维数。储蓄向投资转化效率对整个农村经济系统的分形维数，表示农村金融中介效率的变动对农村经济增长的非线性影响。由上表可以看到关于LDR的分形维数，除了泰州、盐城、宿迁之外，其余地区的分形维数都超过0.9，可以视作发达地区；泰州、盐城、宿迁分形维数低于0.5属于欠发达地区。按照传统的江苏区域划分，发达地区主要分布于苏南、苏中地区。通过分形维数和函数形式不难发现，在各地区的分形维数存在着按地区金融发展水平逐级增高的情况。表明发达地区（苏南五市、南通、扬州、徐州）农村的金融机构效率较高，服务覆盖面较广，产品较多样化，因此农民获得农业贷款的机会、规模和满足程度都远大于其他区域；农民的融资需求在很大程度上被满足，从而促进了农业经济增长，提高了农民纯收入水平，因此发达地区农村金融中介效率对农村经济系统产生较大的积极影响。欠发达地区（泰州、盐城、宿迁）的农村金融中介效率低下，农业发展得不到来自正规金融机构的支持，"地下金融"成为大部分欠发达地区农村的融资渠道，正规金融机构的功能被削弱，大量的信息不对称现象的存在和高负担的利息成本严重阻碍了农村经济增长。因此，金融发展越好的地区，*LDR*的分形维数会越高。

表5-4和表5-5同样反映了*I/GDP*相关的分形维数。农村固定资产投资对整个农村经济系统的分形维数表示农业资本产出效率的变动对农村经济增长的非线性影响。由实证结果可知，各区域分形维数都相对较小，甚至出现发达地区小于较发达地区的现象，比如苏州市。这说明发达地区的农业固定资产投资对农民人均纯收入影响不大。一般而言，发达地区的农民对于金融需求的满足大部分来源于较完善、多样化的农村金融市场，而对农业固定资产投资依赖性较低；而较发达地区和欠发达地区还是较多地依赖政府对农业的固定资产投资，从而促进农民增收。计算结果显示，*I/GDP*的分形维数苏北最低，苏南较高，苏中最高。

*I/GDP*相关的分形维数表达了政府投资对农民收入的影响程度，较发达地区基础设施建设未完善，一些新进入市场的金融企业需要基础资金，金融机构的进一步发展与产品的更新也需要资金的支持，因此政府投资对较发达地区影响较大，所以维数高的地区都是较发达地区。至于金融发展水平低的地区，政府的投入未必能影响到居民的收入，因为该地区正规金融机构数目较少，地下金融占据大片市场，农民没有投资理财的习惯，政府的投入还处于开辟市场、建立信任，

构建金融体系的阶段，居民收入对政府投入的依赖很小，因此低维数地区金融发展水平较差。*I*/*GDP* 的分形维数显示呈倒 U 形状态，也就是说苏中较高，苏南次之，苏北最低。这表明苏中较发达可能性大，而苏南发达，苏北不发达可能性大。总体而言，各地农村金融发展水平由苏北向苏南递增；苏南的金融发展普遍较为完善；苏北除徐州外，欠发达地区较多，金融发展水平总体较低。

（二）纵向比较

由于数据收集有限，本书仅选取了 2010 到 2014 年的数据，计算出各地区的指标后按照发展水平划分取其平均值，见表 5-6。

表 5-6　　　　农民人均纯收入增长与农村金融发展指标

年份	发达地区			较发达地区			欠发达地区		
	LDR	*I*/*GDP*	增长率	*LDR*	*I*/*GDP*	增长率	*LDR*	*I*/*GDP*	增长率
2010 年	0.74	0.25	0.15	0.69	0.16	0.11	0.54	0.12	0.08
2011 年	0.75	0.22	0.12	0.72	0.17	0.12	0.55	0.14	0.07
2012 年	0.77	0.23	0.11	0.74	0.18	0.13	0.56	0.13	0.07
2013 年	0.72	0.22	0.13	0.73	0.15	0.10	0.57	0.14	0.06
2014 年	0.79	0.23	0.11	0.75	0.19	0.14	0.59	0.15	0.06

分别计算储蓄投资转化率与农村人均收入增长率的分形维数以及农业固定资产投资的效率与农村人均收入增长率的分形维数. 相关纵向分形维数结果见表 5-7。

表 5-7　　　　纵向分形维数结果

LDR 相关维数 \ 年份 / 地区	2010 年	2011 年	2012 年	2013 年	2014 年
发达地区	0.983	1.095	1.196	1.278	1.372
较发达地区	0.861	0.892	0.938	0.977	1.031
欠发达地区	0.704	0.766	0.782	0.806	0.827
I/*GDP* 相关维数 \ 年份 / 地区	2010 年	2011 年	2012 年	2013 年	2014 年
发达地区	0.282	0.275	0.251	0.241	0.205
较发达地区	0.351	0.362	0.377	0.382	0.401
欠发达地区	0.179	0.183	0.192	0.201	0.214

表 5-7 的分形维数可以很好地说明储蓄投资转化率、农业固定资产投资的效率与农村人均收入之间的非线性关系。由此看出，江苏省发达、较发达以及欠发达地区农村金融的大体发展趋势。将分形维数计算结果画成折线图，见图 5-4 与图 5-5。

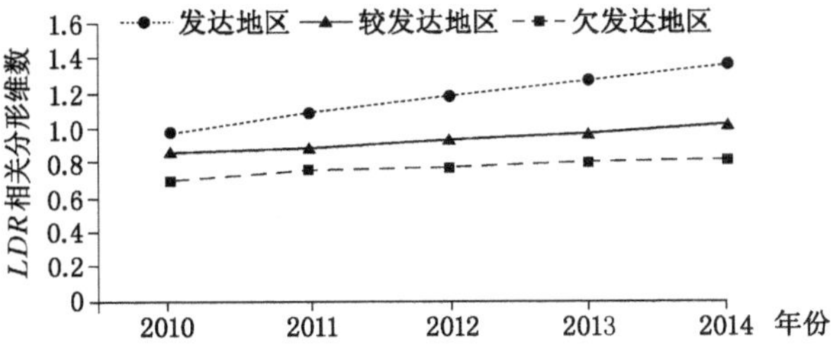

图 5-4　*LDR* 相关分形维数发展趋势图

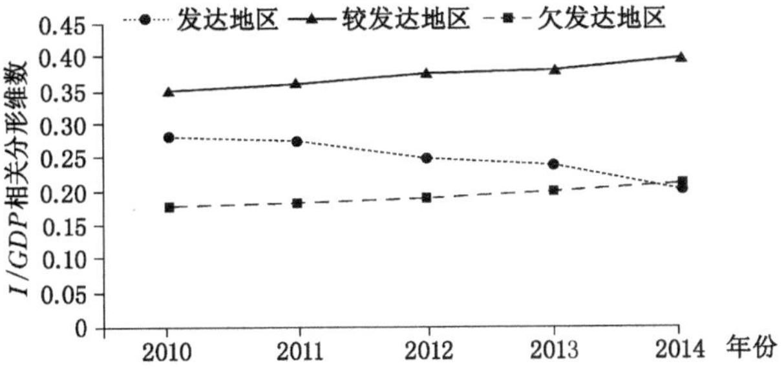

图 5-5　*I/GDP* 相关分形维数发展趋势图

发达地区分形维数呈增长趋势，表明发达地区农村金融发展水平较高，金融产业覆盖面广，农民乐于参与储蓄投资以及有更多机会参与贷款；而较发达与欠发达地区的增长趋势较为缓慢，表明其农村金融发展水平仍有待提高，金融产业覆盖面较小，可供选择的金融产品也较少，一定程度上抑制了当地金融的发展速度，且“地下金融”发展更是造成了信息不对称以及高利息的情况，阻碍了农村金融发展。

从图 5-5 可以看出，发达地区近年农业固定资产投资的效率有所降低，也就是说这些地区的金融发展已较为完善，对政府资金的投入需求不大，正在逐步减少对政府的依赖；而较发达与欠发达地区的农民收入与政府投入有很大关系，由于欠发达地区金融发展薄弱，“地下金融”盛行，与政府及正规金融机构联系较弱，且随着时间的推进，其对政府投入的依赖也逐年上升，到达较发达水平之后便处于依赖性最高的阶段，后随着金融体系的完善，对政府的依赖逐渐降低。

（三）模型检验

本书使用相关性检验来验证上述自变量与因变量之间的关系来与分形维数比较。Pearson 相关系数是常用的一种相关性检验方式。在此就用其寻找自变量与因变量间的线性关系。前文已经说过，由于现实世界中多数现象并不满足完全线性关系，而线性关系只能大体表现其规律。分形理论是将区域金融分异的研究带入非线性的领域，但这种理论是否与原有的线性方面的理论接近，正是本书做检验的目的。由于前人做过大量的实证分析，可以证明线性领域的分析得出的结论是贴近现实的，如果检验结果显示接近，那么可以说明分形理论是符合现实的。P 值计算结果在[−1,1]的范围内，其计算公式如下：

$$P=\frac{N\sum x_iy_i-\sum x_i\sum y_i}{\sqrt{N\sum x_i^2-\left(\sum x_i\right)^2}\sqrt{N\sum y_i^2-\left(\sum y_i\right)^2}}$$

其中，x 和 y 分别表示对应两组分析对象即因变量与自变量的数据序列；N 为样本的个数；P 的绝对值越大，相关性则越强。

通过 SPSS 计算可以得出相关性结果，表 5-8 给出每个城市自变量与因变量的 P 值与分维维数对比。

表 5-8　相关性分析结果

地区	城市	关于 LDR 的相关性	关于 I/GDP 的相关性
苏南	苏州	0.954	0.547
	无锡	0.941	0.601
	常州	0.824	0.843
	镇江	0.813	0.831
	南京	0.937	0.561
苏中	南通	0.809	0.837
	扬州	0.807	0.829
苏北	徐州	0.819	0.824
	盐城	0.507	0.396
	泰州	0.401	0.406
	宿迁	0.517	0.468

为了检验相关性分析的结果和分维结果是否一致，本书使用 T 检验来检验其一致性。在检验之前，先对两组数据进行标准化处理以消除其绝对大小的差

别，仅考虑数据内部的相对差别。标准化处理前文已出现过，转化为 Z 分数正好满足正态分布，接着进行 T 检验，公式如下：

$$t=\frac{\overline{X}_1-\overline{X}_2}{\sqrt{\frac{(n_1-1)S_1^2+(n_2-1)S_2^2}{n_1+n_2-2}\left(\frac{1}{n_1}+\frac{1}{n_2}\right)}}$$

其中：$\overline{X}$ 表示样本平均值；S^2 表示方差；n_1，n_2 表示样本容量。

通过 SPSS 可得出一致性检验的结果，见表 5-9。

表 5-9　　一致性检验结果

检验结果	关于 *LDR* 的分形模型	关于 *I/GDP* 的分形模型
T	−2.897	2.209
P	0.016	0.052

结果显示存在显著一致性，说明本书所使用的分形理论相关模型用于江苏农村金融空间分异的实证研究有实际意义。

四、结论与启示

从空间来看，江苏省农村金融的空间发展不均衡，苏南农村金融发展较好，苏中其次，苏北发展欠优。依据其分形维数，*LDR* 相关维数极高，而 *I/GDP* 相关维数较低，可视作发达地区；*LDR* 相关维数较高，而 *I/GDP* 相关维数极高，可视作较发达地区；两项维数均低，则为欠发达地区。发达地区有南京市、无锡市、苏州市，较发达地区有徐州市、扬州市、南通市、镇江市、常州市，欠发达地区有宿迁市、泰州市、盐城市。

从时间来看，江苏农村金融发展在所调查的时间段内均处于正发展模式。经过对 *LDR* 相关分形维数计算可以看出，江苏各地区储蓄投资转化率与人均收入的联系在逐年上升，各地的农村金融产业处于发展与优化阶段。对于发达地区，农村金融产业发展水平较高，各类金融机构基本成型，也具有众多金融产品，居民信任度高，因此发展较快。对于较发达地区，各类金融机构未完全完成部署，能够选择的各类金融产品比发达地区少，但是由于其市场广阔，新生客户数量较多，所以其增长较快。欠发达地区，虽有广阔的金融市场，但是由于其各类正规金融机构较少，产品不全面，导致很多客户被“地下金融”市场占领，要发展农村金融仍存在困难，因此发展速度较缓。

对 *I/GDP* 相关的分形维数计算可以看出，发达地区已形成较为完善的金融体系，对政府投入的依赖从原先的高水平逐年下降；而较发达地区农村金融发展对政府依赖正在逐年增长且速度较快，该地区需要政府投入资金以谋求进一步发展，并逐步完善金融体系。欠发达地区对政府依赖还不高，由于这些地区“地下金融”盛行，政府的宏观控制作用不明显，金融机构发展较弱，居民的信任程度不足，导致该地区对政府投入的依赖性增长较慢，且保持低依赖状态。

总体来看，江苏省农村金融供需差别较大，区域间的供需结构不平衡，并且农村金融对“三农”的服务功能也出现差异，不同区域内的融资需求表现得不一致，高低差别分化。相对来讲，处于发达地区的农村金融需求具有多样性、需求高的特征，农村金融对此的供给空间较大，整个农村金融系统稳健，功能发挥很好，而与之相对的欠发达区域表现出不一样的效果，供需之间的矛盾在加剧，金融服务功能有待改善。

总之，江苏省农村经济发展过程中对金融的依赖性较强，这一区域内呈现出多种经济发展水平；区域间农村金融发展不均衡，同一区域内农村金融发展也不具有线性发展规律。所以，面对具体情况要采用因地制宜的方式进行准确分析和研究。江苏省农村金融发展的空间分异是我国农村经济与金融发展分异的一个缩影和典型代表。针对江苏省这一地区生产力布局极不平衡、经济发展呈现明显区域化特征的省份的研究，对于我国缩小地区发展差距，促进区域金融协调发展具有普遍的指导意义。

对江苏省农村金融发展空间分异的分形评价工作给未来我国农村金融发展与改革提供了参考。从区域来看，金融发展的措施应因地制宜，对于不同地区采取的方式也应有所差别。① 对于发达地区，由于其金融体系已构成，基础设施也较为完善，下一步的目标应该着手于服务、产品优化与创新上，对于不同的客户量身定制出不同的金融服务以满足农户多样化的需求。② 对于较发达地区，由于其处于发展阶段，要以贷款等基本业务为主，打好基础，稳定市场的主导地位，借助政府的投资进一步完善金融体系，建立多样化的金融机构，推出多种金融产品，帮助农民脱贫致富。③ 对于欠发达地区，则要从规范抓起，从农民的信任开始，要提升正规金融机构的市场竞争优势，治理“地下金融”；从农村商业银行、农村信用社、农业政策性银行开始，建立多层次、广覆盖的金融体系，有规划、有重点地逐步推进，并提出相关的优惠政策；吸引民间投资加入，将原本的“地下金融”正规化、系统化；加大宣传力度，普及金融知识，构建竞争机制。

第六章

我国农村金融发展的空间分异：微观需求及非正规制度

本书分别在第四章与第五章就我国农村金融发展空间分异的形成机制、影响因素进行了理论分析，并基于空间数据分析、GIS技术以及分形理论进行了空间分异的实证研究。事实上，农村空间分异的形成终究要归结到由于区域经济空间分异而导致的农村微观主体的金融需求差异，农村家庭金融资产的分布、农民借贷行为、社会网络对农户借贷都会产生一定的影响。信贷约束是发展中国家农村地区的普遍现象。据中国社会科学院发布的《中国"三农"互联网金融发展报告(2016)》数据显示，目前我国"三农"金融缺口高达3.05万亿元，只有27%的农户能从正规渠道获得贷款，40%以上有金融需求的农户难以获得贷款。由于存在明显的信息不对称，加之缺乏合适的金融产品和信贷技术，正规金融机构通常难以有效甄别农户，为控制信贷风险，往往附加诸多限制，导致相当一部分农户的正常信贷需求无法满足；农村非正规金融机构由于具有地域、人际关系、形式灵活等优势，成为部分农户信贷需求的现实选择。自从Bourdieu、Coleman和Putnam等人先后提出并发展了社会资本概念以来，社会资本在经济发展尤其在农村发展中的作用日益得到重视。许多研究发现社会资本能够在减少贫困或改善收入分布方面发挥作用。作为一种非正规制度，社会资本在解决农户信贷约束方面同样起着重要载体的作用。基于此，本书将从农村家庭金融资产的分布和社会资本对农民借贷行为的影响两方面对农村金融空间分异进一步分析。

第一节　农村家庭金融资产配置的区域比较

改革开放以来，随着经济的不断发展和社会的转型，中国家庭人均收入水平得到了显著的提高。在收入增加的同时，随着普惠金融体系的建设和推广以及互联网金融的迅猛发展，中国家庭的投资理财意识在不断增强，有关家庭金融理财的相关知识也在逐步普及，所以越来越多的家庭开始关注资本市场产品、注重金融资产选择的多样化，开始在保证资产安全的同时追求更高的投资回报率，有意识地去寻求在资产安全性、流动性和收益性之间的平衡点。这种发展趋势是普惠金融发展的必然结果。2016 年 6 月，北京大学中国社会科学调查中心(Institute of Social Science Survey，ISSS)发布了 2014 年中国家庭追踪调查(China Family Panel Studies，CFPS)的调查数据，其中也调查了样本家庭的资产与投资情况。通过对比、分析 2012 年和 2014 年的 CFPS 数据，可以清晰地看到中国近几年的家庭资产变化的趋势(见图 6-1)。

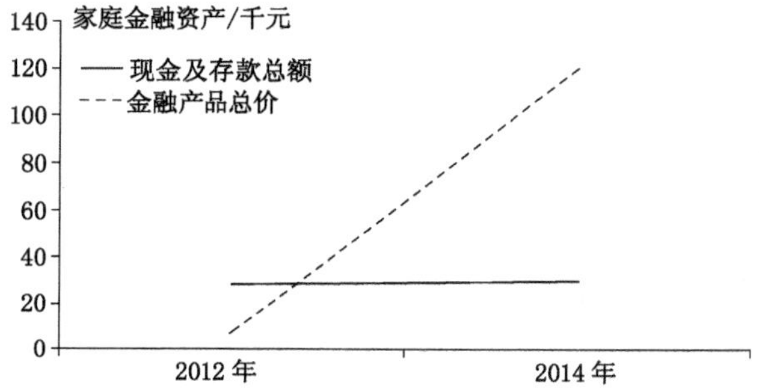

图 6-1　不同年份家庭金融资产情况

数据来源：CFPS2012 年数据和 CFPS2014 年数据。

从 2012 年到 2014 年，家庭现金及存款总额的平均值从 28 377 元增加到 29 931 元，增加幅度并不大。但是，金融产品总价从 7 709 元逐渐增加到 120 237 元，增加了将近 16 倍。导致这种趋势的原因是多方面的，其中一个重要原因是家庭在金融理财上出现了一个觉醒时期。社会上包括互联网金融在内的各种金融服务层出不穷，中国家庭在买房、买车之后很重要的投资就是购买金融产品和服务。当然，这种微观层面上的变化背后，有宏观的经济、社会、人口、科技等因素。诸如经济结构调整、老年化、人口红利的消失、科技进步等因素，都在有意无意中推动家庭资产的金融化。在这些因素的作用下，在微观层面，一些居民的财富已从传统的存款账户以及房地产投资中转移到新的金融资产账户中来。

由于历史的原因以及地区之间的经济与社会发展差距，家庭资产金融化在不同地区的发展存在一定的差距。从东部到中部、西部，金融发展水平存在着明显的不平衡，呈现出阶梯式递减的特征。对于一个具有辽阔国土面积的大国来说，这是经济发展特定阶段必然存在的现象。具体来看 2014 年，① 在家庭现金及存款总额方面，东部依次大于中部、西部。其中，东部地区和中部地区所有家庭的平均值高于全国平均值，西部地区家庭的平均值低于全国平均值。东部地区家庭的平均值为 52 213 元；中部地区家庭的平均值为 30 850 元；西部地区家庭的平均值为 17 629 元。② 在金融产品总价方面，从东部到西部依然呈现递减趋势，其中东部地区家庭购买的金融产品价值的平均值超过了全国家庭的平均值，中西部地区家庭均低于全国家庭的平均值。东部地区家庭的平均值为 141 550 元，中部地区家庭的平均值为 84 682 元，西部地区家庭的平均值为 62 167 元。由于经济、社会与金融发展总体水平相对较低，在中西部地区，家庭资产金融化面临着比东部发达地区更多的障碍，中西部地区在金融资源方面相对也比较缺乏。分区域家庭金融资产情况，见表 6-1。

表 6-1　分区域家庭金融资产情况　单位：千元

地区	家庭现金及存款总额	金融产品总价	合计
东部	52.2	141.6	193.8
中部	30.9	84.7	115.6
西部	17.6	62.2	79.8
全国	29.9	120.2	150.1

资料来源：CFPS2014 年数据。

由于农村金融发展水平仍然落后于城市金融发展水平，所以城乡差异依然在金融投入、金融制度建设、金融机构分布、金融业务普及等方面存在差异。目前，农民首选的金融资产是银行储蓄，这是因为金融市场上可供选择的金融工具种类虽然很多，但是大多金融服务具有明显的针对性，也有一定的门槛，城市地区的家庭居民比较受欢迎。2014 年中国家庭全部金融资产平均为 150 168 元；其中农村家庭中的现金及存款总额平均为 22 415 元，而金融产品总价的平均数为37 205 元，这类家庭的全部金融资产平均为 52 620 千元；非农村家庭中的现金及存款总额平均为 50 460 元，是农村家庭的 3.13 倍，金融产品的总价的平均数为 126 116 元，是农村家庭的 3.39 倍，非农村家庭中全部金融资产为 176 576 元，超过了全国家庭的平均值。由于农民传统观念、农村金融市场滞后等原因，农民的理财形式过于单一，家庭收入除了正常合理的消费以外，所拥有的金融产品较少，主要是储蓄这一种形式，这就造成了在金融产品购买上与非农村家庭具有了显著的差异。当然，除了资金的限制之外，观念上的限制也是存在的。由于金融知识在农村的普及程度远低于城市，因此，在金融参与上农民往往更加保守，宁愿把钱放在银行也不愿意拿出来投资于高风险、高收益的金融产品，结果是拿着一点点的利息，把活钱变成了死钱。这说明，在推动家庭资产金融化的过程中，需要加强对广大农村地区的金融知识的传播和培训，使广大农民了解和掌握更多的投资理财知识，才能够更多地参与到金融活动中来。城乡家庭金融资产比较，见表6-2。

表6-2　城乡家庭金融资产比较　单位：千元

项目	家庭现金及存款总额	金融产品总价	合计
农业家庭	22.4	37.2	59.6
非农业家庭	50.5	126.1	176.6
全国	29.9	120.2	150.1

资料来源：CFPS2014年数据。

2010年，西南财经大学中国家庭金融调查与研究中心在全国开展抽样调查项目，收集有关家庭金融微观层次的相关信息，为相关问题的学术研究及政策提供参考，在国内外享有较高声誉。近年来，很多学者以CHFS数据为依据，分析影响我国家庭金融资产的配置因素。顾佳峰指出，尽管目前对居民家庭金融资产配置的研究很多，但对农村家庭金融的研究较少，农村家庭仍然是中国资产金融化的“洼地”。本书将通过对近些年的学者研究成果进行梳理，以我国东、中、西部地区农村家庭的金融投资数据为样本，对农村家庭金融资产配置进行区域比较和实证分析，从农村家庭金融角度分析农村金融发展的空间分异。

一、文献综述

从20世纪60年代开始，国外学者就开始探讨家庭金融资产配置的相关问题，并形成了家庭金融这一研究方向。西方发达国家较早地建立了关于家庭金融资产调查的数据库，因此，国外学者多是从微观数据方面来研究居民家庭投资的，主要从两个方面展开：一是研究家庭收入、人口特征和生命周期等因素对家庭金融资产选择的影响；二是研究风险偏好、投资情绪和社会预期等因素对其的影响。Heaton和Lucas把工资机制纳入研究中，发现居民家庭的工资收入和股票收益之间存在很高的正向相关性，并且存在较高背景风险的家庭对股票等高风险资产的投资较少。Iwaisako通过对日本居民家庭的研究发现，家庭对股票的投资比例在整个工作时间中增长，但在退休后呈下降趋势。Agnew、Iwaisako、Shum和Faig等人在研究中考虑到了性别、婚姻、受教育程度等因素，并且从投资偏好、情绪等方面对于家庭在不同金融资产“有限参与”的状况进行了解释。Guiso、Sapienza和Zingales三人在研究中发现，对金融机构、社会等信任度较高的家庭更愿意投资风险资产。

魏先华于 2014 年以奥尔多投资研究中心的调查数据为基础、以结构方程模型为分析工具，对我国居民家庭的金融资产配置行为进行了研究，从替代效应、生命周期效应、财富效应以及住房投资的挤出效应等多方面分析了影响我国居民家庭金融资产配置的因素。实证结果证明了：以上效应在我国均在一定程度上存在；家庭的资产比收入对金融资产配置有更为显著的影响；家庭所在区域、居民对社会的信任度与满意度对居民的金融资产配置均有显著影响。

余关元于 2015 年分析了 2011 年 CHFS 的微观调查数据，发现东部与中西部区域的家庭金融资产配置存在巨大差异。通过 Probit 模型作进一步分析发现，无论是东部区域还是中西部区域，是否参加社保和医保对风险金融资产投资概率的影响远远大于其他因素；中西部家庭收入对风险资产投资概率的贡献率远大于东部；东部教育对风险资产投资的贡献率远大于中西部。

杜朝运于 2016 年基于 CHFS2011 年的数据，利用加权夏普比率这一代理变量，研究了中国居民家庭金融资产配置有效性的影响因素。通过 Tobit 回归模型估计，发现金融资产的种类、地域差异、城市户口家庭、受教育程度以及富裕程度与家庭金融资产配置有效性显著正相关；户主的风险厌恶度以及从事经营活动与家庭金融资产配置有效性显著负相关；户主年龄和居民家庭金融资产配置的有效性之间呈现先增加后减少的倒 U 形关系。另外，研究还发现，经过一轮完整的经济周期，股票的夏普比率要低于其他风险金融资产，这可能是由于中国股市的波动率较大所致。进一步提高居民家庭收入、加强居民的教育工作以及发展健康稳定的金融市场，将会促进中国居民家庭金融资产配置的有效性。

王晓青于 2017 年基于 CHFS 数据，考察社会网络对农村家庭民间借出这一金融资产选择行为的影响。研究发现，家庭社会网络关系越强，越有助于降低借出风险；收入越低的农村家庭，社会网络对其民间借出行为的正向效应越显著；社会网络对农村家庭民间借出行为的作用随着收入的提高、正规金融的发展而逐步减弱。

围绕农村家庭金融资产配置的影响因素，国内外学者进行了较为系统的研究。

（一）生命周期

美国学者格里克于 1947 年通过研究得到比较完整的家庭生命周期理论，把家庭生命周期分为青年单身期、家庭形成期、子女教育期、家庭成熟期、退休养老期。每个时期的居民对家庭资产配置都有不同的影响，且每个阶段的特点都存在差异。1992 年 Bodie、Mertonh 和 Samuelsonn 在对于影响家庭金融资产配置方面提出了生命周期理论，并表明随着年龄的不断增长，收入不断减少，人们更加愿意选择类似储蓄存款等低风险、低收入的金融投资方式。我国学者余关元认为，随着年龄不断老化，户主风险偏好下降，不愿意投资太多的高风险金融资产。刘茂彬、周月书和曹晨等人一致认为生命周期对与家庭金融资产的影响都呈倒U形，从青年到中年是愿意投资多元化、高风险金融资产，再到老年期的时候则呈现相反的意愿。

（二）家庭收入与家庭财富

投资者在选择资产进行投资的时候，往往会受家庭收入与家庭总财富的影响。大部分学者认为，一个家庭收入与财富越多，则金融市场参与率越高，其越愿意投资不同的金融资产与高风险、高收益的资产，呈现一个上升趋势。张屹山、余关元和贺静认为东部、中部、西部地区家庭的收入水平对是否投资风险性金融资产呈现显著性正相关，且认为一个家庭的收入与财富越多，金融市场参与率越高，越愿意投资不同的金融资产与高风险、高收益的产品。王书华认为，家庭金融资产配置的不断优化，有利于减少居民收入与财富差异，增加居民收入。

（三）受教育水平

大部分研究表明，投资者的受教育水平与是否持有风险性金融资产之间呈现正相关的关系。余关元认为户主的文化水平越高，所接受的金融知识越丰富，则越容易投资风险金融资产；东部地区受教育水平高于中部和西部地区，东部地区投资者对于金融资产配置的需求高于中部、西部地区，东部地区参与金融市场的人数也远远多于中部、西部地区。Heaton、葛洪申和杨光伟的研究均认为教育水平较低的投资者容易盲目跟风，一般会选择低风险的金融资产，文化水平较高的投资者会仔细分析金融资产特征，尽量规避投资时产生的风险，会选择合理的产品进行投资。

（四）区域差异

不同地区的农村家庭资产配置选择各不相同，根据当地经济发展情况和各方面的影响因素，投资者倾向点各不相同。张珂珂的研究认为，西部地区农村居民银行存款高于东部、中部地区，三个地区的居民家庭现金资产占比的差距不大，金融风险资产在东部地区投资者中稍多一些，高于中部、西部地区。徐展锋认为，江西省农村居民大多数金融资金存入银行定期存款；12.79%的居民人均金融资产用于民间融资借贷，并逐年有扩大趋势；农村居民多数投资医疗保险；对于股票、国债的投资少之又少；偏好家庭现金的持有。吴丹丹的研究认为，江苏、安徽两省的农村居民在进行家庭金融资产配置时比较注重商业银行储蓄存款，家中存放的现金较少，债券、股票投资数额较少，投资的保险金额处于上升的趋势。龚贺认为，有接近一半的徐州市农村居民投资银行的保险业务；每个人都拥有银行储蓄存款；基金投资率是10%；股票占据金融资产的比例稍微高一些，为12%。

（五）其他因素

张晓娇的研究认为，一个风险偏好型的家庭愿意参加各类金融资产的投资；相反，风险厌恶型的家庭则不愿意投资高风险的金融资产，金融资产参与率较低。贺静认为在经济较为发达的东部地区，投资者往往是风险偏好型，对风险意识的敏感度较高，而中部、西部地区投资者敏感度相对较低。胡振的研究认为，在进行家庭金融资产配置的时候，健康状况较差的家庭的投资低于健康状况好的家庭；东部区域的社会保障制度和医疗条件高于中部、西部地区，中部、西部的金融资产投资比重低于东部地区。谭珊珊的研究认为，不同地区的社会保障制度对不同经济层次的居民家庭资产配置有不同的影响，社会保障收入越高的家庭对金融资产配置作用越大。李昂的研究认为，社会养老保险对家庭金融资产配置合理化和投资风险性金融资产具有促进作用，并且存在生命周期性。

二、农村家庭金融资产选择行为的影响因素

家庭金融资产可以用于家庭日常生活支出、金融资产投资，满足居民生活需求，为家庭带来投资收益，主要包括银行存款、现金、债券、国债、股票、基金等金融产品。

（一）农村家庭资产特征

1. 农村家庭金融资产数量

一般情况下，一个家庭的金融总资产越多，其家庭就越富裕。较富裕的家庭抗压能力和风险承受能力较高。一定数额的金钱损失对较富裕家庭的打击和影响较小，但对贫困家庭的影响较大。富裕家庭在保障家庭开支需求和稳定的金融资产的情况下，会选择不同的渠道进行资金投资，投资结构多样化可以提高金融资产数量。与此同时，富裕家庭的投资偏好动机加大。相反，金融资产较少的家庭为了保障资金的安全性，会将除了生活开支之外的钱大部分存入银行，或者是购买安全性较高的投资产品。

2. 农村居民住房

农村家庭购买房屋主要是为了满足住房需求，也是进行金融资产投资的一种方式。近几年，中国房价一直呈现上涨的趋势。一方面，对于需要购房的居民来说，买房是一笔很大的开销，需要大量的家庭资产，这样会降低购买其他金融资产的可能性和动机。另一方面，房价高就会导致房产的价值变大，对于有房的居民来说，会拥有更多的资金去进行家庭资产配置，其居民安全感同时也大大提高。

3. 农村家庭收入水平

居民收入水平是居民各种来源取得的现期收入总和，居民收入水平直接决定消费者购买力水平，收入水平高，则购买力强；反之，则弱。购买力不只是消费购买力，还包括金融资产投资配置的选择权。居民收入水平具有两面性的特征和作用。一方面，随着农村居民家庭收入的不断提高，居民可以持有的并且支配投资的资产也不断增长，同时居民抗压能力加强，可承受风险的能力得到提高，更能够、更愿意通过多渠道的方式进行家庭资产投资配置。一般而言，收入高的人往往在学习和工作上也比较优秀，这方面的优势能够为他们提供多种安全的投资方式，更好地进行选择；相反，收入较低的农村居民进行资产投资配置时首先考虑的是资金是否安全，担心资金是否亏损，往往会选择将资金存放在银行。另一方面，风险随着收入水平的增加也在提高，高收入的农村家庭能不能保持着一定数额的收入也是一个问题，这也是他们进行资产配置时的一个考虑因素。

（二）投资者特征

1. 年龄

由于年龄的差异性，处于不同年龄阶段的受访者，他们的投资观念、经济收入水平、对未来的预期态度、投资理财经验、选择方向都是不同的，所考虑的因素也是不同的。其中，一部分人看重金融资产收益性，另一部分人则看重金融资产的安全性。如果投资者是刚刚步入社会的年轻人，工资收入水平较低，除去维持自己日常生活的开支外，所剩积蓄无几。此时，可以选择投资的渠道就比较窄，可供选择的金融产品也比较少，自己的投资偏好不强，所剩的积蓄大多数都是自己积攒起来存在银行。如果投资者是已经在社会中奋斗多年的中年人，此时手中有一些积蓄，经济收入提高，也没有房贷、车贷的压力，承担风险的能力提高，对金融资产配置的理念和需求也加强了，他们更愿意参与金融市场的投资，投资渠道也趋于多元化。如果投资者是老年人，家庭收入低，所得的收入不仅要满足日常生活需要，同时要承担养老、医疗的负担，这个年龄阶段的人承受风险能力下降、投资意愿不足，投资的时候往往更为谨慎，考虑的因素大多是安全性。所以年龄对金融资产投资的影响，是从低到高再到低的倒 U 形趋势。

2. 户主性别

根据调查结果显示，男女性别的差异往往会导致居民家庭资产配置方式不同，金融资产的种类也不同。众多研究表明，在股票、债券市场投资方面，通常男性占据大部分市场，而男性在选择金融产品方面的结构也更加多元化。相反，女性居民的选择大多是比较安全、收益比较稳定的金融产品和合适的投资渠道。

3. 婚姻状况

受访者是否已婚对家庭资产的配置和金融产品的选择也有所不同。对于已婚的居民，如果双方都是高收入的人群，那么家庭金融总资产就相对较高，经济负担较小，在稳定家庭开销情况下，同时参加金融市场的可能性加大，抗风险能力较强；如果已婚者经济收入较低，需要承担日常家庭支出、子女教育、父母赡养等方面的压力，经济负担比较大，在进行家庭资产配置的时候往往会比较稳定和谨慎，大多选择低风险、收益稳定的投资渠道。未婚的受访者对于投资方面的选择也是要根据收入的高低来决定的。

4．风险意识

在居民进行家庭金融资产配置的时候，风险意识对其选择影响重大，抗压能力小的投资者在进行金融资产配置的时候往往考虑的是资产的安全性，会选择安全性高、稳定的金融产品，由于其承受风险能力低，故参与金融投资的渠道结构比较单一；抗压能力大、承受风险能力强的投资者往往会选择高收益的金融产品，参与金融市场的途径也较多元化。

5．户主文化程度

研究表明，家庭资产配置状况与投资者的文化程度呈现正比的关系。户主的文化程度较高，就更加容易获得一份高收益的工作。此类人群家庭资产总收入较高、抗风险能力投资观念较强、金融相关知识比较丰富，所以能够有足够的能力去分析各类金融产品的特征，考虑其风险性和收益性，进而选择适合自己的投资渠道和产品，获得相关利益。

（三）社会因素

1．经济政策

根据不同的市场经济政策，投资者会选择或适当调整投资方式。处于较稳定的经济环境时，居民投资者能够准确、及时地把握经济趋势，有利于进行金融资产配置，这表明经济状况的好坏能影响投资者的投资选择。中国人民银行在进行市场调控时，运用存款准备金制度、再贴现政策、公开市场业务等手段来影响资本市场的金融产品价格；投资者根据价格的变化来调整投资方式，选择合适的投资方式进行金融资产配置。因此，中国人民银行货币政策对家庭金融资产投资的决策有重大影响。

2．经济发展状况

区域经济发展状况对于家庭金融资产的配置有重要影响。① 经济发达的区域金融产品丰富多元化。这一地区的居民整体收入较高，抗压能力和承受风险的能力比较高，愿意进行多元化的家庭金融资产配置。② 经济发达的地区居民受教育程度比较高，所接受的金融知识和投资理财观念比较丰富，居民愿意并且有能力投资各种金融产品，通过不同的金融资产配置获得预期的利益收入。③ 经济发展落后的地区，居民整体收入状况和接受教育的状况远不如发达地区，农村家庭总资产大多用于日常生活开销、子女教育、赡养老人等方面，资产配置时承受风险能力比较低，不愿意、没有能力去选择多元化的投资方式，基本会选择银行存款这种安全性高的投资方式。

三、东中西部农村家庭金融资产配置的区域特征

表6-3、表6-4与表6-5反映了中国东部、中部和西部农村家庭各种不同金融资产和实物资产所占比重的情况。显而易见的是，不论是在金融资产、实物资产还是在总资产上，东部、中部和西部这三个区域都存在着很大的不同，差别较大，区域发展不平衡性较突出。

表6-3　　东部农村家庭金融资产配置状况

资金类别	金额/元	占金融资产比例/%	占总资产比例/%
活期存款	16 278.09	43.34	4.78
定期存款	5 480.84	14.59	1.61
股票	1 568.35	4.18	0.46
基金	507.89	1.35	0.15
现金	9 219.23	24.54	2.71
借出款	4 196.68	11.17	1.23
其他金融资产	311.82	0.83	0.09
金融资产合计	37 562.9	100	11.03
实物资产合计	302 946.75		88.97
总资产合计	340 509.65		100

数据来源：CHFS数据库中2011年的数据。

表6-4　　中部农村家庭金融资产配置状况

资金类别	金额/元	占金融资产比例/%	占总资产比例/%
活期存款	6 975.90	39.15	4.67
定期存款	4 223.25	23.70	2.83
股票	227.26	1.28	0.15
基金	25.89	0.15	0.02
现金	3 984.67	22.36	2.67
借出款	2 358.17	13.23	1.58
其他金融资产	24.62	0.13	0.02

续表 6-4

资金类别	金额/元	占金融资产比例/%	占总资产比例/%
金融资产合计	17 819.77	100	11.94
实物资产合计	131 639.28		88.06
总资产合计	149 459.05		100

数据来源：CHFS 数据库中 2011 年的数据。

表 6-5　　西部农村家庭金融资产配置状况①

资金类别	金额/元	占金融资产比例/%	占总资产比例/%
活期存款	3 272.78	35	5.08
定期存款	1 649.12	18	2.56
股票	26.39	0.30	0.04
基金	101.27	1.08	0.16
现金	2 457.42	26.00	3.81
借出款	1 832.57	19.50	2.85
其他金融资产	12.13	0.12	0.02
金融资产合计	9 351.68	100	14.52
实物资产合计	55 057.71		85.48
总资产合计	64 409.39		100

数据来源：CHFS 数据库中 2011 年的数据。

（一）银行金融资产配置状况

中部和西部地区农村家庭金融资产占据总资产比重相比东部地区而言略大一些，这其中主要的原因是活期存款和定期存款占中部地区和西部地区家庭中金融资产的主要地位，分别占家庭总资产的 7.5%和 7.64%，相比东部地区所占的 6.39%多出了 1.11%和 1.25%。这表明中部和西部地区的农村家庭居民收入较低；在进行资产配置时，其预防动机大于投资动机；由于可用来投资的资金较少，投资渠道单一，收益性较少，他们会选择将更多的家庭资产存放在银行。但是就居民手中的现金数量而言，东部地区却远远大于中部和西部地区农村家庭，主要表现为东部地区农村家庭的家庭总资产大于中部和西部地区。

① 此表中其他金融资产包括黄金、银行理财产品，实物总资产包括农机总资产、项目总资产、房屋目前价值以及汽车目前价值。

（二）资本市场金融配置状况

东部地区股票、基金、其他金融资产占金融总资产的比重比中部和西部地区高，表明东部地区的农村家庭收入较高，家庭可用于投资的资产较多，投资渠道比较广泛，具有比较强的风险承担能力。同时，东部区域家庭比其他两个区域家庭具有更强的风险偏好。基金、股票是我国现阶段金融市场具有代表性的投资产品，能够体现三个地区的金融市场发展状况和市场参与程度。显而易见的是，不管是在基金方面还是在股票方面，东部区域的农村家庭都远远高于中部区域和西部区域的农村家庭，中西部区域家庭的金融市场参与度远远落后于东部区域。

四、农村家庭金融资产配置的实证分析

（一）数据的来源

本书使用的数据来自于西南财经大学中国家庭金融调查中心 2011 年进行的 CHFS。该调查基于全国 25 个省市、80 个县区、320 个社区、8 438 个随机家庭样本，基本包含了不同地区的经济发展状况，区域特征比较明显，代表性较强。根据本书需要将这些数据分为东部、中部、西部三个区域，筛选出农村户口、大于 18 岁的样本共 9 220 个，其中某些变量缺失的数据用 0 代替。

（二）变量的选取

本书的因变量是东部、中部、西部三个区域农村家庭是否投资风险性金融资产。是否投资风险性金融产品体现了家庭金融资产配置的多元化，其中风险金融资产分为股票、基金、黄金、借出款等金融资产。如果该家庭投资一种或以上的风险金融资产，则赋值为 1；如果该家庭没有投资任何金融资产，则赋值为 0。

本书的自变量分为家庭总资产（*AssTol*）、户主性别（*Gen*）、户主年龄（*Age*）、户主文化程度（*Edu*）、家庭总收入（*Inc*）、风险意识（*Ris*）。

总的来说，农业经营毛收入、非农业收入、定期存款利息组成了一个家庭的总收入。非农业收入包括家中成员的工资收入、工商业经营收入等其他收入。根据以前各种研究得知，家庭总资产与家庭总收入与本书的因变量是否投资风险金融资产不一定为线性关系，故本书中农村家庭总资产、农村家庭收入取对数，引入变量 *Lnasstol*。同理，户主年龄取对数，引入变量 *Lnage*。受访者性别特征为虚拟变量，若受访者为男性，则变量为 1；若户主为女性，则变量为 0。户主文化程度分为未接受教育、小学、初中、高中、中专或职高、大专或高职、本科、硕士研究生、博士研究生等 9 个阶段。根据调查数据，将风险意识赋值为 1～5，将其分为高风险、略高风险、平均风险、略低风险、不愿承担风险，见表 6-6。

表 6-6　　实证模型变量说明

指标 / 解释变量	取值说明	总体预期符号
家庭总资产	取对数	+
户主性别	1＝男；0＝女	+
户主年龄(对数)	按 2011 年调查日期为准，取实际年龄的对数	—
户主文化程度	1＝未接受教育；2＝小学；3＝初中；4＝高中；5＝中专或职高；6＝大专或高职；7＝本科；8＝硕士研究生；9＝博士研究生	+
家庭总收入	取税后工资收入(包括第一、第二工作)与各项金融与非金融资产收入总和的对数	+
风险意识	1＝高风险；2＝略高风险；3＝平均风险；4＝略低风险；5＝不愿承担风险	—

（三）模型的建立

本书研究的主要目的是不同地区农村家庭的金融资产配置状况。为了研究便利性，将所需要的 CHFS 调查数据分为东部、中部、西部三部分，建立 Probit 模型，合理有序地分析三个区域农村家庭的风险金融资产配置状况，关注不同的地区农村家庭选择投资风险性金融资产时不同的敏感变量，模型如下：

$$RisFin(i)=\alpha_{i0}+\alpha_{i1}AssTol+\alpha_{i2}Gen+\alpha_{i3}Age+\alpha_{i4}Edu+\alpha_{i5}Inc+\alpha_{i6}Ris+\varepsilon \tag{6-1}$$

其中：$i=1,2,3,4$。1 代表全国，2 代表东部，3 代表中部，4 代表西部。按照如表 6-6 所示的变量进行计量分析。

因为本书研究的因变量数据为离散型数据，而传统的线性模型不能恰当的解释离散型数据，故构建 Probit 模型来分析东部、中部、西部区域家庭是否投资风险性金融资产。Probit 模型是一个非线性回归模型，模型实证结果所得到的系数不能完全代表对所研究的因变量的解释程度，应根据符号判断其解释程度，因变量由于自变量的变化引起某种结果可能性的增大或减少。

（四）模型回归结果

模型回归结果，见表 6-7 与表 6-8。

表 6-7　　全国农村家庭风险金融资产持有情况的实证分析结果

解释变量	总样本	
	系数	Z 值
家庭总收入	−0.004 1	−1.00
户主性别	−0.034 2	−0.91

续表 6-7

解释变量	总样本	
	系数	Z 值
户主年龄	−0.020 8	−11.75
户主文化水平	0.074 9***	4.37
户主风险意识	−0.107 2***	−7.49
家庭总资产	0.230 3***	29.93

注：*** 表示在 1%水平上显著相关；** 表示在 5%水平上显著相关；* 表示在 10%水平上显著相关。

表 6-8　东部、中部、西部农村家庭风险金融资产持有情况的实证分析结果

解释变量	东部		中部		西部	
	系数	Z 值	系数	Z 值	系数	Z 值
家庭总收入	−0.009 6	−1.51	0.017 8**	2.28	−0.019 6*	−1.69
户主性别	−0.061 7	−1.09	−0.069	−1.13	−0.104 6	0.03
户主年龄	0.103 7	1.21	−0.009 8	0.10	−0.093 1	−0.66
户主文化水平	0.112 8***	4.50	0.074 1***	2.57	0.001 5	0.03
户主风险意识	−0.142 8***	−6.52	−0.093 2***	−3.85	−0.048 5	−1.48
家庭总资产	0.194 7***	18.64	0.269 6***	18.63	0.302 2***	13.96

注：*** 表示在 1%水平上显著相关；** 表示在 5%水平上显著相关；* 表示在 10%水平上显著相关。

在 1%的显著性水平下，户主文化水平对因变量的估计系数为 0.074 9，这说明受教育水平对全国农村家庭金融资产配置起着重要作用。文化水平对投资者是否拥有风险资产呈现显著性正相关，接受的教育越多、越广泛，就越能够更好地进行金融资产配置，投资更加多元化，同时更愿意承担风险。户主的风险意识对因变量的估计系数为−0.107 2，显著性水平为 1%，说明风险意识还是较高的，户主的风险意识对投资者是否拥有风险金融资产具有影响。在 1%的显著性水平下，家庭总资产对因变量的估计系数为 0.230 3，呈现正相关，说明家庭总资产越高，家庭拥有的风险性金融资产的可能性越高。同时，研究并没有发现家庭总收入、户主性别、户主年龄对投资者是否拥有风险性金融资产呈现显著性关系。

东部、中部、西部地区农村家庭总资产对因变量的估计值为 0.194 7、0.269 6、0.302 2，显著性水平为 1%。这说明三个经济区域的农村家庭的投资者与其家庭总资产额的多少呈现显著性正相关，显著性越来越明显。

户主的性别对东部、中部、西部区域农村家庭是否投资风险性金融资产的估计系数分别是－0.061 7、－0.069、－0.104 6，并没有发现显著相关性，说明农村家庭的户主性别这一解释变量对投资风险性金融资产没有强烈的敏感作用。同样，户主年龄对东中西部农村家庭是否投资风险性金融资产的估计系数分别是0.103 7、－0.009 8、－0.093 1，并未发现其对家庭是否投资风险性金融资产有显著的影响。

中部和西部区域农村家庭总收入对因变量估计值为0.017 8和－0.019 6，显著性水平分别为5%和10%，前者为正相关，而后者为负相关。这说明中部区域家庭总资产的提高增加风险资产的可能性；而西部区域农村家庭总收入的提高会降低居民投资风险资产的可能性，但对东部区域没有显著性影响。

在1%的显著性水平下，东部、中部区域农村家庭户主的文化水平对因变量的估计值为0.112 8和0.074 1，呈正相关，说明在东部和中部区域投资者中，文化水平对农村家庭金融资产配置有积极的影响；而西部地区受教育水平普遍不高，文化水平对该地区没有显著性影响。

在1%的显著性水平下，东部和中部区域农村家庭户主风险意识对因变量的估计值为－0.142 8和－0.093 2。这说明东部和中部区域农村居民比西部区域农村居民对家庭金融资产配置的风险意识较高。

五、结论与建议

（一）实证结论

（1）户主的文化水平对东部和中部两个区域农村家庭是否拥有风险性金融资产有显著性正相关影响。随着受教育者的文化水平提高，知识越丰富则投资者对家庭金融资产配置选择就越多元化，而西部区域的投资者受教育水平对因变量没有显著性影响，其主要原因是西部地区文化水平不如东部和中部区域。一般而言，了解的金融知识越多，越能够更好地参与金融市场、明确地选择适合自己家庭的金融资产进行投资。

（2）家庭总资产对东部、中部、西部三个区域农村家庭是否拥有风险性金融资产具有正相关的显著性作用。投资者的家庭总资产越多，承受风险的能力越强，所进行的金融资产配置就越丰富，这些人所选择的往往是高风险、高收益的金融资产。

（3）风险意识对东部和西部区域农村家庭拥有风险性金融资产呈负相关关系。风险厌恶者会努力规避风险，更愿意选择安全系数较高的金融产品，所以这种类型的投资者参与风险市场的可能性很低。西部区域农村家庭投资者对风险意识不敏感。

(4) 投资者的性别与投资者年龄对东部、中部、西部三个区域农村家庭是否投资风险性金融资产并未呈现显著性相关，说明这三个区域的农村家庭的户主性别与年龄并没有对家庭是否投资风险性金融产品产生显著影响。

(二) 相关建议

根据上述分析，可以得到一个结论，不仅家庭总资产是影响家庭金融资产配置的主要因素，户主文化水平、风险意识等都是影响金融资产投资的因素。农村居民家庭金融资产是家庭财产构成的主要部分。改善金融资产结构、增加金融资产，要突破收入水平的约束，政府应当鼓励农户进行投资经营活动，发展农村经济，提高农村居民家庭收入，同时还应从制度和政策上对农村居民家庭对金融资产选择行为上进行引导，满足农村居民家庭的借贷需求，使更多的储蓄存款转换为流动资金，增加资金的流动性、收益性。

1. 发展区域经济，增加居民收入

由于区域经济发展差异，在选择风险性金融资产投资时各区域农村存在一定差异，因此政府相关部门应结合区域特点发展经济，鼓励其发展旅游、金融等新兴产业，增加居民人均收入，使得居民有更多的财产进行金融资产配置。

2. 完善居民就业政策，增加居民就业质量

为了提高区域经济发展，增加就业是一个很好的方法。政府部门通过相关政策，降低就业率。居民就业质量得到提高，有利于居民进行金融资产配置。

3. 加强文化教育投入，丰富居民金融知识

户主的文化水平对东部、中部区域农村家庭是否拥有风险性金融起到显著性作用，但是对西部区域就没有显著性相关的影响。其原因可能是西部地区较为落后，对于农村家庭的文化教育不够普及，缺乏一定的金融知识，对金融投资产品了解不够充分。因此，政府相关部门要大力加强文化教育，丰富投资者的金融知识，了解各种金融资产，更好地进行金融资产配置，并带来家庭财富的收益。

4. 加强金融市场的监管，促进金融市场稳定发展

我国金融市场的发展时间迟于西方发达国家，目前还面临着很多问题。比如，对 P2P 监管不规范、农村地下金融盛行、理财产品安全性存在隐患等，已影响了金融业的发展速度。政府相关部门应该出台政策加快现代金融市场的改革发展速度，监督各项金融资产的发展，减少金融市场存在的隐患。

5. 加强居民风险意识和对金融资产的了解

随着经济的迅速发展，农村家庭的经济收入得到了提高，投资者进行金融资产配置时应增强风险意识，不要盲目跟风，应根据家庭实际情况选择适合自己的投资产品。在进行投资之前，应全方位了解该金融资产，考虑其增值和贬值的可

能性，合理规划自己的资产。总体来看，中国农村居民的金融观念仍然比较传统，只有在自有资金无法满足生产、生活需要时才产生借贷需求，这对消费金融的开展无疑是一个阻碍。未来农村消费金融的开展需要从观念入手，加强引导，以便促进农村消费金融的发展和消费的增长。

6. 大力发展农村金融，照顾各层次居民需求

现实中农村居民的许多借贷需求是通过民间借贷来满足的，来自正规金融资金的比例远远小于城市，所以需要大力发展农村金融，照顾各个收入层次居民的要求。

第二节　社会资本对农民借贷行为的影响：基于家庭与村域层面的比较

根据世界银行社会资本协会的界定，广义的社会资本是指政府和市民社会为了一个组织的相互利益而采取的集体行动，该组织小至一个家庭，大至一个国家。目前对于社会资本概念，尚没有为人们普遍认同的定义。从其基本内涵看，社会资本是相对于经济资本和人力资本的概念。它是指社会主体(包括个人、群体、社会甚至国家)间紧密联系的状态及其特征，其表现形式有社会网络、规范、信任、权威、行动的共识以及社会道德等方面。社会资本存在于社会结构之中，是无形的。它通过人与人之间的合作进而提高社会的效率和社会整合度。简言之，社会资本是指个体或团体之间的关联——社会网络、互惠性规范和由此产生的信任，是人们在社会结构中所处的位置给他们带来的资源。

近年来，越来越多的经济学者开始关注社会资本对收入和福利的作用。在正式信贷制度尚不完善的农村地区，社会资本作为一种非正式制度，弥补了正式制度的不足，为低收入群体提供了社会支持，这一作用在农民的信贷活动中表现尤为明显。一直以来，农民都因为其物质资本不足，没有足够的抵押能力而被排除在正规信贷制度之外，他们大多依靠亲友关系来解决资金不足的问题。

社会资本可以分为家庭和社区两个层面，不同层面的社会资本对个人家庭的收入和福利有不同的影响。但在已知的对农民信贷行为与社会资本分析的文献中，并没有回答这样一个问题："是谁"与"住在哪儿"，其中哪个因素更有利于农民的借贷。也就是个人、家庭的社会资本和村庄层面的社会资本，哪个对农民借贷更重要。家庭层面的政治身份、干部身份是否仍然更有利于贷款的获得。如果社区层面的社会资本更重要，或许我们可以通过加强新农村的和谐社会建设，来为农民提供更好地融资环境。本书利用来自中国农村的微观调查数据，通过对个人家庭层面的社会资本和村域社会资本的界定，比较两者对农民借贷行

为和借贷能力的影响，以期对以上问题做出回答。

一、文献综述

社会资本就是内嵌于社会网络中的资源，行为人在采取行动时能够获取和使用这些资源。它包含两个方面的含义，一是它代表的是内嵌于社会联系中而非个人所有的资源；二是获取和使用这种资源的权力属于网络中的个人。社会资本有多种层次，Brown认为可以分为微观社会资本、中观社会资本和宏观社会资本，赵延东等人(2005)和张爽等人(2007)则倾向于将其分为个人社会资本和社区社会资本两个层面。个人和家庭层面的社会资本是指能够利用其提高个人和家庭福利的网络或资源，比如户主的中共党员身份、家庭的亲友数目、家庭的社会身份等；而社区社会资本是指能够促进集体行动并实现集体目标的网络或资源，比如社区和谐程度、社区的合作组织以及社会规范等方面。中国农村是一个典型的“熟人社会”，村庄内的社会关系和社会规范是影响农民生产生活的重要因素。因此，本书所考虑的社区社会资本主要是集中于村庄范围，也就是村域社会资本。裴志军(2010)认为所谓的村域社会资本是指特定村落的关系网络形态以及支配村庄内包括信任、互惠等影响人们行动的整体准则，村落内部的信任、关系和规范是村域社会资本的基本特征。

现有的研究表明，社区中的人与人之间通过互动、关系、信任等建立的社会资本有助于人们进行正规融资或私人融资。Grootaert指出拥有更高社会资本的家庭更容易获得贷款，积极参与社区决策、家庭参与合作组织的程度都是重要的决定因素。社区间的信息交流可以使不同经济背景的家庭更有可能产生一致性。目前，我国农村的正式信贷及保险市场并不完善，甚至有些地区处于缺失状态。对于那些由于缺少抵押品和信用担保而被排除在正规金融门槛之外的农民而言，他们只能依靠非正式的借贷和保险，而非正式的借贷和保险又依赖于一个人所在的家族与社区的社会资本。周天芸等人(2012)认为，中国传统农户所特有的圈层差序格局，成为农村社会普遍存在的熟人借贷和友情借贷的信用基础。农户是否拥有广泛的社会关系成为能否获得贷款的重要因素之一。叶敬忠等人(2004)和何广文(1999)认为，家庭富裕、拥有较高社会资本的农户更容易获得正规贷款，而家庭贫困的农户只能依赖亲朋好友的资助，表现出较突出的情结关系。马光荣等人(2011)认为，同一社区内的血缘关系和邻里关系会产生群体压力，促使借款人不敢违约。基于2014年6月，5个省份10个县区的贫困村调查数据，张杰等人通过构建Tobit回归模，分别实证分析了社会网络对正规借贷渠道和非正规借贷渠道的借贷行为的影响。其研究发现：① 以亲缘或者地缘为基础构成的社会网络，能有效促进贫困农户的借贷行为；② 社会网络对以银行为代表的正规渠道金融借贷影响不显著，对以私人借贷为主的非正规渠道金融借贷行为有正向的显著影响；③ 社会网络对贫困农户借贷行为的影响并不会随着收入的增加而改变。

以上的研究结果大都表明，社区层面和家庭层面的社会资本均有助于解决农民资金短缺，促进农村非正规金融的发展。但是现有的研究并没有回答家庭层面所拥有的政治资本（中共党员身份、干部身份）和亲友关系与社区层面社会网络和信任对于农民的借贷行为而言，哪个更为重要。从现实观察中，我们可以发现，家庭自身拥有的政治资本和身份可以为其提供一种更容易获得贷款的信用证明，而社区层面的社会资本可以通过信息共享、风险分担和共同监督等特点使农民更容易获得资金支持。显然，如果社区层面的社会资本作用大于家庭层面的社会资本，那么就意味着我们可以通过建设和谐的新农村环境来促进农村非正规金融的进一步发展，使之更好地满足农民的资金需求；反之，如果身份等因素在农村借贷中的作用更强，就意味着当前农村信贷存在着一定的身份导向和偏差，我们需要提供更为客观公平的贷款环境。这也正是本书研究的目的和贡献所在。

二、数据来源及变量描述

（一）数据来源

本书的数据来源是 2002 年由中国社会科学院经济研究所（CHIP）所开展的一项全国性农村地区家庭与村庄调查①。这项调查涉及中国 22 个省份的 961 个村庄中的 9 200 个家庭，这些样本是国家统计局农村家庭调查的子样本，在每个村庄随机选择 10 个左右的家庭作为调查对象。CHIP 中对农村家庭的收入情况、支出情况、村庄治理情况，尤其是村庄和家庭的社会资本均有详细的调查。由于本书分析的是农民的贷款能力，因此只选择了户主的信息，同时剔除了 18 岁以下的样本。

（二）变量描述

本书对农民贷款行为的衡量主要来自 CHIP 调查中所问的“是否到得过其他贷款？总共贷了多少钱（元）？”。由于调查中问及扶贫贷款，由于扶贫贷款所提供的对象是有限制的，且样本仅有 99 个，因此，本书选择将其剔除，仅考察获得其他类型贷款的行为，这对研究结果并不影响。表 6-9 给出了调查样本中农民贷款总体状况的统计描述。

① 本书研究的是社会资本对农户信贷行为的影响。随着时代的变迁，社会资本的形态和种类会发生一定的变化，但总体上其变化不大，因此采用 2002 年的数据亦能反映所研究问题。

表 6-9　　农民贷款的总体状况(2002)

项目	样本数	平均值	标准差	最小值	最大值
是否获得贷款(*loan*)	8 386	0.089 909 1	0.286 067 5	0	1
贷款金额(*loan_num*)	755	4 007.335	10 188.96	100	220 000

表 6-10 列出了本书的模型中解释变量的名称、含义及赋值情况。本书控制了已有文献中影响贷款能力的重要变量,包括家庭特征、村庄特征等,这些变量的计算方法也与文献保持一致。除此以外,需要重点考察的是家庭层面的社会资本和村域层面的社会资本。本书对两个层面的社会资本的划分和测度参考了陆铭、裴志军和马光荣的研究方法。

表 6-10　　主要涉及变量的名称及赋值

	变量名称	变量含义	变量赋值及单位
贷款能力	*loan*	是否获得贷款	是=1;否=0
	loan_num	获得贷款的数额	元
家庭特征(*X*)	*age*	户主的年龄	岁
	male	户主的性别	是=1;否=0
	edu	户主受教育年限	年数
	marital	是否已婚	是=1;否=0
	minority_h	户主是否为少数民族	是=1;否=0
	pop_num	家庭人口数	人
	disaster_h	家庭近五年受灾次数	次
	income_h	家庭年纯收入	元
家庭工具(*IV*)	*surname_h*	是否为第一大姓	是=1;否=0
村庄特征(*Z*)	*hill_v*	是否为山区	是=1;否=0
	plain_v	是否为平原地区	是=1;否=0
	dcity	村与县城距离	公里
	income_v	村人均年收入	元
	minority_vroad	是否为少数民族地区 是否通公路	是=1;否=0 是=1;否=0
家庭社会资本(*XSC*)	*PC*	户主是否为中共党员	是=1;否=0
	cadre_h	户主是否为干部	是=1;否=0
	cadre_f	是否有亲朋是县级干部	是=1;否=0
	model_h	是否被指定为示范户	是=1;否=0

续表 6-10

	变量名称	变量含义	变量赋值及单位
村域社会资本（ZSC）	*trust_p*	觉得大多数人不可信	很同意＝1；比较同意＝2 不太同意＝3；很不同意＝4
	gift_exp	家庭用于亲朋好友和村干部的礼物支出	元
	network_form	是否参加了各种合作组织	是＝1；否＝0

(1) 家庭层面的社会资本主要侧重于选择家庭拥有的不受社区因素影响的社会资本，主要是指家庭的身份特征，首先是家庭的政治资本(户主是否为中共党员或干部，亲友中是否有县级及以上的干部)；此外，选取家庭是否为示范户作为其家庭层面的社会资本的代理变量。本书认为，示范户具有一定的信号功能，是家庭拥有的隐形资本，可以为家庭获得贷款提供信用支持。

(2) 村域社会资本的度量中更侧重于对村域层面的信任以及社会网络方面的测度。其中，社会信任主要指村民间的信任，问卷中的问题设计为"'亲戚朋友就可信，其他人就不可信'，您是否同意这种看法？"，其选项分为"很同意、比较同意、不太同意、很不同意和说不清"共五项，本书将"说不清"默认为缺失值。越是不同意这种说法的，则说明社区信任度越高。本书主要从两个方面考察社会网络，一是用是否参加各类组织或活动作为农户的正式社会网络的衡量，二是家庭在社区中的社会关系网络。本书选择家庭用于亲友、邻居和村干部的礼物支出之和作为非正式社会网络的一个代理变量。之所以选择这一变量，一是因为礼物支出是亲友之间交往和维系感情的重要手段，二是家庭的支出相比收入更具主动性，不易受其他人的影响，更能反映农户对社会网络的依赖程度。

主要变量的统计描述，见表 6-11。

表 6-11　　主要变量的统计描述

	变量	总体		有贷款		无贷款	
		均值	标准差	均值	标准差	均值	标准差
家庭特征（X）	*age*	46.183 4	10.293 18	0.967 2	0.178 13	46.296	0.333 99
	male	0.960 8	0.194 15	45.121 6	9.806 33	0.127 9	10.340 77
	edu	7.243 2	2.514 7	7.001 1	2.752 12	0.175	0.38
	marital	0.959 9	0.196 3	0.970 4	0.169 65	1.171 1	0.395 22
	minority_h	0.135 4	0.342 2	0.213 5	0.410 02	0.958 8	0.198 85
	pop_num	4.228 4	1.325 42	4.535 4	1.402 79	0.074 9	0.263 31
	disaster_h	2.015 1	1.112 4	2.240 1	1.196 94	1.992 4	1.101 6
	income_h	10 637.25	8 403.79	10 049.13	8 371.6	10 681.56	8 395.02

续表 6-11

	变量	总体		有贷款		无贷款	
		均值	标准差	均值	标准差	均值	标准差
家庭工具（*IV*）	*surname_h*	0.417 5	0.493 16	0.342 1	0.474 67	7.267	2.488 48
村庄特征（*Z*）	*hill_v*	0.229 2	0.420 32	0.274 8	0.446 67	0.225	0.417 62
	plain_v	0.472	0.499 24	0.469 3	0.499 32	0.471 2	0.499 2
	road	0.955 58	0.205 54	0.973 933	0.159 427 1	0.955 552	0.206 104 5
	dcity	24.511 9	21.037 84	28.591 9	23.130 26	24.132 7	20.785 32
	income_v	2 421.35	1 474.48	2 067.58	1 040.64	2 452.28	1 503.83
	minority_v	0.137 8	0.344 7	0.224 9	0.417 75	0.129 3	0.335 6
家庭社会资本（*XSC*）	*PC*	0.174 4	0.379 43	0.171 8	0.377 4	0.960 2	0.195 52
	cadre_h	1.172 4	0.395 31	1.181 6	0.393 97	4.197 5	1.313 55
	friend_cadre	0.213	0.409 44	0.228 3	0.419 98	0.212	0.408 73
	model_h	0.061 8	0.240 89	0.080 3	0.271 83	0.060 1	0.237 67
村域社会资本（*ZSC*）	*trust_p*	3.037 1	0.786 47	3.079 4	0.840 61	3.028 4	0.776 41
	network_form	0.076 5	0.265 88	0.095	0.293 42	0.074 9	0.263 31
	gift_exp	341.99	1 099.42	347.39	990.17	338.68	1102.2
有效样本值		8 362		755		7 607	

除了整体描述以外，本书还按照是否获得贷款进行了分组。通过比较这三组数据可以直观地发现，除了户主的中共党员身份以外，有贷款的一组在家庭社会资本和村域社会资本中其他变量的均值都要高于无贷款的一组，这说明社会资本对农民获得贷款的能力有影响，且从均值中可以看出，有无贷款组之间在村域社会资本方面的差距更大。因此可以做出一个初步判断，即村域社会资本对农民能否获得贷款更为重要，本书将在下一节分析两个层面的社会资本对农民贷款能力的具体作用。

本书对家庭层面的社会资本和村域社会资本做了相关性检验，具体结果见表 6-12。从表中可以看出家庭层面的社会资本与村域社会资本之间的相关性很弱，最高的仅为 0.154，而且家庭层面的社会资本之间的相关性也较弱，最大的相关性是户主的中共党员身份与干部身份，相关性为 0.33。因此，本书排除了同时将村域社会资本和家庭社会资本的度量放入模型会导致的多重共线性的可能性。

表 6-12　　家庭社会资本与村域社会资本相关性检验

变量	*trust_p*	*network_form*	*cadre_f*	*model_h*	*PC*	*cadre_h*	*gift_exp*
trust_p	1.000	−0.005	−0.005	0.017	0.049	0.014	−0.006
network_form	−0.005	1.000	0.029	0.154	0.073	0.065	−0.040
cadre_f	−0.005	0.029	1.000	0.018	0.068	0.041	0.012
model_h	0.017	0.154	0.018	1.000	0.073	0.056	−0.024
PC	0.049	0.073	0.068	0.073	1.000	0.330	0.026
cadre_h	0.014	0.065	0.041	0.056	0.330	1.000	0.025
gift_exp	−0.006	−0.040	0.012	−0.024	0.026	0.025	1.000

三、模型及实证结果

（一）模型设定

本书中主要考察家庭层面的社会资本和村域社会资本对农民贷款行为的影响，这一影响主要表现在两个方面，一是农民能否获得贷款；二是如果获得贷款，是否影响农民获得的贷款额度。针对第一个方面，本书建立了如下的 Probit 模型来考察能否获得贷款的因素：

$$P(loan=1)=\alpha+\beta_1 X_i+\beta_2 Z_i+\beta_3 XSC_i+\beta_4 ZSC_i+\mu_i \tag{6-2}$$

其中：下标 i 表示第 i 个家庭；P 表示第 i 个家庭能获得贷款的概率；X 表示家庭特征；Z 表示村庄特征；XSC 表示家庭层面社会资本；ZSC 表示村域社会资本；家庭收入和村庄人均收入在实际操作过程中采用对数形式。具体涉及的变量，请参见表 6-10。

对于第二个问题主要通过 OLS 的形式来分析，具体模型如下：

$$lnloan\_num=\alpha+\beta_1 X_i+\beta_2 Z_i+\beta_3 XSC_i+\beta_4 ZSC_i+\mu_i \tag{6-3}$$

其中，因变量为对数形式的贷款额度，其他的自变量的设定与模型(6-2)相同。

（二）农民能否获得贷款的 Probit 模型实证结果及分析

本书用 Stata 的 dprobit 命令得到了对于模型(6-2)中解释变量的偏效应和标准差的估计，具体结果见表 6-13。在表 6-13 中的方程(1)和方程(3)分别估计的是家庭层面和村庄层面的社会资本对获得贷款可能性的偏效应。其中，在家庭层面上，是否为示范户对其贷款具有显著的正效应，系数 0.166 表示的偏效应是成为示范户可以使获得贷款的概率提高 16.6%。户主是否为中共党员和干部等身份特征的作用并不显著。而在社区层面，是否参加各类合作组织和社会信任对能否获得贷款具有显著的正效应；用于礼品支出的非正式社会网络作用也并不显著。

表 6-13 影响农民能否获得贷款的因素分析

变量	(1) 偏效应(标准差)	(2) 偏效应(标准差)	(3) 偏效应(标准差)	(4) 偏效应(标准差)
age	−0.007 35*** (0.000)	−0.006 95*** (0.001)	−0.006 89*** (0.001)	−0.006 48*** (0.002)
male	0.094 2(0.403)	0.103(0.360)	0.093 9(0.405)	0.103(0.362)
edu	−0.004 06(0.664)	−0.003 05(0.744)	−0.002 12(0.817)	−0.001 17(0.899)
marital	0.293** (0.021)	0.298** (0.019)	0.300** (0.019)	0.304** (0.017)
minority_h	−0.033 2(0.770)	−0.033 5(0.767)	−0.049 8(0.664)	−0.050 2(0.661)
pop_num	0.058 3*** (0.000)	0.062 1*** (0.000)	0.057 0*** (0.000)	0.060 8*** (0.000)
disaster_h	0.084 3*** (0.000)	0.083 0*** (0.000)	0.084 5*** (0.000)	0.083 3*** (0.000)
lnincome_h	−0.076 3** (0.037)	−0.073 4** (0.046)	−0.074 7** (0.041)	−0.072 0** (0.049)
hill_v	0.033 2(0.572)	0.031 5(0.594)	0.049 5(0.395)	0.048 4(0.407)
plain_v	0.101** (0.036)	0.104** (0.032)	0.103** (0.032)	0.106** (0.028)
dcity	0.002 71*** (0.004)	0.002 59*** (0.005)	0.002 97*** (0.002)	0.002 85*** (0.002)
lnincome_v	−0.022 3(0.630)	−0.032 8(0.484)	−0.030 1(0.510)	−0.040 8(0.378)
minority_v	0.116(0.297)	0.076 2(0.494)	0.120(0.286)	0.080 3(0.475)
road	0.440*** (0.000)	0.414*** (0.001)	0.405*** (0.001)	0.381*** (0.001)
PC	0.056 9(0.292)	0.055 4(0.306)		
cadre_h	0.027 4(0.585)	0.029 4(0.557)		
cadre_f	0.046 2(0.321)	0.047 8(0.306)		
model_h	0.166** (0.022)	0.165** (0.023)		
surname_h		−0.180*** (0.000)		−0.179*** (0.000)
trust_p			0.067 6*** (0.009)	0.069 1*** (0.008)
network_form			0.138** (0.038)	0.136** (0.041)
gift_exp			0.000 011 4(0.447)	0.000 012 3(0.416)
_cons	−1.562*** (0.000)	−1.458*** (0.001)	−1.684*** (0.000)	−1.582*** (0.000)
R^2	0.025 6	0.029 4	0.026 6	0.030 4
N	8 531	8 530	8 559	8 559

注：*** 表示在 1%水平上显著相关；** 表示在 5%水平上显著相关；* 表示在 10%水平上显著相关；(1)(3)为 Probit 模型；(2)(4)为 IVProbit 模型。

由于在社会资本的研究中，一直很难避免存在变量遗漏和内生性问题，因此在很多研究中都试图选择一个合适的工具变量来降低内生性问题带来的偏差。本书选用马光荣(2011)的工具变量法，即用“是否为村里的第一大姓”作为农户社会网络的工具变量。“是否为村里第一大姓”是由历史决定的，与其他不可观测的变量不相关，但是却影响农户的社会资本，因为宗族关系在当今中国农村社会中仍然是比较典型的特征，故此工具变量具有较好的外生性。表6-13中的方程(2)和方程(4)报告了加入工具变量后的结果。从回归结果中可以看出工具变量通过了1%水平下的Z检验，可见在这个模型中并不存在弱工具变量的问题。同时，本书也同样检验了在样本中第一大姓的比重超过50%的村子的比例，发现在样本中第一大姓占50%以上的村庄比例为32.8%，而在有贷款的样本中，第一大姓占50%以上的村庄比例仅为17.8%，这说明工具变量在同一村庄内有足够的差异性。

从方程(2)和方程(4)中可以看出，在加入工具变量之后，原先显著的变量显著性和偏效应变化都很微小，而两个方程的R^2均有所提高，这说明，在使用工具变量之后，模型的解释力有所增强。

这里更应该关注的是不同层面的社会资本对贷款能力影响的对比。本书主要对比方程(2)和方程(4)，从中可以看出，村域社会资本中对获得贷款的概率影响的偏效应的显著性要大于家庭层面的变量。家庭层面中的政治资本的偏效应均不显著，这一结果与以前有关政治资本的研究结果有所不同。本书认为农民能否获得贷款与还款能力更为相关，因为示范户在一定程度上意味着更好的信誉和更高的还款能力。村域社会资本层面的正式网络和信任比较显著，尤其是“是否参加合作组织”这一变量的偏效应达到0.136，表明信息交流和风险分担的功能在农民获得贷款中具有较大的影响。

除此以外，本书发现其他家庭特征和村庄特征对农民贷款的概率有很多显著的影响，具体结果见表6-13，在此不再赘述。

（三）农民贷款额度影响因素的*OLS*回归结果及分析

本书通过Stata软件，用最小二乘估计法对模型(6-3)进行了估计，同样也报告了加入工具变量后的结果，具体结果见表6-14。其中方程(1)和方程(3)是未加工具变量时的结果，方程(2)和方程(4)是加入工具变量之后的结果。本书主要关注方程(2)和方程(4)的结果。

从结果中可以发现，家庭层面的社会资本中户主的中共党员身份对获得更多的贷款有正相关的关系，其系数为0.320，因变量为对数形式，所以就意味着从非党员变为中共党员，其获得的贷款会增加32%。而从村域社会资本中可以看出，显著的变量是用于亲友的馈赠和是否参加合作组织，信任这一变量在其中并不显著。而且村域社会资本的变量与家庭层面的资本相比，其系数都比较小。有关家庭特征和村庄特征的其他变量的回归结果见表6-14。

表 6-14　　　　影响农民贷款额度的因素分析

自变量	方程(1)	方程(2)	方程(3)	方程(4)
	系数(标准差)	系数(标准差)	系数(标准差)	系数(标准差)
age	0.004 45 (0.266)	0.003 71 (0.359)	0.006 15 (0.125)	0.005 54 (0.171)
male	−0.908*** (0.001)	−0.915*** (0.001)	−0.880*** (0.001)	−0.885*** (0.001)
edu	0.012 1 (0.433)	0.012 2 (0.430)	0.025 9* (0.083)	0.026 4* (0.077)
marital	0.225 (0.405)	0.207 (0.437)	0.224 (0.421)	0.213 (0.441)
minority_h	−0.078 7 (0.631)	−0.087 6 (0.593)	−0.111 (0.501)	−0.120 (0.467)
pop_num	−0.015 2 (0.605)	−0.015 8 (0.591)	−0.016 5 (0.583)	−0.017 4 (0.562)
disaster_h	−0.036 7 (0.258)	−0.037 2 (0.250)	−0.049 7 (0.131)	−0.050 1 (0.126)
lnincome_h	0.066 0 (0.278)	0.058 1 (0.337)	0.099 1 (0.102)	0.093 4 (0.122)
hill_v	−0.032 1 (0.767)	−0.030 3 (0.782)	−0.021 4 (0.850)	−0.019 8 (0.862)
plain_v	0.137 (0.122)	0.156* (0.075)	0.108 (0.222)	0.123 (0.158)
dcity	0.000 432 (0.821)	0.000 779 (0.684)	0.001 13 (0.551)	0.001 44 (0.448)
lnincome_v	0.342*** (0.000)	0.355*** (0.000)	0.303*** (0.001)	0.314*** (0.001)
minority_v	0.178 (0.262)	0.212 (0.183)	0.151 (0.331)	0.180 (0.250)
road	−0.152 (0.528)	−0.114 (0.642)	−0.209 (0.397)	−0.180 (0.473)
PC	0.314*** (0.010)	0.320*** (0.008)		
cadre_h	0.129 (0.233)	0.136 (0.203)		
cadre_f	0.056 5 (0.532)	0.054 8 (0.545)		

续表 6-14

自变量	方程(1)	方程(2)	方程(3)	方程(4)
	系数(标准差)	系数(标准差)	系数(标准差)	系数(标准差)
model_h	0.172 (0.293)	0.176 (0.275)		
surname_h		0.185** (0.023)		0.164** (0.045)
trust_p			0.022 2 (0.619)	0.016 8 (0.705)
network_form			0.320** (0.026)	0.332** (0.019)
gift_exp			0.000 060 4** (0.021)	0.000 060 8** (0.020)
_cons	4.801*** (0.000)	4.698*** (0.000)	4.810*** (0.000)	4.730*** (0.000)
R^2	0.093 9	0.100 4	0.085 5	0.090 6
N	748	748	753	753

注：*** 表示在 1%水平上显著相关；** 表示在 5%水平上显著相关；* 表示在 10%水平上显著相关。

四、研究结论

从模型(6-2)和模型(6-3)的回归中，可以得出如下三点结论。

第一，影响农户是否得到贷款的因素和能获得多少贷款的因素各有不同。在是否获得贷款方面，信任和可信度就比较重要。比如，是否是示范户，是否参加合作组织，彼此之间的信任度如何等。而一旦获得贷款，那么说明农户本身已经具有一定的可信度，那么其政治身份就对获得多少贷款有很重要的影响。

第二，在回归结果中本书发现，一直认为的干部身份和中共党员身份并没有对农民获得贷款的可能性带来太大的影响，或许可以说明在当前的农村信贷过程中，干部和中共党员身份作为信用信号的功能在减弱。

第三，无论是模型(6-2)还是模型(6-3)中，是否参加组织活动对农户贷款的影响都是正向的。从现实角度来说，合作组织有利于增强农民的合作意识，增强农民间的信息交流，同时也为农民提供风险分担的机制和可能，而这些也都是信贷业务所必须的条件。所以，加强农业互助组织的建设或许也可以激活农民的社会资本，有利于农业正规金融和非正规金融的发展。

社会资本是解决农户信贷约束的重要载体。一方面，非正规金融机构因为对农户社会资本有充分的信息，在现实中成为大多数农户借贷时的首选；另一方面，正规金融机构的农户信息搜寻成本很高，直接降低了对农户贷款的意愿，最终导致农户面临明显的信贷约束。因此，挖掘并发挥农户社会资本的作用，立足我国农村实际，遵循自下而上的基本思路，建立健全农村地区正规金融机构与农户的信息沟通机制和风险控制手段，将是解决农户信贷约束问题的有效途径。其根本原因在于：① 在我国农村金融市场，正规金融体系与非正规金融体系长期并存所形成的二元结构，导致两个体系均未能发挥应有的作用，急需寻找切入点，打破这种二元结构、实现融合，而农户社会资本是一个可行的载体。② 社会资本作为农户的重要资源，是维系我国农村地区民间借贷的核心机制，这有助于探索将非正规金融机构纳入农村金融监管体系的基本条件与可行路径，规范和培育本土化农村金融力量，更好地为农户融资提供支持。③ 研究农户社会资本在民间借贷市场的运行机制，可以为我国农村地区正规金融机构创新金融产品和开发新的信贷技术提供经验参考，降低正规金融机构与农户之间的信息不对称程度，提高其放贷意愿。

第七章

基于空间分异的农村金融改革：经验借鉴及模式选择

本书第五章有关我国农村金融发展的空间分异的分形研究、第六章有关农村金融发展的空间分异的微观需求及非正规制度的研究结果均表明：由于空间分异的客观存在，不同地区农村金融需求的表现形式存在较大的区域差异性。发达地区的农村金融需求具有多样性、需求高的特征，农村金融供给的空间较大；欠发达地区农村金融中介效率较低，农业发展得不到来自正规金融机构的支持，地下金融成为许多欠发达地区的融资渠道，社会资本作为农户的重要资源，成为维系农村地区民间借贷的核心机制。当前我国农业正处于由传统农业向现代农业转变的关键时期，不同地区金融发展水平的不同使得各地区金融需求呈现出多样化、个性化的发展趋势，主要表现为传统的小额资金需求向较大额资金需求转变、生存性需求向发展性需求转变、信用需求向产权抵押需求转变、农业需求向非农产业需求转变。因地制宜，加快个性化、特色化金融服务创新，满足不同地区、不同发展水平的农村金融需求迫在眉睫。基于此，本章将在总结国内外农村金融服务改革与创新经验的基础上，选择东、中、西部不同地区农村金融创新的典型案例进行研究，以探索我国农村金融改革的路径。

第一节　农村金融服务的国外经验借鉴

一、美国："市场＋合作"的复合信用型农村金融服务体系

美国是全球农业最为发达、也是较为典型的人少地多的国家，其农村金融体系是"市场＋合作"的复合信用型模式。美国商业性融资占农村融资量的 65%，目前美国排名前 20 位的全国性大银行中有 15 家涉足农业信贷领域，有 5 890

家中小商业银行、20 家保险公司开办农业、土地、农场按揭等贷款业务。农村合作金融占美国农村金融融资总量的 32%，联邦土地银行是其中的主要成员，主要向农场主提供长期不动产贷款，为美国农业的机械化、现代化进程作出了贡献。雷德雨等人(2016)指出，美国合作银行系统主要为合作社提供季节性经营贷款、弥补资金周转不足的中期贷款。美国政策性金融体系占美国农村融资总量的 3%，主要提供商业银行和其他贷款机构不愿提供的贷款，如农民家计局为贫困地区和低收入的农民提供贷款和担保服务，农村电气化管理局为改善农村公共设施和环境提供贷款和担保服务。

(一)“市场＋合作”的多元化农村金融供给体系

美国农业产业化的金融支持体系主要由商业性农村金融机构、农村合作信贷机构、政府农村信贷机构等组成。目前，美国已经形成了较为合理、规范、有效的农村金融体系。该金融体系的基本格局是以市场化商业金融机构及个人的信贷为基础、以农场主合作金融的农业信贷系统为主导、以政府农贷机构为辅助。商业金融机构包括商业银行、人寿保险公司及个人和经销商的贷款。合作农业信贷包括三种类型：联邦土地银行、联邦中间信贷银行、合作社银行。政府农贷部门包括农民家计局、商品信贷公司、小企业管理局、农村电气化管理局等。美国农村金融体系是典型的多元复合信用型模式，多种金融机构形成了分工协作、互相配合的农村金融体系，较好地满足了农业和农村发展的资本需要，充分体现出金融在经济发展中的导向和支持作用。

(二) 农村金融资金运行具有相对独立性

美国农村金融体系的运行始终围绕如何满足农业发展的信贷需求而进行，基本实现了农村资本的相对独立运行。合作农业信贷系统、联邦储备系统、各联邦储备银行之间没有隶属关系，只是受联邦储备系统的宏观调控。各农业信贷区内设立农贷专业银行。各农贷专业银行都是独立经营的实体，在农业信贷管理局的监督管理下自成体系，保证了农贷专业银行的独立性，从而有效地保证了农业资金运行的相对独立性。同时，为了防止商业银行出于营利目的而可能将农贷资金转移到其他领域的问题，联邦法律规定对部分银行的农业贷款利率提供利率补贴，并相应修订了农贷利率的有关标准，控制了农贷资金转移的局面。健全的组织制度较好地保证了农村资金用于农村、用于农业，并根据不同阶段农业的发展目标，调节农业信贷方向和规模。

(三) 发达的农业科技金融体系和农业保险体系

美国农业科技对农业总产值的贡献率超过 75%，包括高度机械化的农业耕作技术，肥料、农药等农业化学技术，食品化学、生物技术等农业生物技术，遥感、地理信息及网络技术等农业信息技术。这些技术使美国的农业呈现机械化、智能化、生产技术化学化、生物化的特点。以农产品加工为基础的食品加工业是美国制造业中规模最大的行业，美国高度发达的农业现代化水平应归功于发达的农业科技金融体系。美国资本市场高度发达，企业债券、风险投资和股权投资系统等直接融资占比达 87.2%，推动了美国农业科技的原始创新和科技成果转化进程。

美国农业保险体系由商业保险公司经营、政府负责监管并提供保费补贴等支持，具有保障面广、覆盖面高的特点。美国农业巨灾保险是强制性的，灾害发生后农户最低可获得市场价格 55%的赔偿，农户还可通过购买附加保险的方式获得市场价格 100%的赔付。从保障类型来看，雷德雨等人(2016)指出，美国农业保险包括农产品价格保险、农民收入保险等，为农民和农业企业构建了风险防范机制，有力推进了农业现代化进程。

（四）健全的法律体系是美国农村金融体系良好运行的关键

美国农村金融活动具有专门的法律，比如《联邦农业贷款法案》《农业信用法案》等。将农村金融运作融合到相关法律体系中使农村金融活动有章可循、有法可依，避免了行政干预和经营管理的不规范、不合理现象。美国农村金融体系形成与其高度发达、高度竞争、以单一银行为主的商业银行体系以及规模化的现代农业是密不可分的。美国商业银行业务范围和分支机构长期内受到相关法律的制约及严格管制，除了具有全球性和全国性的大型商业银行以外，更多的是服务社区和地方经济的中小银行和社区银行。因此，美国商业银行既能够在农村金融供给体系中发挥重要作用，又没有出现农村金融“失血”现象。同时，政府对农村金融的合理引导以及对农业的直接投入、农业生产补贴、税收优惠等政策对农业进行强有力地支持和干预，这在美国农村金融供给体系建设与发展中发挥了重要作用。

二、日本：合作金融为主导、信用保证为基础的农村金融服务体系

相对于美国的地广人稀，日本人多地少的农业资源禀赋特征与中国更为相近。同时，日本在第二次世界大战后完成了以“耕者有其田”为主要特征的土地改革，最终形成了小农分散式经营的特点。小农分散式经营使得农户的资金需求量相对较小，小农户也由于缺乏抵押品，难以满足贷款的条件。当小农经济开始向规模化经营转型的过程中，农地购置(租用)、大型农机具的购买、水利设施的修建等，都产生了大额的资金需求，同时对农村金融供给的要求也进一步提高。良好的农村金融服务供给和金融保障就成为促进农业顺利发展，保证农户收入增加的重要条件。

（一）政策性金融支持为农业发展提供了基本保障

农林政策金融公库是日本农林渔业唯一的政策金融机构，农林政策金融公库创设了土地改良资金、造林资金、渔业造船资金和共同利用设施资金等资金形式，对农林渔业的发展进行支持，1963 年为了适应规模化经营转型的需要，还创立了改善农林渔业经营结构的资金融资制度，为农民开垦土地、改善园艺经营、扩大畜牧经营以及推动改善农业结构提供了资金支持。冈山信夫于 2011 年指出，日本政府把国家一般会计资金、财政融资资金、财政投资机构的国债资金等资金汇集到农林政策金融公库中，然后为农户提供长期低息的贷款。贷款中比较有代表性的长期低息贷款是农村基础建设贷款，包括购买耕地、购买设备、一些设备投资，或者是农户的负债处理。个人最多可以贷 3 亿日元，法人最多可以贷 10 亿日元，而最长还款期可达 25 年。日本农林政策金融公库完成这些业务所需的各种经营成本，作为国家的一般会计补助，由国家财政进行负担。由此可见，日本国家财政对农村金融的发展提供了重要的支持，特别是对于一般商业金融较少涉及的长期低息的农业基本建设贷款，政府财政资助下的农业政策性贷款发挥了重要的作用。

（二）农协合作性金融成为农村金融服务供给的主导

日本农村政策性金融资金只能满足日本农业发展的一部分资金需求，而农业大量的、经常性的资金需求，由农村合作金融机构提供。日本农村合作金融的主要形式是日本农业协同组合（Japan Agricultural Co-operatives），简称“农协”。日本的农协，根据 1947 年的《农业合作组织法》设立，没有政府出资，每一个农户在合作社中都是平等的成员，完全靠民主的决策机制来进行运作。崛口健治（2011）指出，截至 2008 年年底，日本农协共有正式组合成员（有表决权和选举权）483 万人，准组合成员（没有表决权和选举权）467 万人，二者合计约 949 万人。日本农协是一个民主运营、非营利性，相互扶助的组织，主要业务包括指导事业、经济事业、信用事业、保险（共济）事业等。日本农协的信用事业，也就是日本农协金融，主要包括存款、贷款农资金、生活资金、汇兑、决算服务等。日本农协金融是日本农村合作金融的主要表现形式，但日本农协的业务不仅仅限于金融，而是包括金融在内的诸多农业服务。农协、信农联、农林中金形成了多层次的合作金融体系，为日本农业的发展提供充实的金融服务。日本农协的资金规模与日本最大的商业银行相当。相对于一般商业金融机构，日本农协金融在日本农村金融中具有明显的优势：农协的综合事业使得农产品担保融资成为可能；便于灵活使用农业信用保证保险制度等信用补全制度；可由联合会调整资金的剩余和不足；具有作为金融机关的健全性。

（三）信用保证制度是日本农村金融服务体系有效的风控保障

日本的农业信用保证制度是根据1961年颁布的《农业信用基金协会法》所建立的，日本47个都道府县设立了农业信用基金协会，其出资人包括农民、银行、信用农业联合会等。农民计划从金融机构获得融资时，首先向农业信用基金协会提供担保的委托，然后农业信用基金协会向为农民提供资金的金融机构进行债务担保。这大大降低了农业的融资成本和融资风险。此外，日本还建立了完善的农业保险（共济）制度。农业保险制度的目的在于消解农业经营的内在风险，典型的是根据农户的户数及耕地面积，规定农户（耕地）的基准产量，当实际产量因风雨灾害、冷冻灾害、火灾、病虫害等自然灾害影响低于该基准产量时，由农业保险制度给予农民一定的赔偿，降低农民因灾害遭受的损失。在日本农业保险制度中，农民需要向农业保险支付共济金（参保保费），而国家向农民补贴保费的40％～55％。2010年，日本政府向农民共支付保险补助503亿日元。农业保险在全国共有294个市町村合作社，有职员7 741人。需要进行农业风险评定和保险定损时，由合作社志愿者承担的16万名损害评价员（定损评估员）进行。当自然灾害超出市町村农业保险合作社赔付能力时，由都道府县保险合作社帮助赔付；若超出都道府县的保险合作社赔付能力，由国家进行再保险。另外，农林渔业信用基金是设在中央的全国机构，当某一个保险合作社出现无法赔付的情况下，由农林渔业信用基金给该保险合作社进行资金支持。这种农业保险制度有利于促进日本农村和农业的稳定发展。

三、国外金融服务体系建设经验对我国农村金融发展的启示

（一）政府性金融扶持在农村金融服务体系完善中不可或缺

美国和日本的金融服务体系虽然各有特点，但其中都离不开政策性金融的扶持。由于农业发展的自身特点和农户经营的资源限制，单靠市场无法充分满足农业和农村的融资需求。因此，在农村金融服务体系的建立健全的过程中，政府介入和政策性金融的支持不可或缺。日本农林政策金融公库汇集国家一般会计资金、财政融资资金、财政投资机构的国债资金等，通过长期、低息贷款的形式来支持农业生产性基础设施及农业现代化投资、技术改良资金的融资。国家财政向农民补贴农业保险保费，出资设立农业担保机构（农林渔业信用基金协会），对于消减农业经营内在风险、降低农业融资成本和融资风险、建立良好的农村金融秩序发挥了重要的作用。在我国，作为政策金融机构的中国农业发展银行和国家开发银行也发挥了重要的作用，中国人民银行农村金融服务研究小组2011年的统计数据显示，这两家银行为此贡献了全国11.77万亿元涉农贷款余额中的2.53亿元（占21.5％）；另外，国家针对农村金融机构也制定了一些税收优

惠、财政补贴和奖励扶持的政策，这对于推动农村金融发展具有重要作用。

（二）农业合作组织建设是农业合作性金融体系发展的必要条件

美国和日本的农村金融服务体系中，农村合作性金融起到了关键性的作用。而农业合作性金融又依赖于高度的农业组织化经营，尤其是在小农生产背景下，日本的农协有效地克服了"小农户"和"大市场"的矛盾。高度的组织化经营也使得小农户的生产具备了较高的风险防范能力，改变了小农户在市场上的弱势地位。同时，农协在提供贷款过程中还借助会员间的彼此了解，较好地解决了信息不对称的问题，有利于信贷资金回流农村；通过开展农业技术推广，提高了农业生产效率和效益。近年来，我国各省市也在大力推广农民专业合作社、"公司＋农户"的订单农业模式，也取得了相当成效，但都存在覆盖面小、发育程度低、服务功能弱等缺陷。参考日本的经验，有必要探索建立集市场营销、金融服务、技术推广、社会服务等功能于一体的代表农民利益的农村合作组织，将其作为农村经济社会发展的平台、政府与农民之间的媒介、金融机构深入农村的依托。在此过程中，各级政府部门帮助其做好登记注册，加强引导和规范，确保其合理的发展方向。考虑到我国农民总量巨大，农业生产经营和农村情况千差万别，可以选择具有区位优势和产品优势、农村中介组织活跃的农业大县或大型乡镇开展试点。近年来，随着国家政策对农业和农村发展的倾斜，局部区域的农村合作金融机构，如农村信用社、农村合作银行、村镇银行等发展较快，但存在明显的行政条块分割，很难形成不同区域和不同层次合作金融机构的资金融通，金融机构规模普遍较小，资金总额明显不足，金融服务品种单一。这一方面与日益旺盛的农村金融服务需求差距甚远，另一方面较弱的营利能力和较低的风险控制能力也严重削弱了农村合作金融机构的可持续发展能力。

（三）完善的农业信贷担保和保险体系是农业金融服务体系的重要条件

由于农业生产具有较大的不确定性和弱质性，农村和农业贷款呆坏账比例较工业贷款相对较高，涉农金融机构发放贷款难免会承受较大的损失，因此，建立完善的农业信贷担保和保险体系就显得尤为重要。美国和日本的案例均表明，完善的农业信贷担保和保险体系是农业金融服务体系中的重要组成部分。对于我国农村金融体系而言，需在全国范围内成立政策性农业信用保证基金。该基金应由国家财政和涉农金融机构共同出资设立，财政予以补贴并纳入年度预算。农业信用保证基金可不设分支机构，或只设到省一级，日常业务委托给涉农金融机构进行资信调查和审批，并进行绩效考核。在实际运作中，可与前述建议的农村综合组织相结合，借助农村"熟人社会"的特点，施加一定的经济或社会约束，以增强农户诚信意识、降低道德风险、维护和改善农村金融环境。

（四）独立的监管和完善的法律法规体系是农村金融服务体系的良好保障

农业金融体系的完善离不开规范的法律法规体系保障和独立的监管。美国农村金融活动具有《联邦农业贷款法案》《农业信用法案》等专门的法律，将农村金融运作融合到相关法律体系中，从而使农村金融活动有章可循、有法可依，避免了行政干预和经营管理的不规范、不合理现象。目前，日本也已经形成了比较完善的农业金融法规体系。我国在建设和完善农村金融服务体系过程中也要加强顶层设计，进一步加快农村金融立法工作，在整合主管部门的基础上实行单独监管，所有涉及农村金融的支农政策、财政补贴等都由“一口出”，统筹安排使用。同时，加大涉农金融机构的协调力度，实现各类农村金融领域合理分工，功能互补。对于农民在非农金融机构的储蓄存款，应规定一定的比例转存至农村金融机构，以保证农村金融机构的低成本资金来源，做到“取之于农、用之于农”。

第二节　差异化、特色化农村金融服务创新案例研究

一、东部地区：以改革创新、提质增效为核心的农村金融服务创新

（一）特色化农村金融改革的苏南模式①

2010 年中国社会科学院金融研究所在对苏南农村金融改革进行调研后，首次提出了农村金融服务苏南模式这一概念。概括而言，这一模式指在那些传统农业经济中所占比重很低的经济发达地区，农村金融机构的定位是：立足于县域经济，适应城乡一体化的大趋势，为城市化过程中乡镇企业的转型以及民营中小企业的发展提供金融支持，走“服务于大农业”的发展道路，率先通过产权改革形成较为完善的法人治理结构，并且开始通过跨区域经营和公开上市谋求更大的发展空间。

1. 苏南特色化农村金融改革的主要内容

(1) 清产核资，明确产权关系。对原有的净资产以及产权，在遵循自愿原则的前提下按照 1∶1 的比例，转为新组建的股本或者进行退股。如张家港农村信用社，2001 年净资产 1 349 万元，其中社员股金 1 229.88 万元，在平等自愿的基础上按照 1∶1 的比例转入农村商业银行，不愿意转入的可以退股，最终 119.12 万元实收资本转入农村商业银行。

(2) 增资扩股，设置股权结构。通过发起方式设立，在以原有社员为主的基础上，立足县域，充分吸收各类企业农户、个体工商户和其他经济组织入股。

① 本案例来自“基于空间分异的我国农村金融改革特色化研究”课题组 2013 年对苏南农村商业银行改革的专项调查。

2004年，经过增资扩股，张家港市、常熟市、江阴市农村商业银行注册资本金分别达到8 800万元、10 017万元、10 018万元，股本金的增加，扩大了农村商业银行的核心资本，提高了资本充足率，增强了农村商业银行抵抗风险的能力。

(3) 制定严格的规章制度，确保组建过程合规、合法。按照金融机构设置与调整的有关规定和程序，张家港、常熟、江阴三市农村商业银行筹备领导小组，按照申请组建、组建验收、筹建、申请开业等四个阶段，扎实开展工作。通过可行性论证和对原农村信用合作联社清产核资、确认和处置净资产，由发起人签订了《发起人协议书》，经吸收新的股本金、起草章程及主要管理制度、召开创立大会暨首届股东大会等工作，由各级人民银行逐级审查后，报中国人民银行总行批准，三家农村商业银行顺利挂牌。

(4) 完善管理体制，提高核心竞争力。面对旧管理体制不健全，在同行业中缺乏核心竞争力的问题，江阴农村商业银行采取强化管理能力、弱化各乡镇社的职能，改制旧的“二级法人”体制，形成统一管理格局等方式加大改革力度，经过多方努力，于2000年10月实现了统一法人管理体制。同样，常熟农村商业银行通过建立高效透明的管理机制，规范内部行为、协调运转，建立了民主化、科学化的管理决策体制，确保了监督的有效化。全行始终致力于“三会一层”的公司治理建设，追求科学治理。为了提高竞争能力，常熟农村商业银行还采取了“一体两翼”的经营模式：以分支机构为主体，以村镇银行和参股投资为两翼。通过这些改革措施，农村商业银行强化了管理体制，改变了以往落后的局面，进一步提高了核心竞争力。

(5) 创新经营机制，树立品牌优势。2004年年底，张家港农村商业银行提出实施经营战略转型的思路，即进一步推进从分散经营向相对集中经营、从粗放管理向精细管理、从外延增长向内涵增长与外延增长相结合、从单一依靠信贷利差的盈利模式向多元化盈利模式等四个方面转变。2005年，张家港农村商业银行开始重点拓展中间业务和零售业务，主要是国际结算业务、票据业务、理财消费贷款和柜面代收业务。2006年，该行完成国际结算业务量达到9亿美元；票据业务总量一直位居全省农村信用社系统首位。此后，张家港农村商业银行不断在客户群体、业务产品、专营机构和品牌服务上寻求转变，制定了“四个创新”方针：理念创新、服务创新、产品创新和机制创新，理念创新奠定发展的基础，服务创新为县域经济发展和解决“三农”问题提供强有力的保障，产品创新用于开发适应县域经济、中小企业和“三农”需求的金融产品，机制创新则是为增强县域经济和“三农”服务的活力、扩大金融服务的覆盖面、促进地方经济的发展。同时，张家港农村商业银行立足于实际，找准市场定位，即服务于中小微企业，成为推动县域经济发展的重要力量。该行通过实施“做小做散”的信贷发展战略，使得近年来的中小微企业客户群日益壮大，扩大了服务覆盖面。

2. 苏南农村商业银行改革取得的成就

作为改革的先锋和国务院首批改革试点单位，江阴农村商业银行、张家港农村商业银行、常熟农村商业银行成立后发展迅速，大胆创新，取得了举世瞩目的成就。改革以来，张家港农村商业银行依托县域经济的快速发展，坚持服务“三农”以及中小微企业的市场定位，通过创新经营机制、拓展市场业务，品牌形象日趋卓著，不仅跻身国内先进商业银行之列，而且还成功地完成了向区域性股份制商业银行的转型，为农村金融改革探索和实践出了一条成功的发展道路。截至2012年年末，张家港农商行资产总额达到702亿元，各项存款余额突破431亿元，贷款余额301亿元，拨备覆盖率达到304.85%，取得进入全球银行1000强、全国服务业企业500强的佳绩。截至2013年年末，江阴农村商业银行资产总额760亿元，存款余额总计562亿元，贷款余额达到420亿元，存贷款总规模位处全省前列，在全国同级农村商业银行中名列前茅。该行自2010年起连续3年在江苏省联社等级管理考核中获评5A级单位，连续10年获江苏省农村信用合作联社农村金融机构等级管理考核中的最高等级。2012年江阴农村商业银行以其金融服务的苏南模式运作被中国社会科学院确定为全国首家中小银行研究基地。常熟农村商业银行在全国农村中小金融机构中首家成功引进战略投资者；首家走出注册地开展跨区经营；首批启动IPO上市工作。截至2013年年末，该行总资产、总存款和总贷款分别取得820亿元、650亿元和400亿元的成绩，在全国共有营业网点123家，其中常熟本地105家，异地18家，开设了8家常熟农村商业银行系村镇银行，参股6家农村金融机构，已形成了具有鲜明特色的区域性公众银行。

3. 苏南特色化农村金融改革的经验

(1) 完善法人治理结构，加强内部管理。从三家农村商业银行的改革历程中我们可以看出，在统一法人治理的过程中，三家农村商业银行都不同程度地采取强化管理能力、弱化各乡镇社的职能，改制旧的“二级法人”体制，形成统一管理格局的模式。以常熟农村商业银行为例，农村商业银行通过规范内部行为、协调运转，建立了高效透明的管理机制，建立了符合现代要求发展的法人治理机构，董事会下设了战略发展委员会、风险管理委员会、关联交易控制委员会、审计委员会以及提名及薪酬委员会；行长室下分设了资产负债管理委员会、内控管理委员会、科技与创新委员会、贷款审查委员会以及信息科技管理委员会等，作为主管经营的高级管理层，作为董事会制定的“战术”的执行者，常熟农村商业银行首开民营企业动产质押贷款，探索推广了仓单抵押贷款、店铺使用权质押贷款、出口退税抵押贷款、太阳能热水器消费贷款、房屋期权质押贷款等贷款新品；适应国家宏观调控政策，通过新设立专职的审贷中心和对原贷审会进行充实式调整，严格了贷款审批；严格贯彻“有保有压”的贷款发放方针，大幅提高抵押、质押贷款的比重，加快不良资产处置，有效把不良贷款率控制在0.3%以下，成了全市资产质量最好的银行之一；作为银行发展和股东利益的保障者和维护者，监事会充分有效发挥监督职能，着重对各项事关银行长远发展的决策运作、经营管理和财务活动等进行全过程监督。一方面，本着促进业务发展的原则，对一些可能会影响银行风险控制和可持续发展的决策和经营行为等及时与董事会、高级管理层沟通，并积极提出书面意见和建议；另一方面，重点加强对董事会的决策运行、高管人员的经营管理和财务活动的真实性监督，全力为常熟农村商业银行的长远发展保驾护航。

(2) 创新满足“三农”需求的金融服务产品。江阴农村商业银行自2001年12月成立以来，充分发挥改革后的体制优势和经营机制，在服务“三农”以及支持农村中小微企业的发展壮大上，日益显示出农村金融市场的主力军地位，成为“离农村最近，和农民最亲”的银行。面对江阴农业趋向产业化、规模化，农村城市化、工业化发展，该行充分发挥改革后的体制优势和经营活力，因地制宜，创新服务方式。2002年江阴农村商业银行董事会专门形成了“主要为辖内农民、农业和农村经济组织提供金融服务”的决议，制定了全力支持农业、大力支持农村中小企业、灵活支持集团型农村经济组织的业务经营策略，不断调整资金投向，促进江阴农业生产向规模化、特色化、科技化发展。农村商业银行自2009年以来通过设计“银贷通+平安易贷”综合卡，授信额度高达百万元，在便利示范户按需随贷随还的同时，也大大降低了融资成本和银行的放贷成本。2011年针对农村青年创业创建了“农村青年信用示范户”，推出一系列优惠贷款政策。农村商业银行同时加大对特色农业生产的支持，十多年来，每年累计有5 000多万元的信贷支持。目前，草莓基地、葡萄基地、无公害蔬菜基地、特种水产基地、花卉基地等特色农业，已成为江阴建设社会主义新农村的一道风景线，成为农民致富的“摇钱树”。

此外，他们还大力支持工业企业引进科研单位的科研成果进行农业产业化开发以及农村创业资金的投放。自2003年开始，农村商业银行先后投入3 000万元信贷资金，支持江苏阳光生态农林开发公司的发展以及满足农民自主创业资金需求。为充分发挥金融在促进青年创业中的积极作用，更好地帮助和扶持广大青年走上成功创业之路，自2011年至今，江阴农村商业银行两次向中国人民银行申请支农再贷款1亿元，专项用于支持“三农”“青年创业”等富民惠农金融工程，主要投向种养殖业、制造业、科学研究和技术服务业、软件和信息技术服务业、批发和零售业等十几种行业；累计帮助近400名青年大学生走上创业之路，为3 000多人提供就业岗位，使社会上涌现出一大批创业致富的青年典型。截至2013年年末，该行投放涉农贷款余额近360亿元，占比江阴全市95%以上，有力推动地方“三农”建设加快实现农业更强、农村更美、农民更富。

同样，张家港农村商业银行针对村级经济发展的新形势、新情况，不断创新，探索服务“三农”的新模式，开发出富村贷、富农贷、富民贷等“强村富民”系列贷款产品，分别为行政村、农业项目和农村居民及农户提供融资支持。截至2013年年末，该行授信“强村富民贷款”总额11.46亿元，融资余额10.44亿元，分别较上年初增加3.57亿元和3.03亿元。该产品具有门槛低、灵活便捷、融资担保方式灵活多样化、服务差异化、手续简单快捷等特色。根据“三农”金融产品服务需求，该行大力创新，推出新产品，有“东渡”一卡通、“鸡毛信”等产品。针对涉农补贴业务的开展，又推出了“涉农补贴一折通”“阳光信贷”服务以及“农保转城保”贷款等，这些产品和业务从无到有、从弱到强，总量与市场份额迅速壮大，在城乡一体化和新农村建设中发挥了积极的作用。

清晰、准确的市场定位是银行赖以生存和发展的基石。为实现自身的长远和可持续发展，常熟农村商业银行立足自身定位，联系地方实际，革新兴行理念，在实践中逐步探索和确立了“服务三农、服务个体私营民营经济、服务优质客户”的市场定位。将服务“三农”作为第一要务，每年都将大部分新增贷款用于支持农民、农业和农村经济发展，对贷款手续能简则简，并率先在全市金融系统中推出了小额农贷授信的支农新举措，使一大批农户增加了收入，成了农民致富的引路人。在“三农”贷款上，常熟农村商业银行确保“两个不低于”：农业贷款占常熟市农业贷款的比例确保不低于85%，该农业贷款占全行贷款的比例不低于常熟一产的占比，并对“三农”贷款实行基准的优惠利率，以确保“三农”资金需求。

在“三农”产品上，常熟农村商业银行偏向简单易行的特点。该行于2003年首创了农村种养殖授信业务，采取“一次核定、随用随贷、差别利率、周转使用”的办法，将授信对象由原来单纯的种养殖专业户逐步扩展到从事农副产品加工、运输、商贸服务等领域的农户和农村经济组织。近几年来常熟农村商业银行全面启动农村家庭金融服务工程，该工程已经建家庭信息档案，涉及农村人口70.07万人。同时针对小农贷款情况，常熟农村商业银行还推出了“农业贷款”“惠农贷款”“农户联保贷款”等创新产品，为农民提供更贴心的服务，不仅促进了诚信意识强、经营效益好的专业农户的发展，同时通过专业户的示范效应和资本纽带作用，有效带动了当地农民致富和农村经济的发展。

(3) 服务定位于中小微企业。中小微企业是地方经济发展的后劲力量，也是促进农村商业银行持续发展的主要客户群体。苏南农村商业银行正是具备了这样的远见卓识，以服务于中小微企业为市场定位，走出了一条专业化、特色化的发展之路。依靠和培育小企业、民营企业，以中小微企业贷款、短期贷款为主的信贷结构，苏南各农村商业银行以其灵活的经营机制、便捷的金融服务和及时的资金支持，受到中小企业的信赖。

作为一家地方性银行，张家港农村商业银行客户群体主要以中小企业和“三农”、小微企业为主，适量参与大客户授信，经营思路由过去的“抓大不放小”转变成“抓小不放大”。截至2013年，张家港农村商业银行共有2 131个企业客户，其中大企业、中型企业和小微企业分别占比2.67%、14.36%和82.96%，对应的贷款余额占比为12.94%、29.78%和57.28%。近年来，该行还根据小微企业融资需求“短、平、快”的特点，系统推进信贷产品创新，陆续推出房产二次抵押贷款、可置换仓单质押贷款、仓单贷款、村级联保贷款等贷款新品，形成包含20多个产品的“易速贷”“应急贷”“物押贷”“联保贷”“集速贷”五大系列的小微企业特色贷款体系，以充分满足各类小微企业的融资需求。农村商业银行在事业部内部进一步精简流程。首先，建立以双人调查、双人审查和独立审批制度为特点的贷款审批流程，在小微企业信贷中心内建立“信贷工厂”模式，将客户营销和信贷业务操作相分离，实行中后台业务集中处理。其次，设计简便有效的调查方法——交叉核验法。客户经理必须综合运用三种以上的方法检验。例如，通过调查客户的流水账、应收账款、采购单、订单、出仓单、银行对账单、工资表、税票、水电气费等方面进行综合考量，对客户的经营信息进行交叉验证后，才能作为分析的一个元素落实在分析表中，成为对贷款分析有价值的信息。该行还在总行成立专门承担科技金融产品开发、营销规划等职能的科技金融部，并成立江苏首家县域科技支行，专门负责科技金融营销和服务。针对科技型企业创立、孵化、产业化、成熟等不同发展阶段的需求，该行配套开发出“创新助力”“成长助力”“卓越助力”“政策助力”四大系列27项“金智方”科技金融专属系列产品。至2013年年末，张家港农村商业银行已支持全辖科技型企业37家，发放专项科技贷款2.42亿元。

常熟农村商业银行自2001年立行起就率先在全市金融系统中提出了“小对小、小对优”的经营方针，积极发挥“审批快捷、灵活高效”的独特优势，专注于服务中小企业和微小客户，走“错位经营、差异发展”之路。农村商业银行充分利用股份制商业银行的体制和机制优势，及时从政策制定、经营决策、信贷支持、产品设计、服务方式等诸多方面向中小企业倾斜，并在产品创新、内部审批流程、营销模式、业务合作和配套服务等方面制定具体的配套措施以满足中小企业的发展，得到有效的金融支持。农村商业银行把企业客户主要分为三类：一类是贷款在5 000元～50万元的，由该行专门的小贷中心负责；二是贷款额度在200万元～2 000万元的，由各分支行行长审批，每个支行委派风险经理；三是贷款额度在2 000万元以上的，由公司部门负责。农村商业银行于2009年成立小贷中心，直属于总行，由总行进行统一管理。小企业信贷中心实行“三包三自一为主”的原则，即贷款第一责任人和审批人遵循包放、包收、包效益的原则，支行遵循自主经营、自负盈亏、自担风险的原则。同时该行对中小企业贷款实行支行长和客户经理“四只眼睛”的管理制度，客户经理负责贷款调查和贷后管理，并作为贷款调查和贷后管理的第一责任人，支行长负责权限内贷款的审批和发放，并作为贷款审批的责任人。在产品研发上，该行推出联保贷款、固定资产贷款、流动资金循环贷款、动产质押贷款、经营权质押贷款、设备按揭贷款、太阳能工业热利用专项贷款等多项金融新品。同时，该行通过引入授信协议，增加授信约束条款，把客户的贡献度与授信额度、用信利率相挂钩，提高了客户的忠诚度。目前，常熟农村商业银行 80%以上的客户都是中小企业客户，全行 90%以上的贷款均投向中小企业，成为名副其实的服务中小企业的“主办银行”和“特色银行”。

江阴农村商业银行利用自身独立法人优势，采用抵押、质押、集团企业担保等多种方式从简手续、快捷办理信贷业务，对中小企业授信实行“一年一定、支行掌握、随用随贷”的管理办法，为解决中小企业短期小额流动资金周转困局，江阴农村商业银行简化贷款流程、创新还款模式，针对具有一定偿还能力的私营业主或个体工商户，推出了暨阳卡“银贷通”业务，提供最高可达 100 万的授信额度。在还款方式上，以担保方式办理的“银贷通”，使用额度有效期最长达一年；以抵押方式办理的“银贷通”，使用额度有效期最长达三年。由于“银贷通”在授信额度内循环使用，免除了小企业办理传统信贷业务等待的时间，实现资金短缺时随时使用，资金充裕时随时还款。加上“银贷通”业务采取按实际占用资金天数计算利息的方式，节省了小企业的资金使用成本。根据小微企业小贷业务具有“两高一低”的特点，联合人保财险、太平洋保险，推出小微企业保证保险小额贷款业务，更加进一步使得农村金融在自身增长以及“三农”问题的解决上发挥了重要作用，进一步解决了中小微企业融资难、担保难的问题。

针对多数外贸企业，特别是小微外贸企业轻资产、抵押品少，在融资方面一直难于其他企业的现实，2013 年江阴农村商业银行开通了“外贸融资宝”业务。它是由江阴农村商业银行提供信贷配套资金，市商务局、金融办等多部门共同打造的外贸小微企业专项贸易融资产品。“外贸融资宝”解决了小微外贸企业的融资难问题，并降低了其融资成本，为企业发展带来了后劲。仅 2013 年，该产品受惠企业出口 2.74 亿美元，同比增长 10.37%，高出全市平均出口增幅的 7.97%。目前，江阴农村商业银行还将对办理“外贸融资宝”的小微外贸企业开通快速审批通道，简化贷款办理流程，并给予授信企业贷款利率执行中国人民银行同档最优惠利率的政策。

（二）支持新型农业经营主体的创新和探索：苏鲁两省的经验

1. 认真落实主办行制度，建立新型农业经营主体“主办行”监测制度

江苏省 2014 年建立了包括 319 户新型农业经营主体的省级首批重点支持

名单，并对名单主体的重要信息逐一核实，在此基础上进一步明确主办行制度工作要求，要求省农业发展银行、农业银行、邮政储蓄银行和省农村信用合作联社对省级重点支持新型农业经营主体实行县支行（县联社）行长（主任）负责制，并选派业务骨干担当驻点客户经理，及时提供“一对一”服务，通过遴选“金融支持转型升级系列工程”和“小微企业金融服务升级扩面计划”省级重点示范项目，强化重点项目示范作用。其中，涉及新型农业经营主体的项目共计 31 个，2014 年给予 7.35 亿元支农支小再贷款以及 2.3 亿元再贴现额度支持，撬动承办金融机构贷款累计发放 834.28 亿元，支持户数 6 747 户，其中首贷户 2 278 户。

山东省重点支持新型农业经营主体 529 家，涵盖全省 119 个县（市、区）。中国人民银行济南分行建立了全省新型农业经营主体“主办行”金融支持情况数据库，对“主办行”制度定点支持对象主要经营情况、负责人、主办金融机构、主办信贷员等信息登记造册，并按季调度名单内新型农业经营主体资产负债变动、经营收入变化、金融服务需求满足等情况。根据监测情况，及时加强统筹协调、分类督导，确保新型农业经营主体“主办行”工作取得实质性进展。

2. 逐步完善各涉农机构工作机制，创新金融产品和服务

山东省和江苏省涉农金融机构均高度重视新型农业经营主体金融服务工作，根据自身特点制定了新型农业经营主体主办行制度实施办法，并不断创新金融产品和服务，提升农村金融服务质量。中国农业发展银行山东省分行重点通过“产业化龙头企业＋家庭农场”等模式促进新型农业经营主体做大做强。中国农业银行山东省分行要求每个县支行至少支持 3 户家庭农场，每个“121”支行至少支持 5 户家庭农场，每个融资增信试点县支行至少支持 10 户家庭农场并提供全流程金融服务；优先安排家庭农场贷款规模，省分行按一定比例承担二级分行存量农户贷款和增量农户贷款占用的经济资本，调低二级分行最低利率审批权限；将专业大户、家庭农场贷款作为非小额农户贷款纳入考核奖励，适度提高家庭农场和专业大户贷款经营利润奖励比例。中国邮政储蓄银行山东省分行推出“农民专业合作社贷款”和“家庭农场（种养大户）贷款”产品，扩大贷款额度，延长贷款期限，降低贷款利率。省农村信用合作联社要求各法人机构按照试点名单，切实达到帮扶目的，将“一对一”的全方位跟踪服务以每季度增加 1～2 户的速度逐渐推广，将支持新型农业经营主体情况作为加分项纳入指标考核。

江苏省农村商业银行创新开发了家庭农场贷款。突破了农户贷款的限制，将贷款用途拓展至受让土地承包经营权、农业基础设施建设维修以及固定资产购置等，贷款期限相应可延长至 3 年以上。截至 2014 年年末，仅泗阳农村商业银行就为 45 户家庭农场发放家庭农场贷款 1 937 万元。此外，江苏省还积极发展产业链金融。探索出了“龙头企业＋家庭农场（农户）”“农产品专业市场＋家

庭农场（农户）”“农业产业园＋家庭农场（农户）”“合作社＋农户”等多种模式，提升家庭农场等融资获取能力。江苏省还引入成熟模式，支持家庭农场。例如，东农海农村商业银行采取“阳光信贷”操作模式，动态获取家庭农场信息，实行名单制管理，从中筛选一批运作规范、发展意愿强的家庭农场作为信贷支持重点，发放“易贷通”卡，此卡一次授信、余额控制、随用随贷、周转使用，并且优先授信，优先放贷。截至2014年，此行已经累计对家庭农场发放贷款137万元。

3. 积极争取财政支持，引导基层涉农机构增强提供全方位金融服务的主动性

中国农业银行江苏省分行、中国邮政储蓄银行江苏省分行先后与江苏省财政厅、江苏省农委签订合作协议，分别推出“金农贷”和“富农贷”产品，支持新型农业经营主体融资需求。江苏省财政厅对中国农业银行、中国邮政储蓄银行分别设立2 500万元和2 000万元的风险补偿基金，要求分别按照25倍和20倍的规模放大，对江苏省农委系统推荐的家庭农场、专业大户、农民专业合作社等发放贷款。徐州市探索“财政＋保险＋银行”的模式，以500万元政府专项担保基金为基础，合作银行按基金规模放大10倍向家庭农场主提供单笔不超过20万元的资金支持，承保机构为客户办理小贷保证保险；贷款损失由政府担保基金、保险公司、银行三方按照1∶2∶7比例共同承担；贷款利率为9%，保险费率2.2%，综合成本低于同类无担保抵押贷款成本；首批16户家庭农场累计获得授信300万元；截至2014年年末，122户家庭农场已用信102万元。

山东省各涉农金融机构初步建立了主办行管理框架，及时将试点主体的相关信息登记造册，随时了解农业规模经营主体的经营和融资情况，并进行跟踪服务和管理。中国农业发展银行各分支行除对试点新型农业经营主体提供授信扶持、多元化结算服务外，还给予试点主体政策倾斜，简化信贷流程，提高办贷效率，加强信息服务，开通承兑业务绿色通道。中国农业银行各分支行对专业大户、家庭农场、农民专业合作社等试点主体开展调查，结合农业政策环境、市场环境、信用环境和土地流转、贷款抵押政策，不断加强和改进金融服务，提供了包括贷记卡、结算、理财、网银、贵宾服务等一揽子金融服务。中国邮政储蓄银行各分支行根据试点主体的金融需求，结合该行金融产品特色，提供“一对一”金融服务，建立营销台账，便于后续跟踪合作。各地农合机构为试点主体提供信贷、票据、结算、现金收付、电子银行等综合金融服务，并且在贷款审批、利率、创新产品等方面给予优惠。例如，平原农村信用合作联社邀请山东省农科院专家为支持的试点主体进行授课；宁津农村信用合作联社在试点主体富民畜牧养殖合作社的财会制度、融资知识、生产管理等方面无偿提供规范化指导；成武农村信用合作联社为试点主体提供“融智＋融资”的金融管家服务。截至2014年年末，各金

融机构对山东省 47 205 户新型农业经营主体授信 1 636.6 亿元，贷款余额 1 200.3 亿元，同比分别增长 22.5%和 15.3%；1～12 月份，新增贷款 264.6 亿元，累计发放贷款 1 178.3 亿元，同比分别增加 18.2 亿元和 277.5 亿元。

（三）农业保险产品创新：江苏徐州的经验①

近年来，在中国保监会的大力支持和引导下，保险产品创新持续升温，呈现点多面广的特点。农产品价格保险试点范围进一步扩大。截至 2016 年 12 月底，已有 31 个省（直辖市）启动或制定了试点方案。试点品种由 2015 年的 19 个大幅增加至生猪、蔬菜、粮食作物、特色农产品等四大类共计 50 余个品种，除生猪、蔬菜等传统品种外，水产品、畜禽、水果、糖料蔗和中药材等地方特色品种价格保险试点迅速增加。收入保险作为价格保险的“升级版”产品，已在全国 14 个省市进行试点探索，品种涵盖水稻、小麦、玉米等主要粮食作物和苹果、棉花等多个农产品，在保障农产品损失风险的同时，也保障了市场价格的下跌风险。

江苏省徐州市近年来也大力进行农业保险的探索和尝试，目前全市的农业保险品种已从 2007 年开始试点的小麦、玉米、水稻、能繁母猪和奶牛保险等五个品种，到 2016 年年底的小麦和水稻等主要种植业保险、能繁母猪和奶牛及育肥猪等养殖业保险、蔬菜大棚及棚内作物和果树和露地旱生蔬菜等高效设施农业保险，共三大类近 30 个险种。至此，农业保险做到了三个基本涵盖：保险险种基本涵盖具备开办保险条件的种植、养殖及高效设施农业等生产项目和品种；保险责任基本涵盖徐州市发生较为频繁和易造成较大损失的灾害风险；参保对象基本涵盖从事农业生产的各类主体。截至 2016 年年底，全市 95%以上农户参加了各种类型的农业保险，承保率较高，使农民切实享受到了保险的保障作用。徐州市不仅扩大了保险品种和保险覆盖面，还积极创新了投保的形式，并积极探索与银行、政府基金的合作模式。

1. 小贷保证保险试点：农业保险贷

徐州市率先在江苏省推出农业保险贷业务，建立起“财政＋保险＋担保＋银行”的惠农新模式，促进了保险市场与货币市场的深层次互动，发挥了政策合力，提高了政策效果。其主要模式是通过财政资金增信带动银行、保险等金融机构为农业生产经营主体提供易获得、低成本的惠农金融服务。总的融资成本为贷款利息、贷款保证保险之和，其中贷款利率不高于同档次基准利率上浮 30%；保险费率不超过贷款金额的 1.1%。农业保险贷的相关机制与流程见图 7-1、图 7-2和图 7-3（中国邮政储蓄银行在此 3 个图中简称为邮储银行）。

① 本案例来自 2017 年“基于空间分异的我国农村金融改革特色化研究”课题组与徐州市委农工办的专项调研。

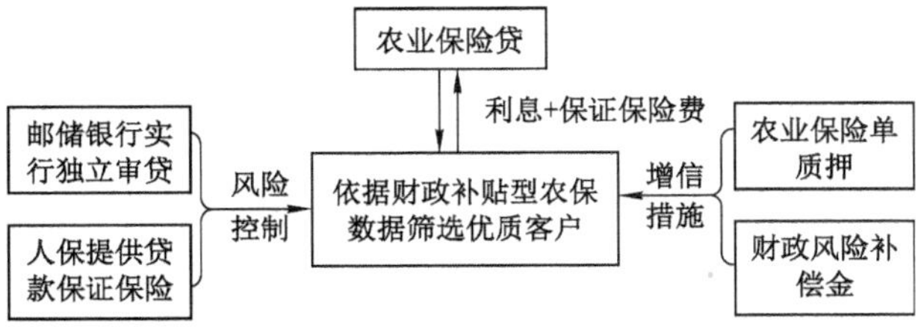

图 7-1　农业保险贷项目运行机制

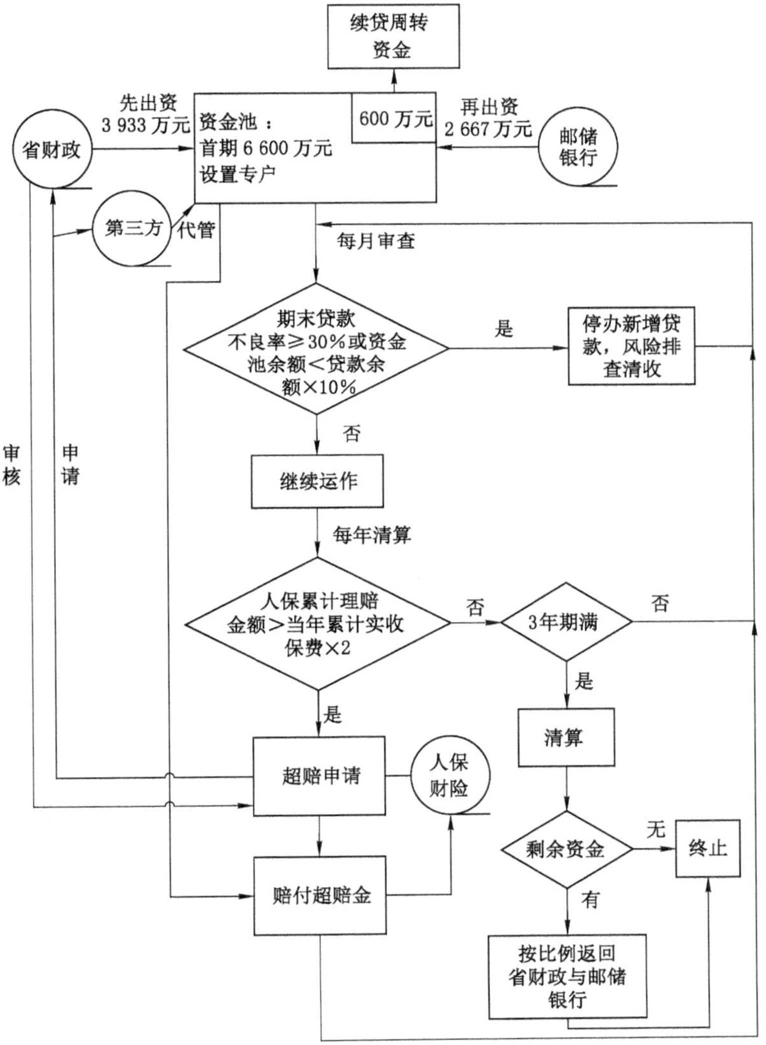

图 7-2　农业保险贷资金来源及利用流程图

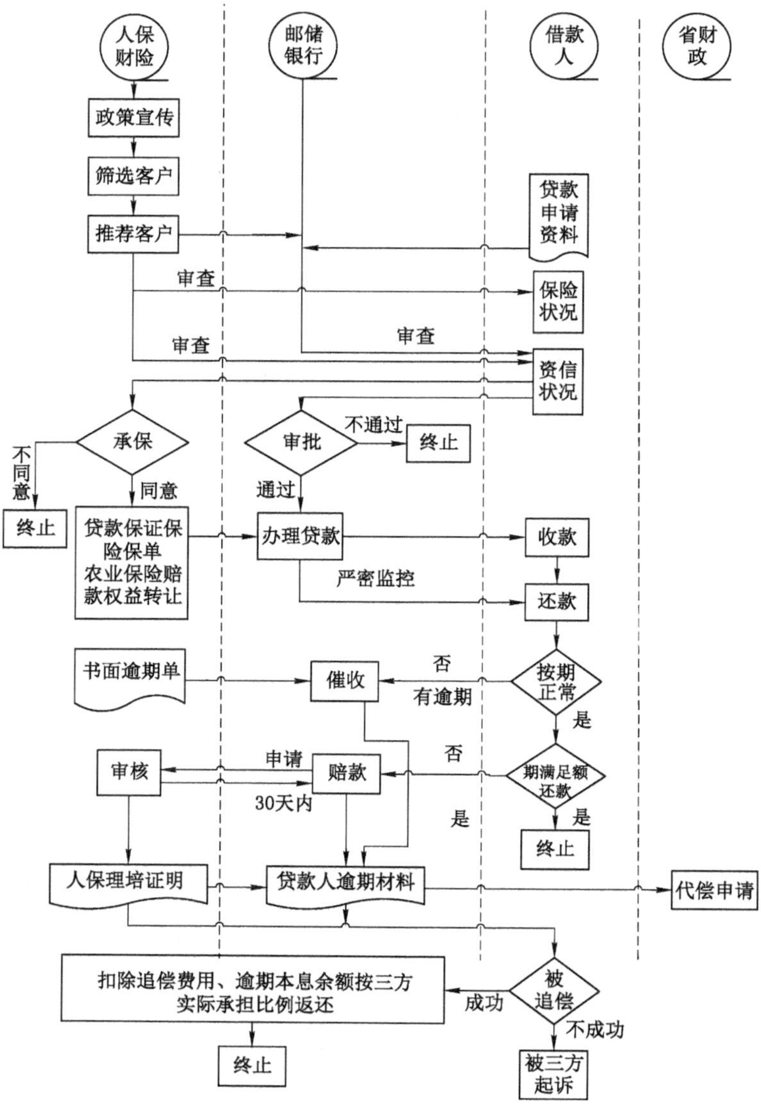

图 7-3 农业保险贷贷款还款流程图

2. 农业新险种试点：目标价格保险和大灾保险

近年来，徐州市积极创新新险种，探索农业保险由保障生产风险向保障农民经营风险及市场风险拓展的保险新形式。农产品目标价格保险的开展，适应了农业现代化、集约化以及向特色效益农业发展的趋势，解决了现代农业生产中最令生产者担忧的市场风险，满足了生产者收益保障的终极需求。农户投保种养殖生产成本保险后，再投保预期目标价格收益类保险，规避了生产和市场双重风险，更有信心发展生产，进而有效破解了“增产不增收”以及“价贱伤农、价贵伤民”的难题。目前，徐州市已开展了大蒜和生猪价格指数保险。此外，还在沛县开展了针对新型农业经营主体参保的玉米、水稻大灾保险试点，将玉米、水稻保险金额提到了 1 000 元/亩和 1 100 元/亩；2017 年共承保大灾保险玉米、水稻共计 23.43 万亩，为参保的新型农业经营主体提供了 2.55 亿元的风险保障；根据政策规定，积极整合涉农财政补贴资金，支持种粮大户参加农业保险，对种植面积在 30 亩以上的大户给予全额保费补贴。

3. 政策性保险新探索：生猪保险全覆盖与无害化处理联动

徐州市在江苏省率先建立生猪保险全覆盖与无害化处理联动机制。徐州市铜山区和邳州市政府给予辖内参保生猪全额保费补贴，实现区域内生猪保险全覆盖。所有投保农户只要发生生猪死亡案例，即可通过向保险公司报案，然后由保险公司与检疫部门共赴现场、共同签字，实现病死猪的无害化处理，这样在养殖户利益不受损失的前提下又有效避免因病死亡生猪流向市场和处理不当造成的疫病传播，保障人民群众食肉安全和养殖农户的利益，杜绝病死生猪污染环境，规避养殖业保险理赔的道德风险。这项工作机制的建立，产生了极大的社会效益和经济效益。该联动机制，见图 7-4。

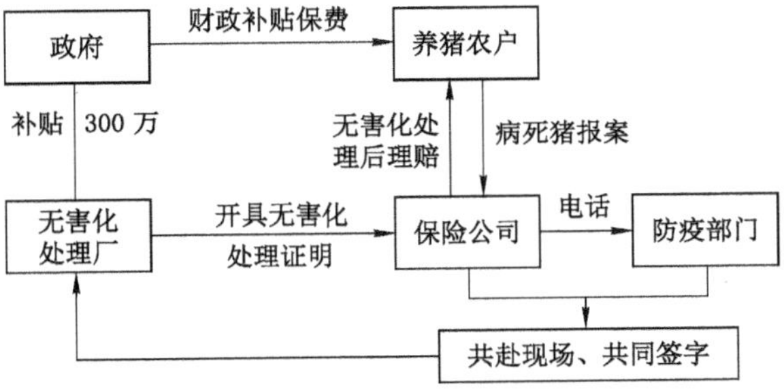

图 7-4　生猪保险全覆盖与无害化处理联动机制

二、西部地区：以服务小农、精准扶贫为核心的农村金融服务创新

（一）农村信用合作社小贷支农的海南模式

海南农村信用合作社小贷支农的效果比较好，受到基层农户的欢迎，得到各级政府的认可。截至 2015 年年底，50 万元以下（含）小贷余额超过 81.626 9 亿元，服务存量户数近 1 217 万户农户，不良率为 32.26%。支撑这一绩效的关键

基础是专业化的信贷服务团队和严格的管理制度。海南省农村信用合作社有小额信贷技术员团队(小额团队),专门负责50万元以下的信贷;还有一个乡镇基层农村信用合作社信贷员团队(俗称小基团队),从事传统支农服务业务,可从事包括50万元以上农村企业信贷服务和小额信贷团队的信贷业务。两个团队相对独立,小额支农业绩独立核算,相互竞争、相互促进。

海南农村信用合作社成立于2007年8月,在考察了孟加拉国的格莱珉银行小贷项目之后,推出了"一小通"支农信贷服务,成为海南农村信用合作社支农的特色产品,引入了格莱珉银行小贷风控关键机制,并结合海南当地经济和社会文化特点进行了本土化改造。

海南农村信用合作社主要在技术引进、改造完善、综合服务三个环节进行了创新改造。海南省通过举办"中国小额信贷国际论坛",正式发布了"海口宣言",提出把人人享有平等融资权作为最重要的目标之一。海南农村信用合作社联合格莱珉银行专家在琼中县进行了小额信贷试点,试行"两万元以下不需审批,7天到位"。主要特点是针对中低收入农户,逐步采取提高授信额度、为诚信客户提供利率优惠等措施,为农户提供无抵押贷款;信贷员密切联系农户,全面深入地了解农户信息;对农户进行为期5天的金融知识教育,联保小组成员多由妇女组成。

此外,在引入格莱珉银行小贷技术的基础上,海南农村信用合作社还结合国情和省情进行了本土化改造:① 招聘农学相关专业大学生组成专业化的小额信贷员技术队伍。② 完善培训流程,提供规范的标准化服务。③ 开发出本地化农村信贷产品。④ 试行专营架构,实行事业部制,逐步将服务进行推广。⑤ 调低业务回报预期,降低农户信贷利率,切实让利于民,实现良性互动。⑥ 在政府贴息支持下,扩大支农小贷的覆盖面,惠及中低收入农户。⑦ 建立与农户共命运、同发展的理念,针对农业生产的周期性波动、灾害多发等特点,围绕农户恢复生产需要,提供资金支持,而不是抽贷。⑧ 拓宽基层信贷员的成长空间,与基层地方政府共同培养高素质的信贷员,既为农村信用合作社系统建立后备干部队伍,又为地方基层政府输送熟悉农村工作的高素质金融人才,从而为基层大学生信贷员提供比较理想的职业发展空间。⑨ 实行"鱼咬尾"监督制度,每一名基层信贷员对其他信贷员实行单向监督,参与对方的信贷决策,承担责任,并下放信贷决策审批权,提高了信贷决策效率。

在完善小贷支农服务机制的基础上,海南农村信用合作社还围绕农业生产经营需求,探索出综合化支农服务机制:给农民放款、教农民技术、帮农民经营、促农民增收、保农民还款。① 以农学相关专业的大学生信贷员为基础,为农户提供决策参谋,并协调相关资源,提供帮助。具体服务内容包括:农业技术指导、组织专业合作社、争取惠农政策、提供会计服务等。② 建立专家队伍。这支队伍主要由基层一线农业生产经营的科学院和研究所专家、政府农业部门专员、行家里手组成，以便为农户提供技术、销售等支持和帮助，并根据农户反馈评价和满意度情况，对农业专家队伍进行激励并进行动态调整。三是与专业合作社、生产基地等合作，通过提供种子种苗、实行农产品包销方式，为具备劳动能力的中下层农户提供发展机会，促使其尽快脱贫。

海南模式的经验可总结为“九专五交”。九专具体指：成立专设机构、组建专业队伍、创立专门文化、制定专项流程、开发专列产品、实行专项贴息、开发专门系统、聘请专家团队、设立专项基金。五交具体指：把贷款审批权交给农民、把贷款利率定价权交给农民、把工资发放权交给信贷员、把贷款风险防控权交给信贷员、把贷款管理权交给电脑。

（二）金融领域的扶贫先扶智：贵州的农村金融夜校与农民工金融服务中心

1.“学校＋普惠金融”：贵州农村商业银行金融夜校经验

贵州地处山区，多民族共居，人均耕地少，境内贫困人口和石漠化地质比例较高。农村人口居住分散，交通不便，金融知识普及率低。虽然黔南地区早在2013年就实现了农村金融服务村村通，但由于当地是少数民族地区，广大农村群众金融知识匮乏，理财意识淡薄，诚信意识差。很多群众不愿办理银行卡，宁愿舍近求远，跑到乡镇支行排队办业务；有的群众在村村通服务点只敢取钱不敢存钱，村村通的很多功能被闲置，农村信用合作社营业网点柜面压力加大，又增加了农民群众办事成本。金融夜校也正是为解决此问题而诞生，目的是为了使大山里的农民群众分享到金融服务的雨露甘霖，打通金融惠农服务的“最后一公里”。

贵州农村信用合作社利用农户晚上空余时间，挨村挨寨地举办金融夜校，把金融知识送上门。贵州省福泉市农村商业银行是这一活动的典型。该行以党建引领、培训助推、基地实践、产业发展、电商搭建“五位一体”为模式，创建农村金融致富学校，实现文化传播、“学校＋普惠金融”、培训教育、服务平台的有机融合，将贫困农户嫁接到成熟产业的发展中，帮助农户由“要我变”转为“我要变”。为使想法接地气、措施能落地，福泉农村商业银行还建立了凤山羊昌河蔬菜种植基地、牛场银富养殖场、黄丝江边水果种植等10个教育实践基地。同时，该行整合资源，在产、供、销之间搭建交流沟通平台，嫁接一二三产业，形成“产供销＋电商物流”的产业链，并建立学员、教师、教育基地与福泉农村商业银行信贷支持、额度调整、利率优惠、资源共享等一套有效的利益链接机制，激发农户学习的热情。农村金融致富学校通过室内教学、流动学堂和室外实践“三位一体”的教学方式，根据学员的不同情况，下设初级班、中级班和高级班。初级班学员是一般农户和贫困农户，中级班学员是种植养殖大户，高级班学员是龙头农业企业主。根据学员情况划分班级、配备师资、因地制宜、因户施策，在3个班级项下开设厨师班、剪纸班、种植养殖班、食品加工班、创业专班、务工专班、管理营销专班等，让帮扶更精准，让助推更有力。授课教师既有致富能手、龙头农业企业负责人，也有农工局专业技术人员，他们在感情上与学员形成呼应，在讲授专业技术知识的同时，还进行现场指导。

农村商业银行还鼓励参加培训的学员创业，为他们提供优惠贷支持，解决了学员投资的后顾之忧。各地农村信用合作社还邀请金融办、中国人民银行、银监会对金融夜校进行指导，加强与电力、通讯、公安、国土、教育、司法等部门的沟通联系，搭建多方协作平台，共同推动金融夜校持续开展。金融夜校结合具体的精准扶贫项目，对农户、小微企业、城市低收入群体进行必要的金融知识、生产技能、经营管理知识、专业技术等培训，增强了群众对资金的有效需求和自我发展能力。金融夜校是贵州省农村信用合作社对党的群众路线的重要实践，也是农村信用合作社服务“三农”、巩固农村市场、落实普惠金融理念的重要载体。

截至2017年10月底，贵州省累计举办金融夜校培训26.68万场次，培训人数达823万，实现全省贫困村金融夜校全覆盖。金融夜校开展3年多来，贵州省农村信用合作社不断丰富金融夜校内容，在普及金融知识的基础上，植入文化元素，产生了良好的效果。

2. 贵州农民工金融服务中心的“春天行动”

贵州省务工的人数超600万人，跨省务工者约500万人，是名副其实的劳务输出大省。作为农村金融服务的主力军，农民工金融服务是农信社的工作重心之一。从“走出去”服务到重视“家门口”的服务，2012年以来，农村信用系统持续开展“春天行动”，温暖了返乡人员的回乡路，提升了农民工金融服务水平。

农民工金融服务中心以服务农民工为宗旨，以金融服务为核心，提供人性化的综合服务，诚心诚意帮助地处困难境地的农民工。为让农民工能够顺利回乡创业，贵州省农村信用合作社通过金融夜校等渠道，大力宣传金融知识，积极宣讲农村信用合作社的金融业务、特色产品及返乡创业就业的优惠政策，帮助外出务工朋友理清发展思路、找准创业路子、算好经济“明白账”、明确创业就业的重点及方向，帮助他们实现返乡创业致富梦。地处云南的农民工金融服务中心还结合实际，开通了“贵州农信云南农民工金融服务中心”公众号，浏览量超5万次。服务中心在云南的贵州人中的知名度大增。2016年该服务中心协调发放贷款1 100多万元，帮助80余人在云南创业，累计协助农民工贷款达7 000余万元。

此外，农民工金融服务中心还积极搜集务工地的企业信息、用工需求和市场信息，积极与用工单位进行联系，为农民工提供必要的技术培训和服务。2014年服务中心与南车集团下属企业合作，免费为贵州籍农民工培训电焊技术，两年多来培训人数达数百人。省农村信用合作社各地农民工服务中心不断创新服务，广泛应用QQ群、微信群、微信公众号等媒介，提供的专业服务，也从转账、识假币等基本常识，向手机银行、网上银行，微信支付甚至现代化支付系统、银联联网清算、农信银资金清算平台等纵深方向发展。提供金融服务同时，还提供咨询、排忧、救急、解难等服务，已累计帮助农民工维权1 700余次，提供咨询服务5万多次。如今，农民工信息普遍纳入了农村信用工程体系，在家乡获得建档、评级、授信，能享受到常规金融服务。截至2016年年底，全省农村信用系统发放农民工外出创业贷款7 200余笔，金额4.6亿元，农民工返乡创业贷款万余笔，金额6亿多元，累计投放返乡农民工创业示范企业贴息贷款148笔，金额1.8亿多元。通过驻外农民工服务中心向24家行社推荐，发放农民工外出创业贷款368笔，金额近6 000万元。这项工作实现了多赢，一是为农民工提供了极大便利，扎实推进了普惠金融服务；二是农民工的利益得到了发展和维护，促进了当地经济发展，也促进了社会和谐；三是相关农村信用合作社业务快速增长。这项创新工作得以成功推进，关键在于：一是制定了严密规范的工作制度，工作流程、着装仪表、沟通联络、进度考核等形成具体规定；二是选派高素质、肯吃苦、对农民工有感情的青年员工到第一线开拓；三是创新金融服务产品，为农民工提供有针对性的服务。

（三）巴拉格宗ABS——资本市场助推脱贫攻坚

2016年7月20日，云南文产巴拉格宗入园凭证资产支持专项计划（巴拉格宗ABS）在深圳证券交易所挂牌交易，这是深圳证券交易所推出的首单贫困地区资产证券化产品。该计划以云南香格里拉县的特色旅游业为基础。香格里拉县是国家扶贫工作重点县，也是少数民族集中地区。巴拉格宗ABS响应资本市场参与精准扶贫的号召，通过资本市场盘活贫困地区的旅游资源，拓宽贫困地区的融资渠道，带动贫困人口脱贫。

巴拉格宗景区位于香格里拉县西北部，景区汇集了香格里拉生态旅游区的大量自然和人文景点，具有巨大的开发潜力。巴拉格宗ABS是以香格里拉县巴拉格宗景区及其设施为基础资产、入园凭证为未来主要收益来源的资产支持计划。2015年，景区营业收入为5 904万元，年客流量达22.07万人次，对当地旅游业乃至经济发展都有比较大的贡献，该景区入园凭证有一定的投资价值。

巴格拉宗ABS总规模为8.4亿元，其中优先级为8亿元，次级为0.4亿元，发行期间得到了众多投资者的关注，按市场价格足额认购。其中，优先级资产期限分为4年、5年、6年、7年等共4种，次级为7年期限。资金主要用于景区的后续改造、建设与维护，致力于提升景区质量。

巴拉格宗ABS是资本市场支持扶贫开发的一次重要实践，具有标志性意义。①巴拉格宗ABS为贫困地区的优势景区提供了成本较低的资金支持。巴拉格宗长期以来面临资金不足，难以进行大面积开发的困境，景区业绩虽然逐年上升，但规模仍有较大的上升空间，可以创造更多的工作机会。巴拉格宗ABS项目将资金投入到景区峡谷生态观光区、巴拉文化体验区、香巴拉佛塔朝圣区等亟须资金开发建设的项目中，进一步加快景区的开发建设工作，为当地经济和民生作出贡献。对比其他行业，贫困地区旅游业的投资规模需求大，回收期较长，地理位置偏僻，使得融资难的问题尤其显著。巴拉格宗ABS项目加权平均发行利率为6.89%，显著低于商业银行贷款等传统模式的融资成本，有效地解决了景区融资难的问题。②巴拉格宗ABS响应国家精准扶贫政策，带动贫困少数民族地区特色产业发展，将景区资源变成优质资产。巴拉格宗景区是香格里拉县旅游业的特色景区，也是当地的优质资源。巴拉格宗ABS针对巴拉格宗景区的融资，能够将资金、人才、技术、管理等要素聚集在香格里拉县，增强当地旅游业的吸引力和影响力，利用资本市场产品，将资源转化为可以长期创造收益的资产。

三、中部地区：以粮食增产，农民增收为核心的农村金融服务创新

（一）农业价值链融资创新：黑龙江省龙江银行融资案例

该案例主要以龙江银行提供的“惠农链”系列产品为代表。黑龙江省龙江银行成立于2009年12月25日，是在重组齐齐哈尔商业银行、牡丹江市商业银行、大庆市商业银行和七台河市城市信用社的基础上而设立的，注册资本30.8亿元。龙江银行的“三农”金融部门所提供的“三农”金融产品全部依托农业供应链，即“惠农链”系列产品，包括“三农”对公业务和“三农”个人业务。前者主要有专门针对粮食中间商提供的粮食贸易融资贷款“粮贸贷”、专门针对土地规模化经营的合作社的农业生产贷款“农信通”；后者主要有“农资贷”“种植贷”“养殖贷”“农机贷”等面向农户的农业供应链贷款产品。其中，“种植贷”“养殖贷”都需要有产品购销合同或者协议书，有与之签订订单的公司提供担保。正是由于充分利用了供应链经营理念和技术，着重开发农业供应链金融产品和服务模式，形成了差异化经营战略，龙江银行被誉为“全国第一家按照农业供应链来整体统筹谋划机构发展和农村金融服务的银行”。该行主要有依托“公司＋农户”和“合作社＋农户”两种农业价值链金融模式。

1. 依托“公司＋农户”的价值链融资模式

这种模式主要是用于对农户发放专项贷款。这些农户与龙江银行认可的农

业供应链上的农业产业化龙头企业签订了农业订单。贷款专门用于农户组织生产与龙头企业签订的订单中要求的粮食作物、蔬菜水果的种植，或者畜禽、水产养殖等所需要的生产费用支出。该种贷款采用“企业发起、集中办理、封闭运行”的管理方式，要求贷款农户与龙头企业签订农业生产订单，并由签订农业订单的龙头企业或由龙江银行认可的担保公司提供担保。龙头企业要求必须是国家级或省级农业产业化重点龙头企业，且在龙江银行信用评级为A级以上（含A级）。农业贷款专门用于农户为满足订单要求所需的生产资金，而不能用于其他用途。贷款期限根据农业订单核准，一般1～3年，最长不超过5年。该种贷款的流程为：① 龙头企业与农户签订《订单农产品收购协议书》，企业向龙江银行提出贷款合作申请。② 龙江银行对订单农业贷款项目进行调查、审批并核定总额，与龙头企业签订《订单农业贷款合作协议书》。③ 龙头企业向农户出具《订单农业贷款确认函》，为订单农户向龙江银行的借款提供担保。④ 订单农户向龙江银行提出借款申请，龙江银行对订单农户进行贷款调查、审查及审批。⑤ 龙江银行向订单农户发放订单农业贷款，订单农户向龙头企业交付订单所要求的农产品，龙头企业委托龙江银行结算划款，龙江银行通过龙头企业的资金账户划拨、扣除贷款利息、将剩余的资金划转到农户的账户上。

2. 依托“合作社＋农户”的价值链融资模式

龙江银行的“农信通”是专门为合作社提供的土地规模化经营融资产品，即以农业产业链为依托，按照农业供应链贷款模式，为土地规模化经营的借款人提供农业生产贷款。龙江银行在肇东市五里明镇的3个玉米种植合作社试点实践了这种模式。该模式中，土地流转规模化经营的玉米种植合作社是借款主体，龙江银行为农业合作社提供生产费用的贷款，合作社再将贷款借给农户组织农业生产。该模式依托合作社与中粮集团的农产品供销关系进行结算，即银行与龙头企业——中粮集团、玉米合作社签订粮食收购订单，收获时合作社将粮食从农户手中进行收购，然后再销售给中粮集团，在资金结算的时候，中粮集团将贷款本息转付给银行。为了降低风险，龙江银行利用供应链贸易自偿性等特点与中粮信托合作，将玉米合作社不能直接抵押的土地承包经营权进行资产信托化，使其变为能够合理抵押的资产，从而增强了合作社规模化融资能力。

这种模式贷款的具体流程是：① 农户加入农业合作社并签订协议，农业合作社将土地承包经营权委托给信托公司，信托公司将土地承包权收益权质押给龙江银行；② 龙江银行向农业合作社发放贷款，农业合作社将贷款拨给农民；③ 信托公司将土地出租给农业合作社，农业合作社将从农户收购来的农产品交付给龙头企业；④ 龙头企业委托龙头银行结算划款，龙江银行通过龙头企业的资金账户划拨，扣除贷款利息，将剩余的资金划转到农业合作社的账户上。利用这种模式，截至 2011 年 2 月末，龙江银行对试点的玉米合作社已累计投放贷款 2 000 余万元，土地规模化经营面积从 2008 年最初的 1 万亩达到 7 万余亩，农民每亩纯收入增加 300 余元，每亩粮食增产 300 kg，为中粮集团稳定粮源 5 万 t。同时，也带动了农村劳动力的就业。另外，银行的信贷产品收益及该模式带动的储蓄业务、银行卡业务收益也有所增加。该模式实现了粮食龙头企业、农业合作社、农户、银行、信托、保险、科技等多方共赢的局面(见图 7-5 与图 7-6)。

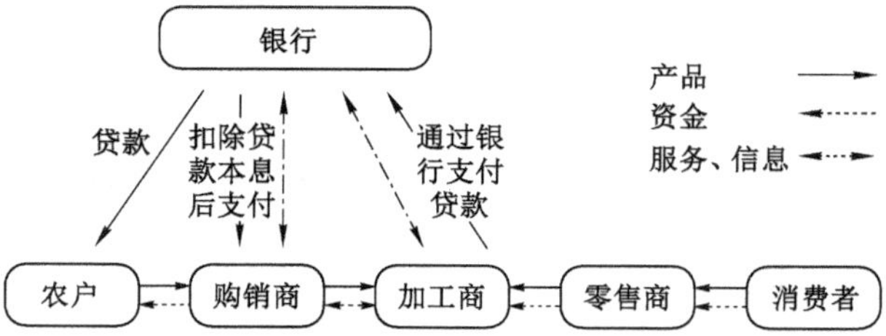

图 7-5 农业价值链融资基本框架

资料来源：马九杰，张永升，佘春来. 基于订单农业发展的农业价值链金融创新策略与案例分析[J]. 农村金融研究，2011(7)：11-17.

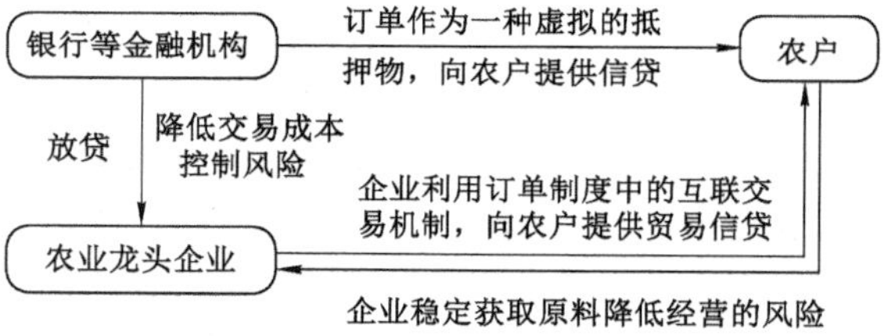

图 7-6 订单农业与买方驱动的价值链融资机制及其对农户融资的促进作用

资料来源：马九杰，张永升，佘春来. 基于订单农业发展的农业价值链金融创新策略与案例分析[J]. 农村金融研究，2011(7)：11-17.

(二) 土地流转、规模经营、"两权"抵押试点的安徽探索

安徽是农业大省，在深入推进现代农业改革发展中，尝试了农村土地信托模式促进土地流转和规模经营，并开展了"两权"抵押贷款试点。截至 2014 年 12 月末，安徽农村"两权"抵押贷款余额 2.7 亿元，贷款累计投放 18.3 亿元。

1. "两权"抵押贷款的主要做法

合理界定"农村两权抵押"贷款的对象与用途。农村土地承包经营权抵押贷款对象主要为土地流转规模较大、有产业特色的规模经营主体，淮北农村商业银

行和濉溪县农村信用合作联社34户贷款对象中，共有32户为农业企业及农民专业合作社，其余两户农户为专业大户。农房抵押贷款对象主要为当地农村居民，用于农民建房与生产经营，其中用于个体工商经营的占59.3%，用于农业经营的占32.9%。

(1) 科学设定农村“两权”抵押贷款发放条件并规范相应操作流程。抵押贷款需满足五个条件：一是生产经营项目未改变土地的农业用途；二是第一还款来源可靠，具备偿还本息能力；三是自有资金投入比例不低于借款项目所需资金的50%；四是依法取得的承包土地经营权或通过流转方式取得的土地经营权，权属清晰；五是资信良好，农房抵押贷款条件相对简单，需具备按期偿还贷款本息能力及无不良信用记录。规范制定农村“两权”抵押贷款操作流程。一般办理流程为：贷款受理、贷款调查、审查审批、评估价值、确定贷款额度、签订信贷合同、办理抵押登记手续、贷款发放、贷后管理。宣城皖南农村商业银行在办理农房抵押贷款时需提供的主要资料包括所抵押房屋的所有权证和土地使用权证、抵押人承诺、所在集体相关承诺等，办理抵押登记的部门为市房管局。

(2) 探索开展农村“两权”抵押价值评估方法。由于缺乏专业的评估中介，经办银行对“两权”抵押物价值评估进行了相应探索。淮北农村商业银行简化贷款程序，金额在100万元以内的抵押物无须专业机构评估，由借贷双方协商确定，一般按“土地流转剩余期限的50%×土地附属物价值的50%×60%”确定。宣城农村商业银行在对农村房屋价值进行评估时，参照当地建安成本，按照2 000元/平方米为评估基准，按不高于评估金额的50%发放贷款。

(3) 政府建立农村“两权”抵押风险补偿机制。蚌埠市五河县专门设立涉农(包括“两权”抵押)贷款风险补偿资金1 000万元，对银行发放新型涉农贷款形成的损失给予30%的补偿，单户最高达80万元。黄山市对土地流转面积较大、期限较长的项目实行以奖代补，对当年新增连片流转耕地、茶园达100亩以上的，且流转期限5年以上并从事农产品生产的经营主体，市财政给予每亩30元的一次性补偿，县(区)财政按不低于1∶1的比例配套；对土地确权试点村，除国家、省财政给予的补贴外，市财政按每亩5元标准给予补贴。

(4) 积极引入农村“两权”抵押担保和保险参与。银行在开办“两权”抵押贷款时，深度挖掘其他抵押物，如有其他物权抵押可优先选择，土地承包经营权可作担保补充。同时，银行要求保险机构积极参与，为农业经营主体提供农业保险，降低贷款风险。

2. 土地流转的信托模式

2013年10月，中信信托与安徽省宿州市桥区政府合作，正式成立国内第一只土地流转信托计划——“中信·农村土地承包经营权集合信托计划1301期”。2014年6月,中信信托又与安徽省马鞍山市含山县政府签订协议,成立“中信·农村土地承包经营权集合信托计划1401期”,为目前全国最大的土地流转信托。两只土地流转信托设计相似,我们以宿州土地信托计划为例,分析其主要做法。

(1)基本制度设计。“安徽宿州农村土地承包经营权信托计划”期限为12年,采用结构化设计,有A类、B类、T类三类委托人,三类信托财产共同集合构成信托计划的信托财产。信托的5 400亩农地土地经营权通过桥区政府集体流转给信托公司。此信托计划为结构化集合信托计划,由A类委托人交付的A类信托财产及受托人发行的B类受托权、T类受益权募集的信托资金构成。A类委托人为宿州市桥区人民政府,委托财产为其辖下朱仙庄镇塔桥村和朱庙村的5 400亩农地土地经营权。涉及该信托计划的农户均已分别与朱庙村村委会、塔桥村村委会签署了《农村土地承包经营权委托转包合同》。朱仙庄镇政府与塔桥村和朱庙村村委会分别签署《农地承包经营权的委托管理合同》,之后再与桥区政府签署《农地承包经营权的委托管理合同》。A类委托人交付的土地承包经营权,由受托人在对该等土地承包经营权进行整合后整体或分开出租予承包方,并视情况进行土地整理和农业设施建设投资(即土地整理)。信托计划存续期内,受托人有权根据信托土地的土地整理投资需求发行B类信托单位募集所需资金。信托计划存续期内,如信托计划因出现临时资金短缺而无法足额支付A类基本收益、B类预期收益或B类投资本金时,受托人可开放发行相应规模的T类信托单位募集资金提供流动性支持。该项目为自益信托,委托人即受益人。受托人为中信信托有限责任公司,项目服务商为安徽帝元现代农业投资发展有限公司,保管人为中国农业发展银行,监管人为中国农业发展银行,承租方为安徽帝元现代农业投资发展有限公司。

(2)利益分配及风险控制机制。该信托计划中,农户的收益分配包括基本收益以及增值收益。基本收益为500 kg中等质量小麦,按国家颁布的中等质量小麦价格兑付等值人民币,最低不得低于1 000元。受托人对土地实现规模化集约化经营,扣除土地整理和基础设施投资等成本后形成的增值收益,70%归农户、30%归受托人。

宿州土地信托模式为农户基本收益提供了双重保障,尽可能减少可能存在的风险。首先,宿州桥区政府与中信信托公司签订的合同中明确规定,不管该项目运作情况盈亏与否,都必须保证支付土地租金,信托服务商在未找到承租方的时候,必须承租信托项目下的所有土地。项目开发初期,信托服务商即为承租方,且项目后期获得的实际租金不足以支付基本收益时,资金缺口仍由信托服务商补足。其次，如果基本收益的兑付出现流动性资金缺口时，受托方发行 T 类信托计划以补足兑付的流动性需求。

3. 主要成效

(1) 改变了农民受益模式，降低了农民风险。通过土地流转信托，农民受益模式由单一的地租转变为“基本地租＋浮动收益”，将集约经营产生的土地增值收益在农民、土地经营权使用者间合理公平地进行分配，充分体现了农业规模化经营背景下土地承包经营权的市场价值。同时，农民在土地上扭亏为盈，土地抛荒问题得到有效缓解，最大限度地降低了农民的风险。

(2) 加速土地规模化经营，促进现代农业发展。在保持土地性质不变的前提下，通过信托方式集中零散的土地，对其进行规划整理，通过集约化经营形成规模效益。同时，政府将信托浮动收益部分投入农村基础设施建设，宿州土地信托已经投资 8 500 万元用于基础设施改善，以创造良好的土地经营环境并拟建设现代农业示范园。

(3) 推进新型城镇化发展。土地信托把土地承包经营权的信托收益转化为金融产品，使农民进城后仍然享有土地信托带来的稳定收益，解除了农民进城的后顾之忧。同时，农村剩余劳动力还能以工人的身份加入到当地现代农业企业中。农村老年人退出农业生产后，仍然享有信托财产收益权，即在农村社会保障体系外还有一份基本收入保障。土地信托让农民真正成为土地流转的获利者，甚至可以在农村实现生活现代化，有利于推进城镇化进程，见图 7-7。

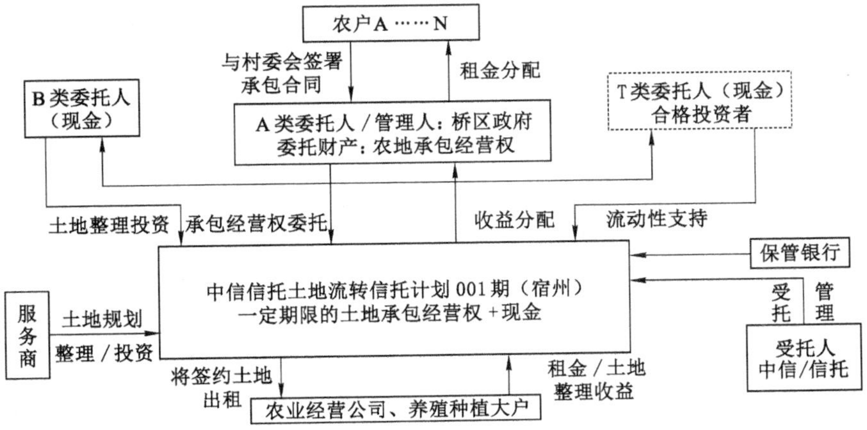

图 7-7 安徽宿州市农村土地承包经营权信托交易结构

资料来源：《中国农村金融发展报告(2015)》

（三）“保底租地协议＋场外期权＋期货”——大商所涉农主体风险管理新模式

2014年年初，大连商品交易所（简称大商所）设计并出资组织浙江永安资本管理有限公司（永安期货的风险管理子公司，简称永安资本）开展期货订单农业试点业务创新，与吉林长岭云天化农业专业合作社（简称云天化合作社）合作，充分利用期货市场避险功能，探索开发了“保底租地协议＋场外期权＋期货”的云天化模式，为期货市场服务“三农”提供了新的可行性路径。

1.“保底租地协议＋场外期权＋期货”运作模式

（1）保底租地协议帮助农民锁定保底收入，实现稳产增收。云天化合作社与农民签署保底租地协议，约定农民每年以8 000元/hm^2的租金将土地租给合作社，租期为15年，租金随每年玉米价格上涨幅度同步调整，且价格下跌时租金不变，以充分保证农民的利益。土地集中后，由云天化合作社统一播种、统一测土施肥、统一收割。在当年玉米销售完成后，扣除所有成本后所得的净收益中，40%留存云天化合作社用来扩大经营（如购买农业器械或扩大种植面积），以及增加社区服务设施（如社区医院、社区学校等），余下的60%全部分配给入股农民。这不仅帮助农民解决原本种植过程可能出现的虫害运输等问题，提高了土地利用率，更消除了农民卖粮的后顾之忧，能保证8 000元/hm^2保底收益。同时，土地流转出去的农民既可以受雇在该合作社参加生产，也可以外出打工挣钱，和过去单纯种地相比，收入基本翻了一番。

（2）定制场外期权，合作社实现稳定收益。云天化合作社通过保底租地协议的方式削弱了农户违约动力，与农民建立了稳固的土地租赁关系，但同时也单方面承担了玉米价格波动风险。为了管理面临的价格波动风险敞口，在场内期权工具尚未上市的情况下，交易所提出并设计了场外期权这一新的避险衍生品工具，以云天化合作社作为期权买方，向永安资本定制看跌期权，以支付少量权利金为代价，规避了行情不利发展可能造成的无限损失，保留行情有利变化时带来的收益，实现了自身的稳定经营。当到期日玉米市场价格低于场外期权执行价格时，永安资本须向云天化合作社支付差价；当市场价格等于或高于场外期权执行价格时，永安资本不需要进行任何赔付。

（3）风险管理子公司到期货市场对冲风险，保证自身处于风险中性状态。永安资本作为场外期权出售方，凭借其自身在研发、技术等方面的优势和能力，将所持有的场外期权头寸转换成期货头寸，根据期权定价公式，计算出每日期权的当前Delta值，并依据该数值确定在期货市场应建立的对冲风险期货头寸。当市场价格变化时，永安资本通过对期货头寸的动态调整，将价格风险转移给期货市场的投机者，保证自身一直处于风险中性状态。

2. 该模式的创新意义

（1）完善期货市场投资者结构，推动涉农主体合理利用期货市场。我国商品期货市场发展20年来，投资者结构一直以贸易和消费产业客户、金融投资机构以及个人投资者为主，合作社以及农民未能参与到利用期货进行套期保值的行列之中。这是由于中小涉农主体对期货市场不了解，资金实力、知识储备、操作经验及抗风险能力所限，难以直接参与期货市场对价格波动风险进行的管理。通过云天化模式，合作社和农民通过与期货公司风险管理子公司合作，间接参与期货市场进行套期保值，保障了农民的售粮收益，完善了期货市场投资者结构，改变了以往生产者主体在期货市场缺位的状况，从而实现产供销及贸易环节的全产业链覆盖。

（2）创新期货公司风险管理子公司业务类型，带动更多专业金融机构加大对涉农主体的支持。当前，期货公司风险管理子公司基本上以“期现套利”业务为主，业务较为单一，服务“三农”的力度有限。而在云天化试点中，大商所推动永安资本成为连接期货市场和合作社、广大农户的桥梁，探索使其成为专业性的机构，为云天化合作社提供量身定制的风险管理服务，并转而在期货市场进行套期保值，实现了云天化合作社和广大农户间接利用期货市场进行风险管理。该试点有效地拓展了期货公司风险管理子公司开展业务的领域，如果能够将该模式大范围推广，将会带来更多专业金融机构参与到“三农”服务产品设计和试点中来，从而更好地促进期货市场套期保值和价格发现功能的发挥。该模式的具体运作流程，见图7-8。

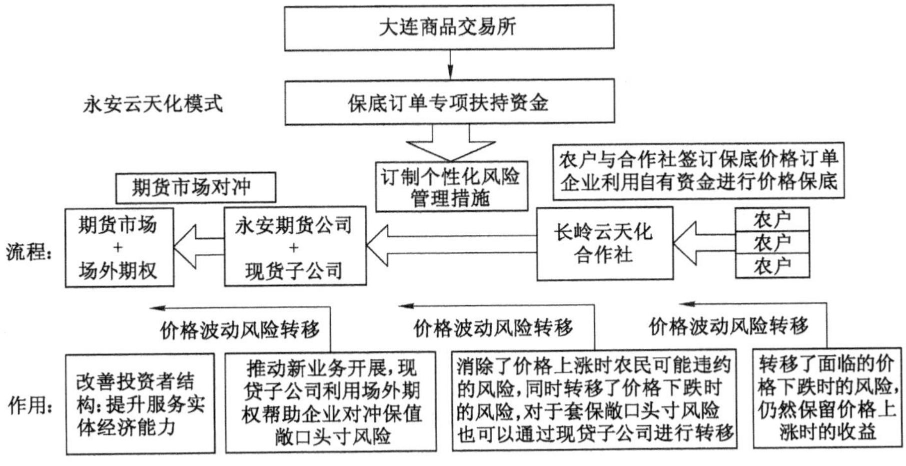

图7-8 “保底租地协议＋场外期权＋期货”的运作模式

资料来源：《中国农村金融发展报告（2015）》。

四、差异化、特色化、协调化是区域农村金融服务创新的根本

我国农业发展呈现较为明显的地域特征，农村金融资源分布也具有典型的地区差异。从前面的成功案例可以看出，其共同特点是紧跟地区农业发展趋势，协调好政府、金融机构以及非金融机构之间的关系，针对本地区农业经营主体的金融需求特点提供差异化、特色化金融产品和服务。特色化、差异化、协调化是地区农村金融服务创新的根本。

（一）特色化创新是农村金融机构改革的主要方向

农村规模经营越发展，农村现代化水平越提高，对金融的需求就越强烈。当前和今后一个时期，无论是发展适度规模经营，还是强化农业装备和科技支撑，构建现代产业体系和增强可持续发展能力，都离不开有效的金融支持，因此，更需要创新农业投融资体系和风险管理方式，构建与现代农业发展相适应的多元化金融支持体系。在金融服务供给同质化竞争异常激烈的今天，走差异化、特色化发展道路对于地方农村金融服务供给尤为重要。

所谓特色化主要体现在以下四个方面：第一，特色客户群体。农村商业银行要积极利用自身优势，将经营思路从过去"抓大不放小"转变为"抓小不放大"，以区域内的中小微企业和居民作为主要服务对象。选择中小微企业和居民作为服务对象，既是一种社会责任的体现，又能与大中型银行进行错位竞争，符合农村商业银行的战略定位。第二，特色业务产品。完善产品创新体系，注重产品收入、成本和盈利的精细化管理，提高产品综合竞争能力。通过产品创新，在打造全功能银行的同时体现特色产品优势。在产品上，构建定位于中小企业的融资产品，成立小贷中心，服务小微企业。第三，特色专营机构。遵循"做小、做散"原则，实现对公业务从大公司向小企业转型。第四，特色品牌服务。针对自己独特的客户群，充分发挥机制灵活、决策高效、贴近市场的优势，实行贷款限时办结制，面向社会各界公开贷款政策、贷款利率、贷款流程、廉洁规定和投诉电话，开辟中小企业信贷"绿色通道"。苏南地区的农村商业银行之所以获得如此成就与它们的特色化改革是分不开的。农村金融机构在发展过程中会遇到各种难题，必须审时度势，立足自身，进行创新，才能为发展注入新活力，提高市场竞争力。金融机构要善于发现自身在组织体制、金融产品和服务方式方面的缺陷，不能故步自封，应针对市场需求，勇于改革创新，提高经营效益，提高竞争力，也只有改革创新才能走在行业前列。

农村金融服务产品创新要在农村打开局面，还必须遵循市场竞争规律，必须以"三农"客户为中心，围绕"三农"需求创新服务机制。海南省小贷模式的发展就是在充分了解农村客户信息的基础上，寻找合格客户，积极推销产品；同时，还

根据农户实际条件，围绕农户生产经营需求，设计开发相应信贷产品，创新风控机制，尽可能降低门槛，并提供一揽子综合服务、增值服务。金融服务“三农”，农业是基础，金融扶贫也需顺应农业发展转型趋势。贵州金融夜校以及农民工金融服务中心正是顺应农民发展的需要，急农民所急，想农民所想，为农民提供高质量的精准服务。此外，金融支农还要顺应农业现代化转型趋势，需要转变传统的经营模式。在服务重点方面，要从农业生产向农产品加工、销售等环节拓展，如龙江银行，沿农业产业链提供价值链服务；在服务内容方面，除了提供信贷资金外，还需要提供农户亟须的农业技术、经营管理、市场销售等增值服务；在服务对象方面，除了传统农户外，更要重视为专业合作社、家庭农场等新型主体提供便利、可及的金融服务，信贷产品条件应符合客户实际，提高为农民提供“量身定做”的服务的能力。

（二）差异化产品是农村金融供给侧改革的重中之重

现代农业规模化、产业化经营的特征，决定了金融服务在规模上已不再仅仅是“小额、短期、分散”的周转式需求，也包括“长期、大额、集中”的规模化需求。现代农业是大农业，规模经营和资本密集度明显上升。农业和农村经济市场主体的多元化、发展阶段的多样性以及盈利能力等可持续性的差异，都决定了农村金融服务产品需要差异化供给。苏南地区的农村商业银行在实践中逐步探索和确立起了服务“三农”以及中小微企业的市场定位。正是这一市场定位，赋予了农村商业银行肥沃的土壤和充足的养分。农村商业银行的股东在农村、客户在农村、前途也在农村，农村金融机构有着离农民最近、与农民最亲的有利基础。因此，立足县域经济、服务“三农”发展，是农村商业银行的生存之本和发展之源。改制后的农村商业银行虽然其体制性质变了，但是其“以农为本，为农服务”的宗旨不变。因此，“依托农村，拓展城市”是农村商业银行在目前城乡一体化环境下的战略选择。围绕农村金融服务满意度、便利度和可得性，创新服务机制，大力推广低成本、可复制、可持续的差异化农村金融产品与服务创新。农村金融机构在差异化产品创新时，要注重向下扎根，提供特色、精品、专业、专注的农村金融服务产品。差异化竞争需要农村金融机构在各方面做深做细；根据自身优势，展示自身经营特色；细分市场，再向纵深发展，为不同的目标客户群体设计一系列特色产品和优质服务，打造精品产品或服务；在正确的市场细分和市场定位的基础上，应避免陷于与大型金融机构拼机构、拼大客户、拼网络，应走自己的专业化道路。安徽、江苏、山东都充分根据各自地区农村发展的特点，创新符合农村特点的抵（质）押担保方式和融资工具，因地制宜、灵活多样地开展多种形式抵押担保贷款。龙江银行大力发展订单农业，开展与订单农业相结合的农村信贷产品创新。江苏徐州努力开发多种形式、多渠道的农业保险产品，这些都为农村金融产品差异化创新提供了新的思路和途径。

（三）协调化发展是农村金融供给效率提高的重要保障

农业和农村经济天生具有弱质性，金融服务成本高、回报低、风险大等特点客观存在，因此，需要寻求政策支持和商业可持续之间的合理平衡，促进政策性金融、商业性金融、合作金融共同发展。我国地域辽阔，各地农业和农村经济发展阶段差异较大，层次众多，更需要不同性质的农村金融服务与之相适应，因此需要充分发挥商业性金融、政策性金融、合作性金融和其他金融组织的作用，逐步形成协调性强、竞争力突出的农村金融市场体系。农业发展银行要坚持以政策性业务为主体，慎重把握自营性业务发展，明确划分政策性业务和自营性业务，实行分账管理、分类核算。农村商业银行应积极与相邻城市和地区的银行建立沟通、协调和合作机制，可以首先将周边经济金融发展水平比较接近的若干兄弟单位联合起来，实现区域范围内的结算、信息、客户、技术等资源的共享，做到优势互补，降低经营成本，提高经营效率，构建全方位、多层次的战略合作框架，从而实现资源共享、优势互补、互惠多赢的成果，实现普惠金融。作为地方性金融机构，农村商业银行与政府相互依存又互相对立：一方面，政府调控经济，农村商业银行自始至终在政府的指引下发展，基于两者目标和利益的一致性，在促进农村经济发展中，农村商业银行的步履必须与政府一致，并加强与政府的沟通和合作，努力实现两者共同发展；另一方面，如果政府过多干预农村商业银行发展，必然会影响其活力，禁锢其创新的步伐。同时，作为政府行政命令的贷款会给农村商业银行带来沉重的不良资产包袱，也限制其改革的进程，政府更多地应该是在宏观上对农村商业银行加以引导，充分发挥农村商业银行的主观能动性。

鼓励商业性保险公司开拓农村保险市场。大力发展农产品期货市场，完善市场品种结构，充分发挥期货市场价格发现功能，分散农产品生产销售过程中的市场风险。逐步形成农产品订单-保单-信贷的联动机制，建立农村金融市场的良性循环。农村商业银行与保险业合作时，一方面，作为保险对象，应积极参与政府与商业保险公司合作开发的农业险，保障自身的资金安全，降低支农资金的成本；另一方面，作为保险合作者，以拓展中间业务的形式，为保险公司代理各项保险业务，不断拓展业务领域。同时，农村商业银行可以根据本地农村的实际情况设计出地方性、个性化的保险，例如农村建房险、农村车辆险，采取“以险养险”的方式，构建新型农村保障体系。推动这种协同的关键在于金融机构与地方政府在“三农”发展目标制定与实施阶段应加强沟通，实施合理可行的举措。实际上，金融机构如果完全以短期利益最大化为原则，会在具体业务上失去地方政府的支持与配合，最终对金融机构自身的长期发展不利。因此，金融机构需要在短期利益与长期利益、经济效益与社会效益等方面平衡兼顾。

第三节　互联网背景下农村金融服务的发展与创新

一、互联网发展对农村金融市场的影响

据第39次《中国互联网络发展状况统计报告》统计显示，截至2016年12月，我国网民中农村网民占比27.4%，规模达2.01亿人，较2015年年底增加800万人，增幅为4.2%。农村网民在整体网民中的占比增加，农村地区互联网普及率为33.1%，规模增长速度与城镇基本持平，反映了农村互联网普及工作的成效。在此背景下，农村金融服务供给也因为互联网的普及而悄然发生变化。现代农业发展要求更为信息化、网络化的金融服务，现代农业无论是经营的规模，还是覆盖的产业链和地域范围，都较传统的小农生产方式有了极大的扩展，资金流横跨产业链上下游、国内外各市场，相应要求有很强的信息获取和处理能力。这就要求金融服务方式需更多利用互联网等电子信息平台，向现代农业经营主体提供全方位、网络化的信息服务，帮助其实现有效的资金配置和风险管理。

（一）互联网扩大了农村金融服务范围，丰富了农村金融工具

以余额宝为例，截至2017年3月末，余额宝用户数量超过3亿人，而其中的农村用户超过1亿人，占整体用户的1/3，而2015年这一数据仅为15.1%。其中，80后和90后群体是农村理财大军的中坚力量，占农村用户总数的近80%。其中，18～22岁的农村中学生和大学生用户的占比近20%。此外，P2P网贷业务开始为农民渐渐熟悉。以宜信为例，2009年其开始进入农村市场，截至2016年年底，其金融服务已经覆盖全国93个农村地区；针对小农户的宜信农商贷已覆盖全国8个省64个县（区），其中大部分为中西部贫困县，贷款客户超过3.7万人次，贷款总额超过15.12亿元。这些数据表明，互联网金融为农民创造了一个全新的金融服务体系，极大地满足了农民投资、融资、支付等多种需求。显然，互联网金融的便捷性突破了传统银行网点的时间和地域限制，降低了金融服务成本和准入门槛，扩大了农村金融服务的范围。

随着互联网金融的深入发展，农民获得了更加丰富的金融工具（见表7-1），他们可以通过互联网渠道获得投融资、支付、理财、征信、风控等多种金融服务。一些电商还在支持“三农”方面开展了有益探索，如京东金融通过为乡村推广员试点授信，引入京东白条、P2P网贷、众筹等多种金融产品。截至2016年年底，京东乡村推广员近30万人，覆盖28万个行政村；知名的P2P网贷平台——翼龙贷的业务覆盖超过1 000个区县，为中国农村以及国家扶贫重点县输出资金

超过180亿元。

表7-1　主要互联网企业服务"三农"的战略布局

业务类型	支付	贷款	理财	保险	众筹	征信
百度	百度钱包	百度小贷、百度财富、百度有钱	百度金融、百度财富	百安保险	百度众筹板块	接入中国人民银行征信系统；自有交易和支付行为数据
阿里	支付宝	蚂蚁小贷	余额宝	众安保险	蚂蚁达客、淘宝众筹	芝麻信用分
腾讯	微信支付、财付通	投资人人贷、微粒贷	理财通	众安保险设立寿险公司	腾讯乐捐	腾讯征信设立硅谷大数据实验室
京东	网银在线、京东支付	京东白条、京农贷	妈妈理财、京东小金库	京东保险	京东众筹、京东东家	大数据征信布局，申请征信拍照

资料来源：张正平，石红玲．互联网金融服务"三农"的现状、问题、原因和对策[J]．农村金融研究，2017(2)：60-64.

（二）农村金融机构互联网化步伐加快

互联网金融在农村地区的主要服务对象是农户，与传统农村金融机构的业务形成竞争关系。为提升竞争力，金融机构积极开展互联网金融服务，主要表现为传统业务的信息化和业务的互联网化。一方面，随着信息技术的发展，以中国农业银行为主的各个农村金融机构均已建立了全功能、广覆盖的金融业务网络系统，如信贷管理系统等。此外，农村金融机构也通过互联网以及新技术的应用基本实现了业务经营的电子化，使得机构的运营效率大幅度提高，如中国农业银行山东分行与网上农资垂直交易平台——"云农场"开展合作，制定《"云农场"电子商务金融服务方案》等，这些互联网金融提供惠农卡贷款、供应链融资、融资增信试点、测土配肥站农机具购置贷款、新型涉农主体客户评级、涉农大数据信息共享等服务，使得农户能够快速地享受金融服务。另一方面，针对农户不断提升的金融支付、结算需求，农村金融机构打造手机银行、建立电子商务平台，提供了便捷的服务平台，如中国农业银行、中国邮政储蓄银行等农村金融机构与微信支付合作，建立移动支付生活场景，安徽省农村信用社与京东商城合作，让田间地头直达百姓餐桌就是一个很好的例子。

二、农村互联网金融服务创新的典型案例

（一）宜信金融：农村互联网金融服务创新引领者

宜信是中国农村互联网金融的先行者，从 2009 年开始涉足农村金融领域。一方面，宜信不断摸索适合中国农村的金融创新服务，积累大量的第一手实践经验和数据；另一方面，宜信对中国农村市场不断进行深度调研，了解中国金融市场需求和结构，并为其提供针对性的服务。基于数据、实践、调研和技术的共同推动，宜信构建了农村金融云平台，2015 年制定了发展中国农村互联网金融的“谷雨”战略。宜信通过农村金融服务生态圈，开放宜信小微企业和农户征信能力、风控能力、客户画像等能力，实现“为农村实体经济发展服务”和“促进农村地区消费金融发展”两大目标。宜信将在“十三五”期间自建 1 000 个基层金融服务网点，不仅提供农村信贷服务，还将提供农村支付、农村保险等创新服务。

1. 宜农贷

宜农贷是宜信公司创立的第一支公益性小额信贷批发基金，现已帮助多家小额信贷助农组织循环借贷，让企业、农户、助农组织实现了多赢。作为一种“可持续扶贫”的创新公益模式，宜农贷突破原有以捐赠方式为主的“输血”式扶贫模式，以借贷方式实现“造血”式扶贫模式，不仅实现了精神扶贫和物质扶贫的双重收获，而且实现了公益性和商业性的完美结合。助农平台上的借款人及宜信均不以营利为目的，仅象征性地收取 2%的爱心回报，使受益方承担起创造价值的责任。在运作过程中，宜信公司坚持“为爱心人士做好爱心管家”和“公开透明”的原则，通过信用管理，在促进农民利用借贷资金实现发展的同时，确保出借人的资金安全，推动平台借贷工作持续、健康进行。目前宜农贷产品已经成功募集累计超过 5 400 万元的社会公益资金，帮助了万余名农村妇女。2017 年，宜农贷将区块链技术应用于公益助农场景，通过区块链将平台上每一笔款项的完整生命周期记录下来，用户可实时查看自己的爱心出借动向，进一步提升了平台的整体透明度。

宜农贷主要通过类似 O2O 的形式，在线下与国际机构以及扶贫政策扶持的 NGO 建立合作关系，借助 NGO 的线下服务队伍，调查农户的信贷需求和真实情况，并为农户提供一线服务。小额信贷员也会收集农户信息，告诉农户这笔钱的性质、还款时间和数量以及利息多少。同时，小额信贷员会把生产经营状况了解清楚，收集好基本信息，录入宜农贷网站。宜信普惠还通过惠农平台，对农村客户积累的数据进行分析，控制整体业务风险，打造农业服务链，为中国亿万农户提供包括信用借款、咨询服务、农业保险、农村理财、农机购买、助农扶贫等贴近“三农”需求的便捷、一站式金融服务，促进县乡农村高成长人群致富及现代农

业快速发展。截至2017年2月，宜农贷已与全国14个省市的25家合作机构建立合作关系，16万爱心出借人通过宜农贷平台累计出借金额超过2.3亿元，支持了2万多名农户的发展。“线上信息＋线下业务”的民间借贷操作模式，已成为投融贷占领民间金融市场，引领民间借贷阳光化的最成熟、最安全模式。在这一模式规范引导下，宜农贷经过5年发展周期，获得了飞跃性发展。

2. 宜信租赁

宜信租赁也是宜信惠农金融中的重要组成部分。自2012年成立以来，宜信租赁一直把服务“三农”和实体经济作为立业之本，通过创新融资模式，率先在农业机械行业开展面向农民的小微农机融资租赁业务，与农机生产厂家、经销商合作，将租赁模式引入农机销售领域，帮助农民以较少的首付资金更便捷地购买农机。目前，宜信已经在农机化程度较高的黑龙江、吉林、辽宁三省展开农机租赁业务，通过融资租赁的模式为农户提供购机资金，帮助农户先买车后还款，不误农时、抢种抢收、还款跟着收入走的灵活还款方式更获得了农户的一致好评。宜信租赁从最初农户需求量最大的拖拉机、收割机等动力设备，到农业生产耕、种、管、收、烘干、储存和加工的全流程、全产业链的机械化设备，甚至还开展了首单“奶牛活体租赁”业务。宜信租赁的创新始终着眼于两点：一是跟随政策导向，密切关注国家、地方各项农业政策的调整变化，在为经销商和农户提供前沿政策信息的同时，及时优化产品和服务流程，为农户提供更加适应新常态的金融服务；二是，面向市场和农户，以业务创新满足新型农业主体融资难的需求。

宜信租赁自2015年起还启动了“诚信之家”用户评选活动，在农机融资租赁用户中筛选信用记录和履约状况优异者，授予“诚信之家”荣誉称号。2016年，宜信租赁将诚信荣誉体系扩展到了与宜信租赁携手共同服务“三农”事业的农机经销商群体，在“诚信之家”评选的同时，又发起“诚信伙伴”评选。截至2017年第四季度，获得宜信租赁“诚信之家”和“诚信伙伴”荣誉称号的农户和合作伙伴已突破1 000家。这项帮助农户和农机经销商建立信用体系的创新尝试正在润物细无声地推动着农村生产和生活的美好改变。

目前，宜信已经在全国20多个农村地区建立了实体信用服务网络，同时用互联网和移动互联网建立了虚拟信用服务网络。据相关统计，宜信成立7年来先后为50多万个客户提供信用金融服务，这其中包括小微企业主、兼职创业及消费的工薪阶层，参加职业培训的大学毕业生以及经济上活跃的农户。在国内，宜信率先提出了“人人有信用，信用有价值”“普惠信用”等领先理念，推动普惠金融工作在国内开展，把微个人信用转化为财富，推动财富管理行业的转型，并且希望通过信贷技术的创新和互联网、移动互联网等科技创新，创造性地解决中国信用体系建立的问题。

（二）“农业价值链＋电商平台”的小额融资模式

1. 阿里旺农贷的运行机制

旺农贷是蚂蚁金服旗下的网商银行面向农村的互联网小贷产品，它依靠贷款人员的信用，无须抵押物。旺农贷是继流量贷、口碑贷等面向小微企业和个人创业者的产品后，浙江网商银行在全国数百个农村淘宝服务站推出的一款面向农户和村淘小二的纯信用贷款。旺农贷的最高额度为 50 万元，目前在试点情况下平均获批额度在 5 万元左右，最高可达 28 万元。放款方式为纯信用贷款、无抵押、无担贷款，期限分为 6 个月、12 个月和 24 个月，农户可通过支付宝账户每月还息，本金偿还上可选择一次性还本或等额本金的方式。所有申贷，均通过无线端，在线签约，平均 3～5 天放款，最快当天到账。旺农贷通过“金融＋电商＋农业生产”的闭环模式为农户提供帮助。该闭环模式的参与主体主要有三方：一是农户，既包括小农户也包括种植大户，他们获得贷款支持用以农业生产；二是电商平台，主要为农户提供农资农具以及免费的农业技术指导。此外，旺农贷还通过“定向支付”引导贷款资金的定向发放，使得农民不仅可以获得贷款，还可以通过村淘平台完成农产品的销售，实现产销一体化；三是网商银行，浙江网商银行是蚂蚁金服旗下的业务。网商银行不仅运作蚂蚁金服部分的小贷产品，还积极拓展投资理财和现金管理业务。网商银行打破了传统银行申贷的烦琐机制，实现了客户 3 分钟申请，1 分钟完成审批，及时发放贷款资金的便捷流程。另外，网商银行还与农村小额信贷专业机构、中和农信合作，双方在资金、风控、渠道、客户方面共同把控。通过价值链融资，网商银行实现了资金的流通，把资金贷给农户，借助电商平台完成农产品的销售，收回资金，同时在这一过程中，严格把控风险。

在该价值链中，农户的资金来源主要通过旺农贷进行申请，网商银行发放贷款。整个价值链的运行机制大致可以概括为以下六个方面：① 主要由村淘人员搜集农户的信息，掌握其资信情况，依托村淘人员对村民的了解，完成信息收集，帮助申请贷款。② 由贷款人员进入旺农贷无线端进行贷款申请。③ 实地调查。村民提供的个人信息和资产证明会由蚂蚁金服人员进行实地调查，形成采集申请人信息的 APP，这个 APP 的信息直接传送到公司的调查审批系统，然后录入申请人的各项信息。④ 放款。放款需要等待网商银行审核通过，为强化风控，在信息审核时，蚂蚁金服会根据贷款人提供的个人及配偶信息，查询他们的征信报告，并将农户的芝麻信用引入调查审批，通过审核后发放贷款。为了控制风险，农户贷款的资金必须在村淘平台上购买农资农具，进行农产品生产，生产出的产品在村淘平台上进行销售，在村淘平台上完成产供销一体活动。⑤ 还款。农户在村淘平台上完成农产品销售后，获得资金，进行还款。⑥ 信用评估确定贷款额度,网商银行会根据贷款人员在支付宝芝麻信用的情况,确定下一步的贷款额度和贷款对象。

旺农贷的运行效果主要体现在以下两个方面:一是依托农业价值链,实现资金的封闭运行。从旺农贷的运行机制来看,贷款人员通过旺农贷平台申请贷款,获得资金后必须在村淘平台上购买农资农具,生产农产品。阿里研究院数据显示,27 个省将近 300 个县 14 000 个村的农民在农村电商平台上购买了超千万份农资。农产品主要在村淘平台上完成销售,从而保证贷款能按期偿还。从整个资金运行过程来看,实现了贷款人员、旺农贷、村淘平台之间资金的封闭运转,提高了资金的利用率,从而做到了风险可控;二是依托农业价值链,有效防控风险,提高农民利益。贷款前旺农贷派村淘人员实地调查贷款人员的资信情况,贷款后监督贷款人员资金用途,严格把握资金去向,严控风险,做到风险可控,这样既能满足贷款者对资金的需求,又能实现资金循环利用。另外,由于直接依托大数据平台,贷款人无须提供抵押品,交易成本较低,随着科学技术的快速发展,手机微信、电脑成为农产品交易的集中"场所",省去了直接交易的间接成本,从而提高了农户的收益。从阿里研究院的数据得知,超过 280 个国家级贫困县直接在阿里巴巴零售平台上完成销售,全年零售额超过 1 000 万元,其中山东曹县电商销售额达 25 亿元,直接带动 4 000 名贫困人口脱贫。"农业价值链+电商平台"融资模式的运作机制,见图 7-9。

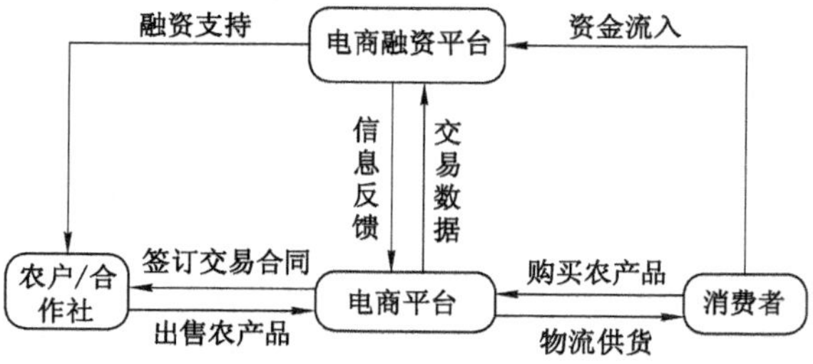

图 7-9 "农业价值链+电商平台"融资模式的运作机制

2. 京东京农贷的融资模式和运行机制

京东拥有全国最大的自营式电商平台,其 B2C 电商市场占有率达到 50%以上。2013 年,京东建立京东金融,部分融资项目开始利用自有资金来满足供应链中客户的融资需求。在农业生产环节,信贷范围覆盖农户从农资采购到农产品种植、加工销售的全价值链金融需求;在消费环节,向消费者提供信贷、理财与保险等全产品链金融服务,以支持价值链融资过程平稳安全地运行发展。截至 2016 年,京东金融贷款、消费、理财全方位服务累计为近 20 万农户提供综合金融服务。2016年1月，京东宣布与中华联合财产保险股份有限公司合作，面向养殖户推出“京农贷-养殖贷”，这种首次引入保险机制的融资服务，期限灵活，与农户养殖周期相匹配，融资额度最高达200万元，提供市场同期有竞争力的利率水平，且无抵押，手续简便。但目前只有试点地区农户可以申请，京东金融会根据申请数量选择开通该地区的京农贷业务。如：“仁寿京农贷”首批只对四川仁寿地区的枇杷种植户开放，“先锋京农贷”首批只对山东地区先锋种子种植户开放，“养殖贷”只针对“新希望旗下普惠农牧融资担保有限公司”体系内的农户。另外，“京农贷”还向汇源（濮阳）羊业有限公司、平顶山现代养殖专业合作社总社等开放个人贷款业务。在生产环节，京东先后与世界著名种业公司杜邦先锋及其经销商四川仁寿福仁缘农业开发有限公司合作，在农资购买环节提供先锋京农贷融资产品，解决了农业生产者产前物资“买难”现状；而在其后的农产品网上销售环节提供仁寿京农贷融资产品，解决了农产品生产者的“卖难”现状。京农贷产品的具体特点如下所述。

(1) 先锋京农贷，基于杜邦先锋及其经销商的数据了解农户信用，杜邦先锋种业与其经销商分别作为农户农资信贷的二级担保和一级担保，为种植环节的生产资料需求提供融资贷款，帮助农民增产增收。通过合作经销商严控资金使用场景，完成资金流和商品流的闭环循环。其优势体现在能够满足扩大种植所需资金，并且还款方式灵活，利息按天计算。

(2) 仁寿京农贷，依托农产品收购订单，为订单农户提供生产所需的流动资金贷款。其优势体现在农户可以直接获得现金贷款，使用灵活，并且可以通过订单履约偿还贷款本息。

(3) 养殖贷，探索“互联网信贷＋保险＋担保”的模式，为新希望和产业链上下游的农户提供贷款支持。其优势体现在：能够满足养殖农户生产所需流动资金和固定资产贷款；还款方式灵活且按日计息；保险和担保共同提供外部增信，具有较强风控能力。具体而言，在贷款额度上，不同借款用途的最高信贷额度不同，贷款金额为1万元～500万元不等，根据产品不同，贷款金额也不同；在贷款期限和利率上，目前贷款期限为1～12个月，月利率在0.54%～1%之间，根据产品不同，贷款期限和利率也可能不同；在申请贷款流程上，有需求的农户可先在线上申请贷款资格，等待审批通过再在线下填写申请表并签署贷款协议，最后等待人工审核，若信息属实，贷款将会在3个工作日内向农户发放。其运作流程，如图7-10所示。

京农贷是京东学习创新格莱珉银行小微贷款模式的典型案例。利用农户间紧密联系的优势，可以降低放贷风险，减少贷款收回成本，这样有利于降低放贷利息，扩大贷款对象范围，增加京东的贷款收入，同时可以增加农户贷款资金，提

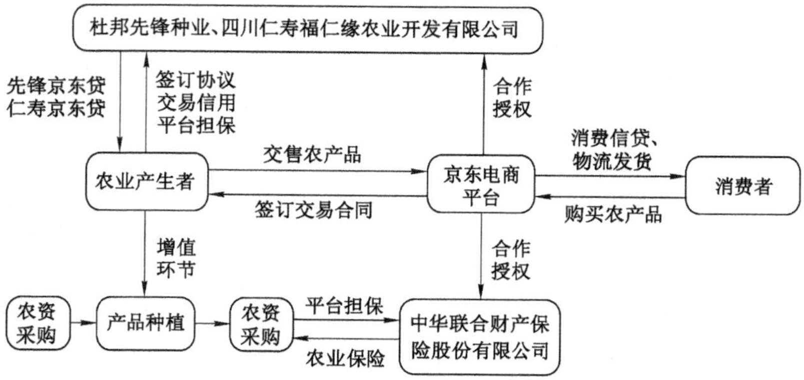

图 7-10　京东贷的业务运作流程

高农户收入和生活水平。京东格莱珉金融模式有两个成功点：一是京东格莱珉的小额信贷可以满足广大农民的金融需求，由于京东前期在农村的品牌宣传和其利用互联网技术收集农户信用相关大数据，凭借京东的电商优势，使京东电商平台更易进入农村，降低了其开拓农村市场的成本；二是京东物流渠道下沉战略伴随着京东和农村贷款者之间的关系日渐紧密而逐渐实现，从而建立了牢固的渠道将京东金融业务推广到农村，同时也有助于解决京东在农村配送上的“最后一公里”的问题。

（三）农村信用社的互联网增值服务

1. B2B 模式——广东省联社：鲜特汇平台

广东省农村信用合作联社（简称广东省联社）2015 年建设了农贸产品交易平台——鲜特汇平台，该平台的上架产品均是由农信机构线下筛选及推荐认证，并由省联社运营人员及农信机构产品推荐人员联合进行质量管控，通过线上线下结合的严格监督考察来保证入驻商户的产品和服务质量。目前已上架的 291 个产品来自 19 家农信机构推荐（6 家农村商业银行，13 家农村信用社）。

在运营模式上，广东省联社搭建鲜特汇平台，并有电子金融部统筹管理平台的系统建设和业务运营，以“小法人、大系统”的管理体制为基础，广东省联社搭建专业团队指导、协调农信机构开展相关业务，整合全省农信机构的资源和优势，集全省力量共同打造大平台。农信机构制定负责 O2O 模式与电商业务的部门，并配备相关岗位人员，需积极拓展优质商户，并通过线下网店加强宣传推广，扩大平台在本地商户和客户中的认知度、影响力；积极参与、配合广东省联社统筹组织的营销活动，并结合本地实际情况探索适用于本机构的平台业务落地模式。

以端州农村商业银行支持肇庆市供销合作联社“供销菜篮子服务快线”项目以及“菜篮子”接入广东农信鲜特汇平台为例，该模式充分发挥农信机构覆盖城乡的网店优势和供销社流通农村的供销优势，创新蔬菜食品从田间地头职工居民小区的新型电子配送模式，通过减少优质农产品销售中间环节，有效缓解农民“卖优质农产品难”和居民“买优质农产品贵”的矛盾。借此契机，郁南县政府带领地方企业率先与鲜特汇平台合作，设立了网上郁南县地方特产馆，迅速建立起政府、银行、企业的新兴合作关系，打通了地方优质农贸产品线上销售渠道，切切实实为地方“三农”提供帮助，也为老百姓带来了便利与实惠，深受人民群众欢迎。

通过鲜特汇平台的资源整合，不论是珠三角发达地区农村商业银行，还是粤东西北欠发达地区的农村信用合作联社，都可以找到符合自身的业务发展模式。对于欠发达地区机构，应充分发挥本地区的产品资源优势，积极拓展商户，促进本地优质产品走出去，帮助商户加强产品的宣传推广，在供给端做足功夫；对于发达地区机构，应积极地发展客户，为客户推荐安全放心、质量保证的产品，通过退出丰富多彩的营销活动加强与客户生活场景的契合度，提升客户对农信机构产品和服务的满意度和黏性，主打需求端。

2017 年 9 月，广东省鹤山市农村信用合作联社又携手新供销塔百奇公司正式签订合约，在移动支付、农村电商、刷卡消费领域进行合作，共同建设鲜特汇驿站。这标志着塔百奇机即将成为鲜特汇专用机，进入全省农村信用合作联合社专用机市场。塔百奇机是在公共场合投放使用的服务型机器，以其独特形式展示鲜特汇电商平台产品。区别于其他电商平台的是它不需要用户下载安装、注册，不需要用户懂得互联网购买技术，便于工作人员介绍、推广商品，协助用户下单购买。

供销合作社和农村信用合作联合社都是在农村有着稳固的根基。他们之间的联手合作通过在农村信用合作联合社的营业网点共建鲜特汇驿站的同时，在新供销塔百奇村居服务平台的业务网点推广鲜特汇业务，是广东省供销合作社与广东省农村信用合作联合社携手合作的一种创新形式。农户、企业若正式签约鲜特汇平台，该联社将向其提供最高 20 万元的“电商时贷专供宝”生产贷款，及最高 100 万元的“电商时贷电商宝”销售贷款。所谓“电商时贷专供宝”，即面对农户、家庭农场、承包专业户或农民专业合作社发放的生产贷款。农户可用贷款购买种子、种苗、肥料、农药、饲料、基本设备等生产资料，或支付生产工人工资等。但农户等必须先与鲜特汇平台签约，向平台供应产品。如果农业公司或合作社与平台签了约，下属农户要贷款生产，就由公司担保，农村信用合作联社考察放贷，等产品在鲜特汇卖出后，农村信用社再从中扣回本金和利息。单户贷款额度原则上不超过农产品一个生产周期内总投入的60%，最高不超过20万元，期限最长3年。“电商时贷专供宝”贷款利率根据担保方式、贷款期限和还款方式等情况而定，在企业担保下，利率会比同期同档次贷款更优惠。此外，面向签约鲜特汇平台或第三方电商销售平台（淘宝网、天猫商城、京东商城、阿里巴巴、一号店、微商等正规电子商务销售平台）的个人或企业（农民专业合作社），农村信用合作联社也会提供“电商时贷电商宝”销售贷款，给企业用作农副产品收购、储运（物流）、产品上线包装、网页宣传设计和更新维护、以及支付人工费用等。

2. B2B+B2C模式——浙江省联社丰收购平台

丰收购是浙江省农村信用合作联社（简称浙江省联社）自主开发，融资金流、信息流和物流为一体的电子商务金融服务平台，于2015年6月推出，主要为客户提供信息发布、在线交易、支付结算、分期付款、融资贷款等全方位的专业服务。丰收购电子商务平台坚持“浙江名品、农家精品、放心优品”的服务宗旨，定位于特色化、精品化、差异化的垂直型B2C电商模式，为以浙江本地名特优农副产品为主的商品提供销售、购买、支付结算、消费金融等一揽子的金融电商服务。同时，依托线下2万多家农信服务点等传统网络渠道优势，积极打通浙江农村“最后一百米”，支持农村电商创业和农村居民电商消费，为“三农”互联网创业创新注入了强劲活力。

浙江省联社还精心打造了丰收家O2O平台，这是一个以用户为中心，面向本地市场的新一代电子商务平台。该平台向用户提供美食、酒店、娱乐、旅游、物业等与生活息息相关的服务，用户可以通过手机、PAD等设备在线查看商户信息，并在线上完成消费支付，然后到线下享受商品与服务。此外，该平台还有社区微金融，融入社区银行功能，用户可通过平台获取个性化金融服务，例如在线申请贷款、信用卡申请、理财信息查询、大额现金预约、网点导航、ATM自助设备导航、其他业务咨询等服务。在互利共赢上，商户通过丰收家平台的打造，可以共享乐清农村商业银行本地150万客户群体以及浙江农村信用社5 000万客户的潜在市场；雄厚的资金投入、全方位的广告铺设、保证了平台用户流量；入驻平台的优质商务将得到该行提供的一系列金融增值服务；入驻商户可申请丰收家平台首页广告展示位；提升经营技巧和思路，从而提升在线经营效率。

此外，浙江平湖农村合作银行还在已有的便农自主服务点的基础上，创新推出丰收惠农站与丰收购平台形成业务配合。丰收惠农站内专门配备了值班客户经理，接受群众金融咨询、提供农户贷款预约、办理农村合作银行相关业务、协调农村合作银行与为农服务中心其他人入驻部门的业务联系，农村合作银行挂职干部也经常到站帮助指导。惠农站内还设置了离行式自助银行、丰收购体验机、便民终端等设备，有专人指导农户使用新兴电子金融集聚，从服务机制保障、渠道建设、人员配备等方面在广度、深度上全方位加大服务"三农"的力度。

3. O2O 模式

（1）模式之一：安徽省联社的社区 e 银行

2015 年 7 月安徽省农村信用合作联社（简称安徽联社）携安徽省 83 家农村商业银行共同推出了一款专门为社区居民和周边商户量身定做的移动互联网金融产品——社区 e 银行。该产品是安徽省联社推动业务转型，在移动互联网金融服务方面的一大举措。

社区 e 银行是一款安装在智能手机上的金融产品，为社区周边小微商户提供免费的网上平台，小微商户可将自己的店铺直接开在移动互联网上，通过社区 e 银行平台展示、营销自己的商品和服务。作为集快捷支付、便民惠民和信用增值"三位一体"的移动金融综合服务平台，社区 e 银行以先进的移动支付手段为依托，以提供质优价廉的商品和服务为突破口，通过"水漫式"营销，融合线上和线下渠道，通过跨界发展，着力打造便民、惠民、利民的移动金融支付综合服务体系，努力构建全新的、方便快捷、质优互惠的社区生活消费商业生态圈，实现金融服务模式的革新。

社区 e 银行主要分为四大商务模块，分别是本地商圈、精品预售、名特优展示、积分兑换。广大城乡居民通过社区 e 银行，可以浏览社区周边商户的产品、服务和促销活动，在线预约下单，选择送货上门或到店消费，可大大节约日常生活成本和时间。同时，社区 e 银行又是商家与社区居民之间零距离互动的电商平台，广大商户通过免费在线开网店，线上向居民推送商品和服务，吸引居民到店消费体验。加入电商平台的商户，不收商户任何费用，平台每年还免费为他们提供几次大的推销活动，且资金随时到账，不占款。此外，根据资金流水和诚信程度，社区 e 银行会自动调整对商户的信贷额度。

对社区 e 银行的提供者——省内 83 家农村商业银行而言，在为广大社区居民和商户提供快速、高效、优质的移动互联网对接平台的同时，也通过这一平台实现了线上线下的融通，凝聚了当地商户及居民的资源，通过聚集营销和聚合流量开展金融服务，彻底改变了传统的业务模式，从后台走向前端，从"坐商"走向"行商"；通过移动金融综合服务平台进一步掌握了客户的交易数据和支付渠道，从而有助于深度挖掘客户金融需求，提高客户对银行服务的粘黏度和忠诚度，形成更加稳固更加长久的全面客户关系。83 家农村商业银行利用自身网点多的优势，通过社区 e 银行，扩增银行客户，尤其是一些小微客户，实现集腋成裘的目标，利用互联网金融的大众化、标准化、小额化的金融服务优势，降低银行运营成本、提高作业效率、拓宽客户群。社区 e 银行这一全新的综合性金融服务的推出，对深化普惠金融服务的理念和实践，推动农村商业银行加快业务经营转型，实现金融服务与居民生活和社区商业的深度融合、无缝对接广大客户和城乡市场具有积极而深远的意义。

2017 年 6 月，安徽省联社在手机银行、社区 e 银行持续推广的基础上，继续顺应市场需求，依照"让支付更简单、更实惠、更有价值"的设计理念，正式推出全新聚合支付平台——"金农信 e 付"产品。"金农信 e 付"产品被业内称为"第四方支付"的创新平台，将可进一步改善安徽省城乡支付结算环境，加快普惠金融进程。金农信 e 付使用起来非常简单。商户入驻后，系统将为其生成一个专属二维码，客户可使用社区 e 银行、支付宝、微信等渠道扫码支付，也可由商户扫客户支付码完成支付，彻底规避现金交易带来的不便和风险。对商户而言，使用金农信 e 付还可享多项实惠。客户使用社区 e 银行支付，免收商户手续费，所收款项实时到账；通过支付宝、微信支付，手续费率低至 0.2%，所收款项"T+1"日到账。无论是普通客户还是入驻商户，账户存款均可累计积分，在社区 e 银行抵现金使用或者在农村商业银行网点直接兑换商品。此外，安徽省联社还打造了金农信 e 付多项增值功能，如为消费者提供分期支付服务，减轻客户付款压力；根据商户交易流水为其提供贷款授信服务，解决商户融资难题等。

到 2017 年 5 月末，安徽农金手机银行用户突破 720 万户，达到 723.73 万户，全省每 8 人中就有 1 人在使用；社区 e 银行商户达到 10.74 万户，注册客户达到 148.69 万户，交易商品 674.58 万件、交易金额达 4.41 亿元。至"十三五"末，社区 e 银行注册用户将达到 500 万户，3 000 多家营业网点周边 50%的商户都将发展成社区 e 银行的商户，入驻商户总数将达到 6 万户。一个便民、惠民、安全、可信、绿色、快捷的新型金融服务生态圈将在江淮大地迅速崛起，高效、优质的金融服务将真正覆盖客户与市场的"最后一公里"。

(2) 模式二：石狮农商银行微信平台金融服务模式

福建省泉州市石狮农村商业银行（简称石狮农商银行）由石狮市农村信用社改制成立，该行曾连续多年被福建省联社评为"经营管理十强""业务增长十佳"；2013 年和 2014 年被中国银监会评为"标杆银行"；被中国银监会监管评级为二级 B 类。石狮农商银行现在石狮市本部有 39 家支行及分理处，在福州市设有福州支行、福建自贸试验区福州片区支行及 3 家分理处；在漳州市设有漳州支行及两家分理处；在南平建瓯市、南平建阳市、龙岩市永定县、莆田市仙游县及福州闽清县共设立 5 家村镇银行；在陕西西安市临潼区、户县及咸阳市三原县共有 3 家村镇银行正在筹建。截至 2015 年年末，开立手机银行 16.42 万户，个人网上银行 5.73 万户，对公网上银行 3 837 户，短信银行 24.08 万户，电话银行 2.59 万户，全年电子银行交易 1 593 万笔，电子交易占比达 93%。该行 2014 年以移动互联网为切入口，与 O2O 开发企业进行战略合作共同研发系统，通过“互联网＋分销”“互联网＋实体门店”“互联网＋商业综合体”三种创新商业模式，为传统零售企业打造移动自平台，推动了传统企业的互联网转型。借助 O2O 模式，这些企业可以在线上销售并可以发动全员营销，层层分润。对于银行来说，在平台中植入微信支付、银联支付、银企直联、一键分润等，将来还可以进一步规划互联网货币基金、网络小贷、生活缴费等直销银行业务，实现类余额宝功能。两年来，石狮农商银行与福建省一家信息技术公司合作，共同开发 O2O 移动分销平台，帮助企业打造 O2O 移动电商，同时为个人用户通过移动端实现创业。到目前为止，该平台已为波司登、蜘蛛王、富贵鸟、德升等共 149 家品牌企业搭建垂直电商平台。交易量从单月交易量 100 多万元突破至单月近 6 000 万元，累计达到 2.5 亿元。2015 年 12 月，账户日均留存资金增长至近 4 000 万元，累计为创业者微店分润 50 多万笔。同时还积累了 5 万多个有分润收益的微店、10 万多个创业者客户。这一商业模式的成功不仅给银行带来稳定可观的手续费收入，更重要的是为下一步直销银行和社交金融的搭建提供了源源不断的用户资源。较低的资本消耗、较高的收益率及相对可控的信用风险，让石狮农商银行尝到了在支农支小、普惠金融领域精耕细作的甜头。2015 年，该行涉农贷款余额 91.30 亿元，占各项贷款的比重高达 97.42%；小微企业贷款余额 80.59 亿元，占各项贷款的比重高达 85.98%，当年实现净利润 2.71 亿元。到 2015 年，身为小银行的石狮农商银行，已经在福建省农商行系统中率先实现跨区域经营，除了石狮本部 40 个支行分理处以及 8 家金融便利店外，还在福州和漳州分别设立了多个网点，同时在省内外发起设立了 8 家村镇银行。

不仅如此，石狮农商银行围绕当地经济特点，在组织架构上有所突破，先后设立渔业、船运、服装贸易等特色支行，开发了渔船抵押贷款、船舶抵押贷款以及“惠商贷”“联保贷”“小微贷”等特色信贷产品、“丰业贷”“惠农贷”“惠渔贷”等特色支农产品，满足客户个性化的金融服务需求。近年来，石狮农商银行通过创新供应链金融服务模式，为企业提供一体化综合金融服务，有效提高批量获客能力和业务综合效益。截至 2015 年年末，该行供应链客户累计授信 8 815 万元，用信余额 4 709 万元，带动金存款余额 2 500 万元，相关公司账户存款余额达到 5 509 万元。

正是凭借差异化定位、服务手段创新以及“小银行＋大平台”发展战略的全面推进，石狮农商银行近年来取得了“资本、规模、质量、效益”的协调发展。2015 年，该行实现净利润 2.71 亿元，各项纳税总额突破 1.6 亿元，纳税总额连续多年居石狮市纳税企业前五位、金融行业首位；同时，不良贷款占比仅 1.53%，经营效益和资产质量等指标均位居福建省农村信用社系统前列。

三、农村互联网金融发展面临的挑战及发展趋势

（一）农村互联网金融发展面临的挑战

1. 农村互联网金融发展面临的风险挑战

互联网金融在促进农村金融市场发展的同时也带来了潜在的风险。由于我国呈现出典型的二元经济结构特点，大部分农村地区的金融需求无法得到满足，农村金融市场一直是 P2P 网贷平台拓展的重点。然而，一些打着 P2P 旗号在农村开展非法集资和金融诈骗行为的机构屡禁不止，借助“互联网＋”模式，2016 年农村地区的非法集资呈现上升趋势，极大扰乱了我国农村地区金融市场秩序，造成很大风险。此外，互联网金融风险不同于传统金融风险，既有金融风险又有互联网风险，在我国农村地区基础设施不健全的情况下，很容易引发技术风险。

此外，与互联网企业相比，农村金融机构在互联网的使用上存在不足，贸然涉足互联网金融业务，产品研发和科技能力的缺陷可能会增加其潜在的风险。首先，存在网络技术风险，因工作人员对计算机或手机系统技术、网络等缺陷或漏洞认识不足而可能遭受病毒等，从而引发交易风险。其次，容易引发农村金融机构的经营风险。农村金融机构大多资产实力较为薄弱，而我国农村地区基础设施较为落后，开展互联网金融的初期投入较大，经营成本增加。此外，农村需求过于分散，机构通过互联网积累数据时间过长，通过数据进行信用分析也是一个难点。经营成本的增加以及投资回收期较长会对农村金融机构造成经营风险。

2. 农村互联网金融发展面临的征信环境挑战

我国农村金融市场具有先天培育不足，相应的金融配套体系不够完善，农村金融机构功能尚未发挥完全，农村信贷市场存在一定的扭曲现象。农村金融征信环境存在发展短板，虽然近年来有一定的改善，但依然存在金融运行环境欠佳、诚信环境缺乏等问题。与此同时，整体信用体系建设滞后，不能为农村新型经营主体进行有效的信用评级，在信息不对称的金融市场背景下，融资主体容易出现“道德风险”，这对于跨时空的互联网金融而言更为挑战。如何充分利用互联网技术和大数据挖掘工具提升互联网金融信贷能力，有待进一步的探索和发展。此外，农村互联网金融的发展还需要农民具有较好的金融信用认识和互联网应用的基本技术，缺乏对必要金融知识和征信意义的了解和认知会极大阻碍农户及农村经营主题有效地利用农村互联网金融。据 2013 年由中国金融教育发展基金会和中国金融博物馆进行的全国范围内的中国公民金融素质调查报告显示，我国农村地区人口对多个基础金融知识的了解仅为半数，缺乏足够的金融知识导致人们不理智地过度负债、违约甚至破产，而当这一现象发生在农村地区

人口身上时，由于他们的抗风险能力更为脆弱，所以往往经不住风险打击。

3. 农村互联网金融发展面临的基础设施挑战

农村互联网金融发展面临的另一大挑战便是农村地区的宽带通信设施和金融基础设施建设不足。我国很多农村地区都地处偏远，网络基础设施建设极为落后，很多地区都没有实现4G网络全覆盖。尤其是一些偏远山区、高寒地区、深山区等，这些地区本来就存在金融机构缺失的情况，而由于其基础设施落后，还可能成为互联网金融普及的盲区。即便是在一些经济发展水平尚可的地区，农村地区的通信设施供给水平与城市之间也仍然存在着较大差距，农村地区特别是偏远山区的通信设施与城镇相比还有较大差距。此外，农村的金融机构网点、各类非金融机构、征信系统在内的基础设施也十分匮乏。尽管互联网金融在农村可以创新发展模式，开展“轻网点、无分支”的金融业务，但为了在金融扶贫过程中提供更为全面的互联网金融服务，农村地区金融基础设施建设仍应该同步推进。

（二）农村互联网金融发展的未来趋势

互联网金融在普惠金融发展方面具有的信息和技术优势决定了未来农村金融机构与互联网的联系会更加紧密。农村互联网金融未来的发展趋势会呈现以下三个特征。

1. 农村金融机构服务效率进一步提高

互联网金融的发展会促使农村金融机构改变以往的金字塔式组织架构，实现扁平化管理。互联网金融借助网络技术实现远程监控和协调，降低了部门之间的交易成本，提升了金融机构对市场变化的敏感程度。此外，互联网金融还将提升业务流程的电子化水平，增加业务办理的灵活性。通过手机银行、网上银行等方式，改进业务流程，并将这些业务进行合并集中处理，降低操作风险，提高工作效率。互联网金融的发展还可以提高金融机构的信用管理动态化水平，进一步提升金融机构的信息收集、挖掘以及分析能力，对客户的各类信息进行结构化处理，提高客户信息的利用效率。在客户各类数据积累到一定数量之后，通过使用大数据技术，对客户信息进行更深层次的挖掘，为金融机构的经营决策提供更准确的依据。

2. 农村金融发展环境进一步改善

互联网技术的广泛应用可以进一步建立健全由电子支付、POS机、ATM、手机银行、网上银行等组成的立体化支付结算系统，改善农村支付结算环境，为农民提供更加安全、便捷的支付结算服务，这在农村地区潜力巨大，会给农村金融机构带来大量的基础交易数据和商业机遇。互联网金融的发展还可以改善农村金融网点不足的现状，运用移动互联网技术手段，以方便的虚拟电子银行服务替代高成本的基层物理网点，与农村地区现有的乡镇村基层组织或商业机构合作，完成吸收储蓄、发放贷款、授信、支付结算等一系列业务。这种方式能够最大限度地节约成本，扩大农村金融机构服务的覆盖范围。此外，还可以通过大数据技术手段，进一步挖掘客户信息，降低交易过程中的信息不对称，低成本识别客户风险登记，使贷款利率与客户类型、资金成本、违约风险及预期资金回报等信息相匹配，搭建完善的利率定价体系，使实现农村金融机构利率定价自动化能够推动农村金融实现普惠效应。

3. 农村金融服务信息共享水平进一步提高

金融服务无论是线上还是线下，目的都是为客户提供最优质的服务。农村金融机构既要利用线上服务的创新性与便捷性，还要充分发挥在农村地区线下服务积累的经验优势，为客户提供线上线下一体化的普惠金融服务。农村金融机构可以与大数据专业企业和互联网金融企业合作，充分运用大数据、云计算以及移动互联网等先进技术，发挥各自在线上和线下的优势，搭建开放、共享的金融创新平台，统筹建设新兴渠道创新体系、线上线下一体化的金融服务体系，共同打造农村金融征信体系和风控体系。同时也可以运用互联网的优势，实现农村信用信息共享，要把所有分散在农村各个行政管理机关、商业机构和金融机构的信用信息整合起来，建立共享的信息平台，实现各机构间信息的互通互联，构建一套完整的农村征信体系，为农村金融机构提供基础数据服务。这也将是农村金融机构在融合互联网金融的过程中最具挑战性也是最有价值的一项基础工作。

第八章

我国农村金融改革路径：差异化、特色化

从前面的分析可以看出，我国农村金融发展具有典型的空间分异性，各地经济发展水平不同，农村金融需求差异也比较明显。因此，在建立和完善农村金融服务体系的过程中必须要考虑地方发展的差别和农民需求的异质性，并有针对性地进行特色化、差异化改革，以使得农村金融改革实现低成本、高效益的目标。本章将在对上述章节的研究进行总结的基础上，探讨我国农村金融发展和改革的具体路径和保障措施。

第一节 研究结论

本书利用金融发展学、区域经济学、经济地理学、农村经济学、金融地理学等理论与研究方法，对我国农村金融发展的空间分异特征、形成机制、影响因素进行了理论分析；在对农村金融发展的总量以及金融资源空间分布进行统计描述的基础上，利用局域 Moran 指数、GIS 技术和 ESDA 方法，分析了农村金融空间分异的动态变化及其收敛性；并通过分形理论对空间分异进行评价；利用 Probit 模型对农村家庭金融资产配置及社会资本对农户信贷行为的影响进行实证研究，并以农村金融改革的典型地区为样本进行实证分析。在实证研究的基础上，本书对国外农村金融改革的实践及模式进行了总结，同时选择我国东中西部部分地区近年来金融创新的典型案例进行了分析。研究得出以下六点结论。

(1) 改革开放以来，我国农村金融发展取得了可喜的成绩，多层次、广覆盖、可持续、适度竞争的农村金融体系基本建立，无论是在金融网点分布、金融服务完善、金融基础设施建设方面都取得了骄人的成绩。总体来看，农村金融发展呈现以下特征：一是农村金融服务基本实现了广覆盖，但空间分布不均衡；二是“三

农”支持力度显著提高，但区域差异明显；三是农村金融服务创新不断，但特色化金融服务不足；四是农村金融基础设施逐渐完善，但空间分异特征明显；五是非正规金融发展迅速，但规范性差、隐患多。东部地区无论在金融网点的设置、金融服务的创新，还是在对农村、农业、农民的金融支持方面都要优于中西部地区，农村金融资源呈现向东部集聚的趋势。

（2）区域经济空间分异的要素禀赋、分工传导、循环累积和制度变迁等因素导致区域经济发展的绝对差异和相对差异，形成了区域发展的重心，从而导致区域经济发展的空间分异。GIS 可视化分析表明，农村金融发展具有较强的空间依赖性，全局空间自相关特征明显，呈现集聚度高、异质性强、差异性大的空间极化分异态势；局部自相关表现为高高相聚和低低相随的两极分化格局，金融发展水平与农村地区的空间集聚联系紧密，增大了农村之间金融发展的差距，初始发展水平高的空间集聚地区呈现高度的金融增长，而初始发展水平低的空间集聚地区呈现恶性循环的状态。

（3）经济发展的地区差异、自然环境与地理区位、市场化改革、政府行为及政策、区域信用环境、区域创新能力等因素共同作用于农村金融系统，是导致农村金融自组织能力差异，进而造成农村金融发展空间分异的主要原因。由资源禀赋、区位条件和经济基础构成的初始条件在农村金融发展中起到了前提性作用，也是系统熵产生的基础；而区域创新能力、区域信用环境、政府政策及行为、区域市场化进程则会对系统负熵的绝对值的增加产生积极的影响，从而使系统由混沌向有序、由低级有序向高级有序转化。东部农村金融系统由于具备较好的发展环境和基础，金融发展的混沌状态要小于中西部地区，而其从外部环境引来的负熵的绝对值则大于中西部，因而其金融自组织能力强于中西部，表现在农村金融发展上，其金融发展水平则较快、金融深化程度较高。

（4）农村金融发展空间分异的分形评价显示，农村金融发展具有非线性发展规律，不同地区的分形维数变化较大，金融需求的满足程度也随着区域的不同而有所差异地呈现动态的、非线性的分形特征。发达地区的农村金融需求具有多样性、需求高的特征，农村金融的供给空间较大；欠发达地区供需之间的矛盾在加剧，金融服务功能有待改善。

（5）家庭总资产、户主文化水平、风险意识等是影响农村家庭金融资产投资的因素，这些因素在不同区域表现出一定程度的差异性。发展农村经济，提高农村居民家庭收入，应从制度和政策上加以引导，以满足农村居民家庭的借贷需求。社会资本是解决农户信贷约束的重要载体，挖掘并发挥农户社会资本的作用，立足我国农村实际，建立健全农村地区正规金融机构与农户的信息沟通机制和风险控制手段，是解决农户信贷约束问题的有效途径。

（6）国外农村金融改革实践表明，政府性金融扶持在农村金融服务体系完善中不可或缺；农业合作组织建设是农业合作性金融体系发展的必要条件；完善的农业信贷担保和保险体系是农业金融服务体系的重要条件；独立的监管和完善的法律法规体系是农村金融服务体系的良好保障。东中西部典型地区农村金融改革的实践说明，差异化、特色化、协同化是解决我国农村金融发展空间分异，完善区域农村金融服务的根本，而互联网背景下农村金融服务的发展与创新是农村金融发展的新的增长点。

第二节　差异化、特色化农村金融服务体系的构建原则

一、差异化原则

（一）立足农村，正视地区发展差异

我国幅员辽阔，东中西部经济发展水平差异较大，无论是产业结构、人口结构都有所不同，表现在"三农"方面为农村产业结构有差异、农业现代化水平不同、农民的思想意识和教育水平不同。农村金融改革关键在于要适应地区经济的发展特点，根据当地情况，进行针对性、差异化改革。例如，在经济发达的东部地区，农业现代化水平较高，农村中非农从业人口占比较高，因此适合发展适度规模经营、优化提升经济作物的种植能力，走种养结合的道路。而且，在此地区，新型经营主体在农业发展中的地位较为突出，其资金需求量也较大。因此，对于此类地区，农村金融服务改革应着力于创新农业保险产品，提升金融信贷能力，增强农村信用体制，满足农村居民现代金融服务需求，为他们提供多样化的消费金融服务。此外，较高的经济基础也为各类股份制金融机构提供了发展条件。

相对于东部地区，中西部农业现代化水平较弱。中部地区省份大都是国家粮食生产基地，农业劳动力比重较高，农业资本投入比例较低。因此，在中部粮食主产区，农村金融机构应在小额信贷、粮食价格保险以及粮食生产社会化服务资金需求方面重点发力，为粮食生产提供坚实的资金保障。西部地区农业发展水平较弱，存在大量的贫困人口，农业生产率相对较低，农业经济效益相对有限，需要重点发展农村普惠金融服务和小额信贷业务，以满足农业生产的流动资金和资本投入融资需求。此外，农业经济效益较低，特别是贫困地区农户尚面临温饱问题，因此在西部地区不适合进行资本使用成本较高的股份制金融机构改革，发展资本使用成本较低的合作制及股份合作制金融组织是比较现实的选择。

（二）服务农民，关注群体需求差异

我国农村不仅在地区经济发展水平方面有显著差异，即使在同一地区内部

的农户间也存在很多个体差异。农户的经营规模、种养种类、信贷抵押能力均有不同，进而对金融产品的需求也存在明显不同。对于大规模种养的新型经营主体而言，他们的资金需求量较大，对创新型金融产品接受能力较强，对于信贷利息成本的承受力也较强，其贷款需求往往可以从股份制商业银行那里得到满足。而对于农村中、低收入的农户而言，他们的经营规模较小，资金需求量小，季节性强，信贷利息成本承受力弱，股份制商业银行的服务产品大都很难惠及。因此，农村金融服务中还要有合作制金融组织以及小额信贷等非金融组织的存在来满足这一部分人的小额融资需求。只有充分考虑农村不同群体的资金需求，进行差异化服务供给，才能真正实现普惠金融的目标。

二、协同化原则

农村金融服务供给涉及农业发展、农村建设和农民增收等多个方面，并且各地差异性明显、不同群体的金融诉求不同。因此，要真正解决“三农”中的金融服务问题，必须具有大局观，寻求协同创新的发展途径。

（一）坚持产融协同

农村金融服务最终是为农业发展服务，因此，无论是银行机构还是其他金融机构都要积极融入农业产业链，依托核心企业或龙头企业等经营主体，为农业产业链发展提供金融支持。在此过程中，还要积极与农村的新型经济组织（例如合作社、供销社等）协同，依托供销社、合作社的信息渠道优势，通过相应的新型合作金融组织渠道，为农户提供资金支持。

（二）坚持政金协同

农村基层政府在农村发展中发挥着重要作用，在农村金融改革创新过程中要注重与地方政府，尤其是基层政府的协同合作。地方政府承担着稳定农村金融市场、发展农村经济和推进全面小康社会建设的职责，金融机构支农与地方政府的努力方向是一致的。具体而言，基层政府可以提供增信、汇集信息、参与监督、诚信教育、财政激励等方面的支持，以降低农村金融机构的信贷风险。同时，地方政府还肩负着改善诚信环境的职责，以不断优化市场环境。

（三）促进金金协同

农业生产经营活动沿产业链整合、沿价值链提升，对金融服务的范围和规模有更高的要求。例如，农业转向适度规模经营、生产经营主体从生产向研发、加工、营销等环节拓展，对融资服务的规模、期限要求在提高，对保险、期货、租赁、保理、证券等服务需求将逐步增强。因此，需要促进金融机构内部的跨行业协同。例如，在农产品生产方面，从银行提供信贷资金、租赁公司提供农机设备租赁、保险机构提供价格保险，到期货公司提供价格期权服务，这些不同行业的金融机构相互支持，共同分担风险，为农业生产经营主题服务，实现功能互补和合作共赢。围绕控制成本和风险，各行业金融机构需加强合作，共同创新服务机制和产品，加强协同是重中之重。通过推进跨行业协同和共享客户、信息等关键资源，可以达到“2＋2＞4”的效果，实现共同发展。

三、效益化原则

（一）加强风险控制，坚持低风险、高效益

农业本身是一个高风险产业，农村金融交易信息不完全和信息交流不充分更是增加了金融机构的交易成本。同时，农村金融机构面对的是分散的小规模农户和大量的乡镇企业，农村金融市场的特殊性又增加了交易成本，这也加剧了农村金融机构贷款的风险。受国际经济走向、国内实体经济发展等各方面因素的影响，在推进农村金融产品和服务方式的过程中会不可避免地存在潜在风险，尤其是对一些规模较小、资金量少、抗风险能力较弱的金融机构，这些负面影响作用更为显著。涉农金融贷款的风控难点在于农户贷款的不良率偏高。有些地区农户贷款不良率过高甚至影响到了金融机构的可持续发展。农户贷款不良率偏高一方面与农业生产的特殊性有关，而更重要的在于农村金融机构在风控过程中，直接照搬了城市商业银行的风控模式，没有关注到农村金融需求和供给侧的特点，例如授信期过短、与农业生产周期不匹配等。在现实中，这种授信格局比较普遍，授信额度超过农户家庭年收入一半非常普遍，超过家庭综合年收入的情况也占相当比例。因此，要结合农业自身的特点，以防控风险为出发点，完善对农户的授信业务模式。同时，还要根据农户的还款能力来发放贷款，完善农户年收入信息的交叉检验制度，降低信贷风险。

（二）加强成本控制，实现低成本、高收益

要充分利用信息化技术，降低农户信贷的过程成本。通过提高银行业务的电子化替代率，有效降低人工成本。中小涉农银行（包括农村信用社系统）应加强内部成本核算，对基层机构优化资源配置，减少业务管理层级，重心向一线下移；对于不可持续的基层机构，应适时推动兼并整合，减少管理人员配置。在完善支农信贷统计指标体系的基础上，结合扶贫工作机制，针对中低收入农户的小贷加大政策扶持力度，优化税收、财政、货币政策机制，切实降低业务成本，完善风险补偿机制。

四、专业化原则

（一）专注农村，提升农村金融服务的专业化水平

我国农业发展已经开始从增长为导向转向以优化结构、提升竞争力为导向，

农村金融服务也要紧跟农业发展转型步伐，从关注总量增长向优化结构的精准服务、专业服务转型。农村金融服务要从农村传统的种养业向农产品流通、农业生产资料生产销售、农业科技研发推广等各个环节发展，并逐渐覆盖整个产业链和价值链，实现一二三产业融合发展。现代农业的资本密集度和产业规模化水平明显上升，已经不再是“小额、短期、分散”的周转式需求，同样需要“长期、大额、集中”的综合化金融服务。因此，要进一步加强供给和需求的专业化和精准化。随着我国农业的现代化转型，农产品研发、生产、加工、销售需要生产的适度规模化、服务的专业化和管理的信息化，推进农业生产经营活动沿产业链整合，提升在产业链分工中的地位。金融机构要适应这一转型趋势，应强化自身的专业化服务能力。在不同行业的金融机构之间，通过专业分工，为“三农”提供全流程的综合服务，有助于提升整体支农效果，实现多赢；就同一行业内部而言，在市场化环境中，小型金融机构分摊成本的难度较大，要形成自身竞争优势，提供灵活、专业化的服务。

（二）专注业务，培养专业化农村金融人才队伍

我国目前尚缺乏足够的农村金融服务人才队伍，尤其是合作性金融组织中缺乏高水平的金融人才支撑。目前，城市金融人才的引进和培养基本上形成了市场招聘、双向选择、择优录用的机制，但在农村金融人才方面，选任的范围不宽，而且方式比较单一。因此，要建立健全农村金融人才培养机制，建立为农村服务的专业化金融人才队伍；要根据农村金融活动的特点培养金融人才，加强教育培训，着力培养人才的创新能力；优化教育培训资源，强化人才竞争机制，积极探索建立地方政府与金融机构人才交流制度；结合实际情况，建立农村金融顾问制度，专业服务于新型经营主体的金融知识需求。

第三节　差异化、特色化农村金融服务体系的建设路径

一、加强农村金融机构特色化改革

（一）进一步完善农村政策性金融服务体系

以国家开发银行和中国农业发展银行为代表的开发性、政策性金融机构一直以来发挥其开发性金融的优势，以支持现代农业、基础水利建设，推进农村建设为主。在农村金融服务改革创新过程中，国家开发银行和中国农业发展银行还要继续发挥其在金融体系中的导向性和基础性的作用。

1. 进一步加大对现代农业的支持力度

要继续以支持高标准农田和现代农业示范区为基础，加大对现代农业的支

持力度，并鼓励融资模式的探索与创新，在转换财政投入方式和创新涉农资金运行机制上深入探索和实践，助力打造规模化粮食生产样板区。同时，以农村“三权分置”改革为契机，积极推进农村“两权”抵押信贷试点工作。此外，还要大力促进农业现代化进程，推动农业供给侧结构性改革。以农业综合示范区和田园综合体为发展载体，推动乡村旅游、农业生产、生态文化为一体的一二三产业相融合的农村发展新模板，通过鼓励和支持种养业废物的资源化利用和无害化处理，推动绿色生态农业的发展。

2. 加大对农村服务业和农业企业的支持力度

建立和完善开发性金融支持农业对外合作的投融资机制，围绕保障粮食安全和重要农产品供给，积极探索农业优势产能转移等对外合作的新领域，拓宽农业走出去业务的新增长点。积极支持大型农业企业以项目建设、跨国并购等形式“走出去”，培育具有国际竞争力的粮商和农业企业集团。发挥开发银行在投资、贷款、债券等领域的综合金融服务优势，为农业企业参与“一带一路”战略和“走出去”提供全面金融服务。

3. 提升中国农业发展银行的支农实力

积极推进中国农业发展银行改革，提升中国农业发展银行的支农实力。在当前中国农业发展银行改革的基础上，继续加强内部改革步伐，明确中国农业发展银行的职能定位。

（二）深入推进农村信用社改革

1. 探索完善股份制合作模式

农村信用社改革发展的根本宗旨是促进支农。股份合作制的制度设计以服务社员为导向，不把盈利最大化作为应对成本和风险的主要措施，而是通过社员和组织联合、互助实现增信和规模效应，降低平均成本，提高抗风险能力；不把高分红作为提高股东满意度的主要手段，而是通过业务渠道回馈股东，以业务优惠吸引客户入股。典型的股份合作制以社员联合与资本联合的有机结合为基础，以服务广大社员而非营利为优先目标。在经济发达地区要进一步深化农村信用社改革，要完善激励机制和监管措施，逐步规范分红比例。如农村信用社的苏南改革模式一样，要加强内部治理，完善社员返利制度，规范权力运行机制，强化行业自律和监督。

2. 结合地区差异逐步推进农村信用社改革

如前所述，农村金融改革要遵循差异化原则，农村信用社的改革在具体实施过程中也要注意结合地区发展差异，尤其是县一级农村信用社在改制过程中不宜采取“一刀切”的模式统一同步进行，而是要充分结合地区的经济发展水平和农业发展阶段，因地制宜、因时制宜地进行改革。对于经济发达地区，可以进行股份制改革，采取较为先进的商业模式，甚至可以进行一定程度的创新。而对于中西部地区而言，经济发展水平不高，股份制改革成本较大。这些地区也会因为股份制改革之后，增加资本信贷的成本，而不能很好地与当地中低收入人群的小额信贷需求相契合。因此，在经济欠发达地区，不宜快速推进农村信用社的股份制改革，可适当采取合作制或股份合作制改革，从而更好地发挥农村信用社的支农作用。

3. 借鉴国外先进经验，进一步完善体制机制设计

从国际经验来看，荷兰、德国和法国三国农村银行体系各具特点，例如，荷兰合作银行体系实行财务并表管理，总行对基层法人具有较强的权威性，在高管任命、机构合并、风险处置、利润转移等关键问题上具有决定性影响力；同时，体系内部试行基层法人之间交叉担保，以降低融资成本。德国合作银行体系的基层法人在法律上独立于总行，但实际上受合作体系的庞大审计队伍监督，接受财务审计和管理审计，同时接受总行综合功能支持。法国农业信贷银行总行进行了私有化改造并上市，但基层法人仍试行合作制。上述三类银行的共同特点包括：一是总行具有很强的对外综合服务能力，这是提升整体竞争力的基础。二是基层法人试行合作制，高管来自“三农”，这是体系架构存在的基础。银行为农户提供农业技术、生产、营销等方面的综合服务，金融服务涉及保险、信贷、证券等方面，加之农户社员分担银行经营剩余风险、分红比例低，银行具有较强的抗风险能力和积累能力。三是基层法人接受体系内部服务和监督，这是体系凝聚力和可持续发展的基础。四是银行为农户提供一揽子专业化服务，且与农户社员同舟共济，共渡难关。结合中国实践，省农村信用合作联社体制改革应围绕支农宗旨，在强化省农村信用合作联社综合服务功能和监督方面下功夫。

（三）有效推动新型农村合作金融的可持续发展

农村合作金融是农村金融服务的有效组成部分，在运行过程中也存在一些不足。在农村金融改革和创新的过程中，如何促进农村合作金融的可持续发展是需要特别重视的问题。要有效推动新型农村合作金融的可持续发展，其关键在于加强农村合作金融的内部管理，强化其支农功能，完善风控机制。如果农村合作金融的工作中心不以服务“三农”为目标，则在农村很难扩大市场范围，而如果不做好风控措施，运行中又必然会出现一些问题，难以实现可持续发展。在实际运作过程中如何协调和权衡合作金融的规模和监管力度之间的关系是新型农村合作金融机构发展中的重中之重。

1. 创新发展模式，完善组织联合机制

结合国际经验以及农村发展需求特点、新型合作金融发展需要，通过行业自律、人员培训、流动性支持、IT 服务等机制，成立联合体组织。因为单个基层合

作金融组织的竞争力、服务能力都较弱，所以需要通过组织联合形成规模效应、协同效应。单个合作组织抗风险能力不足，在应对流动性、经济周期波动等方面需要外部支持。通过组织联合形成联合体内部的互助机制，可以为其提供资金调剂等关键支持。联合体要接受政府监管，对成员实施审计审查，有权建议罢免不合格的基层组织高管。根据我国发展实际以及已有的实践经验，主要可以有两种模式可以借鉴：一是农村合作金融组织与供销合作系统联合，依托供销合作系统，实现供销、生产、资金合作三位一体的发展模式。各地区可以根据供销合作系统的实际情况，以省、县两级为单位分区域成立资金合作组织联合体。以省农村信用合作联社为依托成立省级合作资金组织，负责区域内的行业自律和监督、审查、审计工作。各地区可以在发展中逐渐完善对新型农村合作金融组织的监督、审计机制，并为其提供必要的支持，促进规范合作。二是以地区专业合作社为基础，实现资金合作组织与专业合作社的联合。要根据自愿原则，支持发展规范的、依托专业合作社的新型合作金融组织发起成立县级联合体，履行自律、互助等职能。这些职能包括资金调剂、财务和管理审计、人员培训等。需要注意的是，加入联合体的基层资金互助组织，其财务应独立于相关的供销、生产组织；应与之建立服务机制而不是管理机制；其不接受供销、生产组织的干预，以规范风控机制。

2. 促进与现有涉农金融组织的功能互补、机制衔接、服务协同

新型农村合作金融组织的优势在于合作机制和信用、信息方面的整合。在农村金融服务方面，要更好地发挥其优势，需要进一步建立与其他涉农金融机构的深度合作，实现互补效应和协同效应。新型农村合作金融组织应围绕农产品研发、生产、加工、销售流程，探索与农村信用社系统、涉农商业银行、政策性银行的合作机制。根据实际需要及自愿原则，农村信用社系统可以依托省农村信用合作联社，为依托专业合作社的新型农村合作金融组织联合体提供资金调剂、账户管理、贷款批发等服务。新型农村合作金融组织与农村信用社同根同源，存在很大的合作互补空间。此外，新型农村合作金融组织可以与政策性银行等其他涉农金融机构合作。例如，可以探索由政策性银行向新型农村合作组织提供批发性贷款，后者提供社员股份质押，地方政府提供配套风险补偿基金，或由国有融资担保公司提供融资担保，并通过政府监管渠道加强风险防控。例如，江苏省徐州市沛县的“润农金”项目便是此类模式的代表①。

① “润农金”项目建立起“财政＋银行＋担保＋农户”的支农新模式。其运作方式是：由沛县人民政府成立沛县农土公司，农业发展银行将资金一次性授信于农土公司，再由农土公司以基准利率4.35％对家庭农场实施再借款，对县内家庭农场提供资金支持。“润农金”项目具有范围广、利率低、效率高、门槛低等优点。该项目拓宽了新型农业经营主体的融资渠道，降低了生产成本，推动了土地流转和新型农业经营主体的发展。

3. 进一步完善新型农村合作金融组织的监管机制

目前很多地区的新型农村合作金融监管存在空白。除了在监管部门登记的数十家农村资金互助组织外，全国还有 5 000 余家在各地注册的农户资金互助组织，另有数万家未经注册、依附于专业合作社的资金互助组织。这些小规模的农村合作资金组织呈现“小、散、乱”的特点，缺乏规范的监管，行业自律不够。在监管机制和发展模式均不完善的情况下，基层政府在发展合作金融方面的积极性也不是很高。实际上，基层政府也缺乏对资金合作组织的监管能力，经常会出现“监管缺位，一放就乱，一管就死”的情况，完全依靠事后追责，事前预防不够。因此，要进一步完善监管机制，加强事前预防和监控，避免不必要的风险损失。

（四）着力推进村镇银行等小微金融机构的发展

村镇银行是近年来发展较为迅速的新型农村金融机构。在农村金融新一轮增量改革中，村镇银行是作为民营资本到农村地区投资设立的金融机构，在增加农村信贷供给、改善农村金融服务环境方面发挥了很重要的作用。经过十余年的发展，村镇银行已经成为服务农村、县域金融的生力军，为农户及小微企业提供了必要的资金支持。村镇银行具有商业与社会的双重目标，一方面它具有商业银行的营利性，另一方面它又负担着满足农村弱势群体小微金融需求的支农功能，要促进村镇银行的发展，需要在这两者间追求一定的平衡。

1. 立足“三农”，坚持本土化、特色化、专业化的发展导向

村镇银行的主要阵地在农村地区和县域地区，村镇银行在发展过程中坚持立足“三农”、服务农村，坚持本土化、特色化、专业化的发展导向。与其他银行类金融机构相比，农村金融市场竞争压力较小，而且村镇银行在农村市场的认知度方面也具有独特的优势。因此，村镇银行应进一步在自身的优势基础上，精心树立“农民信赖的好银行”的品牌，走普惠金融的道路。同时还要根据地方实际情况，在人才培养、服务供给方面实现本土化，进行特色化产品或服务创新，推行适合地区生产经营特点的金融产品，并加强与地方村镇的联系和沟通，增进与农户及小微企业的信息交流。村镇银行还要注重自身服务的专业化水平，提升服务队伍的专业素质，并将提供特色化、专业化农村金融服务作为自身的核心竞争力。

2. 要对村镇银行实施差异化监管

村镇银行由于规模小、差异大，要想获得更大的发展，配套差异化监管措施不能少。村镇银行原则上要在注册地所在的县域内依法经营，充分挖掘辖内市场，保障服务范围内金融的充分供给。但对于中西部地区的村镇银行，其金融市场总量不足，金融机构覆盖率低，该类地区村镇银行面临市场空间不足、运营刚性成本高等问题。中西部的经济总量有限，不能有效支撑村镇银行法人机构的

设立，且村镇银行分支机构不允许跨区域设立，该类地区金融机构覆盖率低、金融服务不到位，金融竞争不充分。因此，对于此类地区，要适当放宽村镇银行机构准入条件，加快在县(市)集约化发起设立村镇银行的步伐，重点布局中西部和老少边穷地区、粮食主产区和小微企业聚集地区，稳步提升村镇银行的覆盖面。

3. 加强村镇银行的社会绩效管理

实施社会绩效管理是村镇银行相关利益者的诉求，也是机构生存与发展、实现双重目标的内在需求，更是平衡推进双重目标的动态过程。村镇银行在发展过程中不仅要追求利润、实现盈利，也要进行社会绩效评估。村镇银行在实践中要不断将网点布局在金融空白区域，瞄准偏远地区的农牧户、小微客户，业务下移到底层，服务弱势群体。要进一步加强村镇银行的社会绩效管理，避免村镇银行成为农村资金虹吸效应的另一个来源。

二、差异化创新农村金融产品

(一) 依托互联网金融，促进普惠金融模式创新

1. 促进农村金融服务模式创新

鼓励互联网金融进入农村市场，促进农村金融服务模式创新。互联网金融的优势在于门槛低、效率高、运行灵活，鉴于农村地区经济水平差异大、实体金融机构布局不均匀的现状，各地政府部门应积极鼓励互联网金融服务进入农村市场，运用互联网手段，提高金融服务效率，为农村金融市场注入竞争活力。要做到这一点，首先要加快农村互联网基础设施建设，满足农村居民在互联网金融应用方面的基本需求。同时，也要给予进入农村市场的互联网金融公司以税收优惠政策，充分发挥互联网金融多样化、个性化方面的突出优势，做大农村金融市场。

2. 发展互联网增值服务

鼓励农村信用社等传统金融机构积极“触网”，发展互联网增值服务。国务院对农村信用机构提出了“淡化管理、强化服务”的转型要求，将其工作重点落实到提升地区农村信用机构核心竞争力和支农服务能力上，最大限度发挥服务作用，“互联网＋”便成为提升农信机构服务能力的最佳承载途径。农村信用社作为农村基层的主要金融机构，应充分利用自身网点多、分布广、与农民联系密切等优势，有步骤、分重点的发展具有地区特色的电子商务业务。农村信用机构应根据本地区发展特色和本行的客户群体特征，选择发展适当的电子商务业务，并且加强与当地其他电商平台的合作。合作模式可以为品牌的相互推介，也可以为客户群体的信息共享，还可以为融资支持电商平台或参股电商平台。通过合作有效借助外部力量，达到品牌宣传和扩大客户群体的效果。

3. 鼓励互联网电商开展农村金融服务

电子商务发展与互联网金融服务是相辅相成的，一方面，电子商务的发展离不开互联网金融服务的支持；另一方面，电子商务的数据流量也是金融服务关注的核心内容之一。农村金融服务光靠银行等传统金融机构是不足够的，互联网电商在积极开拓农村电商市场这片蓝海时，积极发展农村金融业务是其必然之选。目前，蚂蚁金服和京东集团均已开展供应链金融业务，可以对入驻电商平台的农村生产合作组织和小微企业提供贷款，这与农村金融服务的定位基本相同。此外，电商平台的贷款业务审批流程简单，产品类型丰富，还可以全面掌握农户及小微企业的上下游交易行为和资信记录，增强了自身向农村市场发放贷款的风控能力，提升了对农村金融服务质量。

4. 构建风险防范机制

要做好金融监管，构建农村互联网金融的风险防范机制。目前互联网金融还没有建立起清晰统一的监管体系，部分互联网金融机构资金安全、信息安全缺乏保障。2017 年中央"一号文件"指出要鼓励金融机构积极利用云计算、移动互联网、大数据等技术手段，为农业经营主体提供小额存贷款、支付结算和保险等新型金融服务。在涉农融资服务中，可采用通过"线上信息匹配"与"线下风险控制"相结合的方式，增加资金来源并完善风险管理机制；还要根据客户需求进行产品研发，注重农业保险的发展，引导和鼓励行业加快发展"互联网＋"农业保险，增加农业保险品种创新，设计更加通俗易懂、更好满足农民实际需求的保险产品，同时还可以设立专项基金对"互联网＋农业保险"进行补贴。

（二）加快农村小额信贷模式创新

1. 提升小额信贷支农水平

要顺应农业现代化转型趋势，提升小额信贷支农水平。从现代农业的发展趋势看，农业经营活动存在从生产环节向加工、销售环节延伸的动力，农业价值链的延长和一二三产的融合，都有助于增加农民收入，提升市场竞争力。小贷支农需要顺应这一转型趋势，在服务重点方面要从农业生产向农产品加工、销售等环节拓展，沿农业产业链提供服务；在服务内容方面，除了提供信贷资金外，还需要重视提供农户急需的农业技术、经营管理、市场销售等增值服务；在服务对象方面，除了传统农户外，更要重视专业合作社、家庭农场等新型主体，要为其提供便利、可及的金融服务；在信贷产品方面，应符合客户实际，提高为客户提供"量身定做"服务的能力。

2. 推广先进的微贷技术

农村金融领域的小额信贷业务需要普及基于客户投资回报和现金流的微贷管理技术，尤其是中小型农村金融机构非常需要微贷技术。目前农村信用社系统、新型合作金融组织难以承受较高的微贷技术引进费用，建议以扶持国内微贷管理咨询机构为切入点，结合我国农村小额信贷金融服务特点，提供政策支持和补贴，促进咨询机构之间展开竞争，推动微贷技术转化应用。同时，由监管部门组织，行业协会牵头，大型涉农银行、农村信用社系统为主，小额信贷公司、农村资金互助社参与，借鉴国外农村银行机构经验，推进农村小贷金融技术创新。

3. 培育新型金融机构

积极培育新型农村和社区金融机构，发展小额信贷业务，鼓励公益性小额信贷组织发展。要适当放宽新型农村金融机构的准入条件，允许民间资本控股村镇银行、县域中小型银行和金融租赁公司。应将小贷公司定位于"非存款、非公众"的金融机构，拓宽融资渠道，完善管理政策，加快接入征信系统。放宽小贷公司融资比例限制，通过评级给予优秀的小贷公司增加杠杆比例，应允许小贷公司跨区域经营，降低小贷公司转制村镇银行的门槛。对于中西部贫困地区的公益性小额信贷组织，要尽早出台支持和鼓励公益性小额信贷组织发展的政策法规，允许设立区域性扶贫小贷组织，允许省级政府自主探索试点各类存贷业务均在县域内的新型扶贫金融机构。

（三）创新农业保险形式，提升农业保险保障能力

1. 利用大数据，开发精准度高的农业保险产品

从传统农业保险品种向气象、产量和价格指数保险转变，从保成本向保收入、保价格、保产值转变，支持试点重要农产品价格指数保险、农产品收入保险、农产品质量保险，支持发展特色优势农产品保险和高效设施农业保险。完善农产品"生产能保量、销售能保效"的产销险种，有效规避农产品交易市场风险，稳定供给，提高财政资金使用绩效。探索建立农产品收入保险制度，实行差异化、分级分档的农业保险品种结构，促进保险险种多元化，使险种更加适应参保主体的需要，进一步提高农业保险的针对性、精确度和保障水平。

2. 借用现代技术，积极拓展农业保险业务链

现代农业保险要以服务"三农"为理念，以实现参保主体利益最大化为目标，以现代装备技术和管理为手段，将农业保险从单纯的灾后救济，转变为事前预测、事中防控、事后补偿一体化的服务和保障。加快形成防灾、减灾、赔灾和支持恢复灾后生产的新型经营机制，加快拓展农业保险的经营领域，延长农业保险的业务链条。要积极搭建多层次、多手段的大灾风险分担机制，在借鉴国外经验的基础上，积极探索建立再保险机制，并且应将再保险机制作为政府对农业保险计划提供支持的主要手段。

3. 发挥财政杠杆作用，探索农险与信贷的联动机制

根据国家和地方财力水平、权责关系以及保险品种的优先顺序，建立政府风

险补偿基金，健全风险阻断机制，完善财政与金融支农协作模式，探索建立农业补贴、涉农信贷、农产品期货和农业保险联动机制。按照“政府引导、市场运作、自主自愿”的原则，注重调动政府、保险公司的积极性，进一步增加农业保险覆盖的农作物范围，扩大农业保险政策的受益主体，增强保障覆盖面，提高风险分散度。目前财政部已开始推动地方盘活财政存量资金的改革，可以借此改革时机，推动保费补贴资金来源的多样化，在满足一定条件下允许地方政府使用价格调节基金等存量资金进行新型农业保险产品的保费补贴。

4．加快有效的信息数据采集和共享平台建设

从发达国家的经验来看，农产品价格保险、收入保险以及天气指数保险都离不开完备的农业生产、环境气象和农产品价格数据积累、价格发现机制和开放即时的信息查询系统。目前，我国很多地方已经开始了有关数据整合的探索，但地方信息之间尚未实现跨地区之间的共享和对接。因此，要加快全国农业保险信息管理平台建设，节约信息平台的建设成本，随着各类农业基础数据的归集，农业保险信息管理平台可以为农产品价格保险产品提供可靠稳定的数据和模型支持。要进一步强化全国农业保险信息管理平台汇集农业生产基础数据的功能，形成相对完整的农业保险和涉农基础数据体系，从而进一步夯实农产品收入保险等创新型保险模式的发展基础。

5．根据农民需求特点，积极简化农业保险经办手续

要根据农户小规模经营及保险认知水平不高的特点，通过简单明了、通俗易懂的“农业保险明白纸”“一卡通”等形式，提高农民对农业保险的认可度，减少经办环节、简化理赔手续，保证及时足额赔付，降低农业保险的交易成本，调动农民的参保积极性。

（四）加强农产品期货服务供给

1．加快试点农产品期权产品，丰富期货交易工具

农产品期权、期货价格保险以及“粮食银行”作为新兴的金融服务创新模式，金融机构和监管当局应加强合作、协同创新，为服务“三农”提供更加方便和有效的工具。同时，还要继续开发期货新品种，加快期货新品种的上市速度，扩大农产品期货市场影响力，推动农产品期货服务农业发展的功能提升。除此以外，还要由点及面，在已有领域继续完善产业链上、下游品种，提高整体农产品期货市场的影响力。

2．加大政策扶持力度，鼓励期货、期权服务模式的创新

当前我国正在探索开展农产品目标价格保险、目标价格贷款试点。期货套期保值机制与农业信贷、保险等金融工具的有效结合，能够创新金融支农业务模式，有效降低贷款风险。建议政府对合作社购买期权管理价格波动风险提供一

定的补贴支持，探索农业补贴制度改革新途径，为试点推广提供支持。同时，还应为金融机构探索创新业务模式提供更为宽松的政策环境，积极推动探索信贷服务、保险服务与期货套期保值相结合的有效途径，促进有关业务可持续发展，提升金融服务“三农”的整体效果。鼓励银行、保险等金融机构为合作社等新型农业主体利用期货、期权工具管理风险提供保险和贷款支持。深化银行、证券、保险、期货等各类金融机构在内的良好金融生态圈发展，支持各类金融机构合作开发基于农产品期货的资产管理产品等。

3. 加强期货市场培育，进一步完善期货市场功能

针对农民风险管理意识淡薄的问题，要进一步加强对相关农业经营主体的风险管理培训，系统开展期货市场知识培训、信息服务和相关业务创新模式推广工作，积极引导农民专业合作社、专业大户、家庭农场等在内的新型农业生产组织参与到期货市场中来。还要充分重视培育和扩大投资者主体范围，增加对农产品期货相关品种的推介和市场宣传，加大机构投资者培育力度，促进金融与产业有效对接，进一步改善期货市场的参与者结构，提高期货市场的活跃程度，进而提高农产品期货市场的运行质量。

（五）规范农村非正规金融的发展

1. 适当鼓励多种形式的非正规金融的发展

非正规金融是我国农村普惠金融体系的重要组成部分。由于农民缺乏足够的抵押条件，很难从正规金融途径获得资金支持，所以非正规金融才作为正规金融服务的重要补充而长期活跃于农村金融市场中。以目前农村金融供给状况来看，非正规金融在一段时间内还将继续存在。因此，各地政府必须要充分认识到农村非正规金融存在的必然性和合理性，充分挖掘和培养具有社会资本或信息资源的非正规金融，鼓励多种形式的非正规金融的适当发展，使其能够反映并满足农村资金需求主体的真实要求。

2. 积极推动非正规金融和正规金融的合作

本书研究表明，非正规金融和正规金融之间不存在完全的替代关系，其在农村金融体系中发挥着不同的作用。一方面，由于非正规金融往往发生在农户“熟人圈子”，借贷双方对彼此的信息状况较为了解。由正规金融向非正规金融机构提供低利率信贷，能够充分利用非正规金融的信息优势，可以转嫁正规金融机构所面临的信贷风险，在一定程度上解决正规金融对中小农户借贷所面临的信息不对称问题。另一方面，非正规金融可以从正规金融那里获得规模经济效益，提升自身的风险控制水平和经营管理能力。非正规金融和正规金融的合作可以促进农村资本的形成，增加农户收入，优化农村经济结构，促进农村经济发展。因此，要以市场需求为导向，运用市场力量，在尊重两者之间差异的基础上，鼓励以

小额信贷公司、农民资金互助社、农村合作基金会为代表的非正规金融机构(组织)积极与商业银行、政策性银行合作,创新合作方式,建立健全农村非正规金融与正规金融开展合作所必需的登记、咨询和运行制度,维护两者合作权益。

3. 加强对非正规金融监管力度

非正规金融由于其非正规性,在具体运营过程中常常也是风险多发领域。在鼓励非正规金融正常发展的同时,要采取针对性的措施,加强对其运行的监管。要结合各地特点,尽快建立健全相关的法律法规,实现非正规金融机构运营的阳光化、规范化和合法化,并按照非正规金融组织形式的不同、规模和风险水平的差异等情况,确定不同的监管标准。还要积极建立并完善非正规金融的监测体系,创新非正规金融的管理办法,将组织化的非正规金融纳入金融监管范围,严厉打击农村的民间非法金融活动。

三、健全农村信用担保机制

(一)创新农业信用担保模式,提升金融服务能力

1. 完善农业信用担保模式

政府搭台,进一步完善农业信用担保模式,引导农业担保机构规范运行。推动设立政策性、区域性、专业性等多元化的农业信用担保机构。加强政府与担保、金融机构的合作,探索通过财政资金增信带动金融机构为农业生产经营主体提供易获得、低成本的惠农金融服务的新路径、新做法。充分发挥财政资金的杠杆作用和指挥棒作用,加大对担保、金融机构担保及贷款的扶持力度,通过考核每年新增农业担保额、放贷额的方式向对农业放贷提供担保的金融机构进行适当补助,形成银行愿意放贷、担保公司愿意担保的良性惠农担保贷款模式。

2. 大力开发多元化的金融担保产品

担保、金融机构要围绕支农支小,积极创新业务,探索农村担保和贷款新品种,积极拓展符合农村特点的担保业务,扩大农业信用担保规模,大力开发符合农村实际的金融创新产品,满足农村贷款需求;针对大部分种植户、养殖户反担保难的现象,要加快推进农村地权、产权、经营使用权的登记、评估、交易、抵押等流转体系建设,探索试行农村房屋、土地承包经营权和地上建筑物、设施等抵押担保方式,不断拓宽反担保措施,为农业生产经营主体融资担保提供便利。

3. 加大财政资金对农村金融担保的扶持倾斜力度

适当提高对农户个人提供担保业务的财政补助标准,实行以奖代补和贴息,支持建立担保机制,促使担保机构和金融机构在向农村担保和放贷过程中,进一步降低担保抵押门槛。建立贷款风险补偿基金,尝试建立对担保机构实行风险补偿金补助和对被担保对象实行财政贴息相结合的补助方法,进一步降低农业

生产经营主体的融资成本。

（二）优化农村信用环境，持续完善农村信用体系建设

1．加快“数据库＋网络”的农村信用平台建设

目前我国部分地区已经开始试点建设农村信用数据平台，未来要在试点试验的基础上，进一步总结经验，持续完善农村信用制度与措施，加快信用数字化平台建设，推动信息化技术在农村信用体系建设中的应用和推广，加强信用信息的共享，完善信息的服务和应用，形成较为完善的制度保障体系。另外，应结合地区实际条件，多渠道采集农户、家庭农场、农民专业合作社等农村地区生产经营主体的信用信息。按照“数据来源于地方、服务于地方”的思路，在县（市）层面建立农户信用信息数据库，在此基础上搭建集信息共享、信息培植、中介服务、政策扶持、金融支持为一体的网络服务平台，为农户、金融机构、政府部门等提供信息服务，减少信息不对称。积极推动金融信用信息基础数据库（征信系统）建设，立足社会融资规模口径，努力实现对金融领域信用信息的广泛覆盖。支持涉农放贷机构通过直接接入、省级平台接入、互联网接入等多种方式接入征信系统，并提供信用信息查询服务。

2．建立健全风险补偿和守信联合激励机制

要积极引导金融机构在信贷管理中引入农户信用的评价信息，将其作为发放贷款的重要依据。根据不同的信用登记，给予农户不同的授信额度和利率，为有信用、有市场的农村生产经营主体提供便捷的金融服务。推动地方政府加大对信用户、信用村镇的支持力度，对信用状况良好的农户、扶贫龙头企业、专业合作社等开展财政贴息活动。由财政出资设立风险补偿基金，补偿金融机构发放农户小贷发生的风险。应运用信息技术手段，构建覆盖所有农户和农村企业的征信平台，准确记录经济状况、收入来源、违约责任等重要数据，改善农村信用缺失和借贷双方信息不对称的状况，切实防范信用风险。要强化征信系统应用，推动全社会形成守信履约的内生机制。对于守信农户和信用企业，在金融机构办理贷款业务时，可以享受贷款优先权、利率优惠、较高授信额度、保证方式灵活等激励政策。对于失信的农户和企业，要严格坚持限贷、拒贷的原则，提高其失信成本。积极推动政府部门之间信息共享，将各部门拥有的企业和个人信用信息逐步纳入征信系统，实现信用信息充分共享，防止企业和个人在一个部门有不良记录而在另一个部门却被评为信用优良，进而提高信用评价的完整性、准确性和权威性。

（三）加强农民金融知识教育，培育农村信用环境

1．加强征信建设宣传，强化农户信用观念

农村社会信用体系建设客观上依赖于良好的农村信用环境和较强的农户诚

信观念。要强化农户征信宣传教育，实现征信宣传常规化、扩大化，注重典型事例的宣传引领作用，不断强化农户的信用观念，夯实农村信用环境建设的思想基础。要扎实开展信用村、信用乡镇和信用县创建工作，提高信用村镇权威性，使信用村镇发挥更大的示范作用，带动农村社会形成“以诚实守信为荣、以失信忘义为耻”的良好风气。此外，还应加强对企业的诚信监督，规范其经营行为，同时加大对信用评级等社会中介机构的培育和监管，促进信用评级市场健康发展，促成全社会诚实守信良好风气的形成。

2. 强化农民金融知识教育，提高农民风险意识

农村金融知识教育工作是一项迫切的系统性工程，需要在农村金融的各层级单位达成统一认识，形成农村金融知识普及合力。应对农村金融机构进行有效的激励约束，促使其加强农户金融知识教育宣传；应鼓励农户积极参与金融实务，特别是鼓励他们通过智能手机接触互联网金融产品；互联网金融企业需要利用其平台优势和网络效应，促进农村地区金融教育工作的开展。此外，各级监管部门应针对农村地区建立全面的金融消费者权益保护办法和措施，完善农户金融消费投诉处理机制，着重维护农户的金融权益。

四、强化农村金融服务风险防控

（一）加强农村金融机构自身的风险防控能力

1. 鼓励农村金融机构建立风险保证金制度

除了涉农企业需要建立相应的基金、风险金制度，农村金融机构也需要建立行业性、区域性的风险保证金及补偿金制度。农村金融机构为了防范信贷风险，必须采取必要的担保措施，对信贷人员设置配套的风险金，提高借贷者的抵押担保率；农村金融机构中出现的呆账可以足额提取，并配套实行贷款风险保险制度。以农村信用社为例，在发放贷款时可以要求涉农企业和借贷农户以其贷款项目及金额先向保险公司投保，再由保险公司进行担保保险，如果涉农企业及借贷农户在其责任范围内不能归还贷款则由保险公司承担清偿责任。这样不仅可以减少资金损失，而且增强了农村金融机构特别是小型农村金融机构抵御信用风险的能力。县域农村金融机构可以建立存款保险制度，防止头寸不足，增强机构金融安全，使得农村金融存款机构抗风险能力大大加强。这在很大程度上也维护了农村社会农户的借贷利益，增强了农村金融机构特别是小型农村金融机构抵御信用风险的能力。

2. 建立农村金融机构内部损失数据库以及外部信息披露机制

由于农村金融机构数据集中程度较低，数据搜索的操作性较难，因此需要建立和完善操作风险的损失数据库，并且按照相应的业务种类来明确从业人员责

任，在损失数据库中对损失类事件进行分类，记录其发生的概率和程度，进而可以作为风险评估的数据定量依据，可以大大提高风险预警水平。农村金融机构在机构设置、产品服务、财务相关指标方面的信息较为隐蔽，特别是区域性、县域性的农村信用社、新型农村金融机构，由于改革的遗留问题和体制留存问题，在利率市场化的金融改革背景下，主要的农村金融机构需要接受公众监督。根据我国相关立法来制定信息披露规定，相关利益群体应公开自身资产信息，坚持准确、真实、及时的原则，由专业监管部门进行财务审计和监督，并配套相应的金融机构退出机制，一旦出现经营状况恶化，可以及时采取措施，以免给涉农中小企业、借款农户等利益人造成损失，特别是避免给当地金融环境带来不利动荡。

（二）引入多层次合作和互保机制，降低信贷风险

1. 开展银保合作，为农村信贷提供风险保障

目前江苏等地区已经开始逐步开展银保相结合的贷款模式。开展银保合作，有利于增强信贷风险保障，降低信贷机构房贷的风险。信贷机构凭借农村保险体系扩大了信贷风险承担主体，分散和转移了农户因受自然、气候、市场价格波动等多因素影响而产生的信贷风险，使信贷风险由信贷机构（组织）和保险公司双方共同承担，增强了借款人抵抗自然风险和意外风险的能力。信贷机构借助农业保险公司的担保协议，可以为农户提供多元化、全方位的金融服务，降低农村小贷风险。此外，保险公司也可以通过承保积聚的保险资金，扩大融资比例，最终实现小额信贷的零风险目标；对于农户而言，保险业为其带来了信用增级，可以提高其获得贷款的可能性。

2. 引导借贷农户成立联保共同体，建立互保机制

目前很多地区都在大力推动多户联保或信用共同体制度，这对于降低农业信贷风险而言，是一种利益保障机制。其优点在于易于操作，便于管理，制度化强，保障性高。一旦风险成为现实，贷款对象所交付的保费可以弥补风险带来的经济损失，而不是被动的对联保农户进行惩罚性制裁。引入多层次互保机制，一是能够引导农户自愿组成“互保联盟”，实行会员制管理，通过所有权关系取代市场交易，将所缴纳保费和盈余全部用于被保险人的福利和保障上；二是通过专业保险分担信贷风险。目前，我国还没有出台联保小组和担保公司的行为准则规范标准，如果担保机构出现担保放大倍数过高的情况，或联保小组因个别借款人违约导致大面积违约发生，信贷机构的信用风险仍然较大。

（三）加强政府监管，完善农村金融监管体系

1. 加强金融信息的共享

实现金融信息的汇总和共享是有效监管的基础。我国农村金融体系建设中

仍存在一定的监管空白，这一现象在地方层面尤为突出。监管机构能力不足是一方面原因，但缺乏有效的金融信息共享是更为深层次的原因。金融监管贵在信息对称和透明，只有降低信息不对称的程度，才能有效消除监管空白地带，增强金融监管力度。此外，部门间信息不沟通和不共享也对政府的金融监管形成了挑战。在较为分散的农村金融市场中，不同层次、不同性质的农村金融机构之间信息整合很不充分，因此要围绕金融信息统一汇集，授权监管机构统一汇总，分送金融市场信息，才能实现对市场和机构的有效监测和干预。此外，从操作层面上看，金融市场信息汇总和分享基本不存在信息技术障碍，但存在体制障碍，需要破除部门间的行政壁垒，加强监管机构的协调机制，提高农村金融市场的监管效率。

2. 加强农村金融相关的法规建设

农村金融涉及农民群体利益，完善配套的法律规章及监管机制是必需的。目前农村地区存在大量非金融机构从事非法金融活动，对农民利益造成了实质性侵害，也破坏了地方金融秩序。因此，要保护金融消费者利益，必须要建立健全相关的法律制度。相比于美国、日本、印度等国家完善的农村金融法律体系，我国目前尚缺乏针对农村合作金融机构的法律，应考虑制定专门的农村金融促进法律和监管法律，就农村金融性质、金融机构支农责任和各项农村金融支持、促进政策以法律的形式固定下来。同时，加强农村金融执法工作，加大对违反金融法律法规行为的执法力度，改善农村金融法制环境，严厉打击逃废债行为，维护农村金融秩序。

3. 加强监管引领，强化农村金融差异化监管

地方政府要真正承担起农村中小型金融机构的监管职责。各级监管部门要适应农村金融发展的需要，改进监管方法，丰富监管手段，完善“事前有承诺、事中有监测、事后有考核”的支农服务监管框架，促进农村金融市场的稳健发展。一是加强监管引领。探索实施涉农信贷投放与监管评级、市场准入双挂钩政策，引导加大涉农信贷投放，对金融机构创新涉农业务产品，在基础服务薄弱地区设立机构网点，并给予准入绿色通道。二是强化差别监管。对涉农不良贷款给予更大的容忍度，对因灾害导致农业生产受影响的，应允许贷款合理展期，不降低信用评级；对涉农贷款占比较高的县域法人金融机构实施弹性存贷比要求，允许其在涉农贷款旺季时突破存贷比指标，并最大限度向粮食主产区、经济薄弱地区的县域法人金融机构倾斜；对符合条件的银行金融机构发行“三农”金融债券，增加支农信贷资金来源；对涉农贷款有限开展资产证券化和资产流转试点。

第四节　完善农村金融服务体系的保障措施

一、发挥地方政府的协调作用，完善政策激励的协调机制

（一）充分发挥地方政府的协调作用

地方政府承担着稳定农村金融市场、发展农村经济和推进全面小康社会建设的职责，金融机构支农与地方政府的努力方向是一致的。具体而言，地方政府可以在产品创新、成本和风险管理、市场环境完善等方面，通过政策激励、宣传、教育，结合市场机制协调，为金融机构有效控制成本和风险创造更好条件。通过与金融机构加强合作，地方政府可以更好地发挥财政资金的导向和杠杆作用，促进社会资本投入农村建设。因此，金融机构与地方政府以市场机制为基础，通过加强合作可以实现多方共赢，更好地促进"三农"发展。

（二）增强政策激励的协调机制

近年来，由于国家对农村工作的重视和支持，各级政府部门均对农村工作投入了大量财力，以加快农村发展，其中涉及众多政府部门扶持政策和专项资金，这些政策通过财政、金融、税收等渠道影响农村建设和农业的发展。从实际运行情况来看，具体机制的作用大小及效果好坏很大程度上取决于政策间是否实现了协同机制。目前，我国涉农资金分散、重复投资以及绩效评估缺乏等问题依然存在。因此，要加强政策协同机制，促进资源和信息共享，加强分工合作，明确牵头单位及其协调考核的职责权限，明确参与单位的责任分工，相关政府职能部门在政策制定、实施环节上要加强沟通协调，提高政策绩效评价和信息共享。

二、推动涉农资金整合统筹，提高资金利用效率

（一）完善涉农资金整合的顶层设计

按照"解放思想、积极探索，巩固成果、扩大范围，明确分工、协调配合，上下联动、全面推进，强化监管、规范运行"的原则，试点推进涉农资金整合和统筹安排，全面统筹整合财政涉农资金。涉农资金整合涉及部门众多，需要协调处理的矛盾和问题纷繁复杂，应在市级层面建立涉农资金整合的统筹协调机制，突破各部门之间的利益阻隔。在此基础上，各地区应逐步建立相应的统筹协商机制，清晰界定各涉农部门的职责。同时，在市级层面建立基础数据完备的支农信息平台和信息通报制度，减少乃至杜绝资金用途交叉重复的现象。

（二）清理归并现有资金，实现源头整合

梳理评估现有涉农资金的设立依据、来源渠道、支持对象、投入方向、政策期

限、目标作用、管理状况和执行效果。除有特定地域、特定对象、特定要求的专项资金外，将财政安排和上级下达的能统筹安排的涉农资金全部纳入整合范围，从源头上推动资金整合，进而确定整合规划。精简和归并用途相同、性质相近、内容相似、多头管理、使用分散的涉农资金。其中，对已经到期、过时的资金，坚决予以取消；对不符合公共财政支持方向、结余结转规模较大、使用效益不高的资金，予以压减或转变投向；对计划保留的资金，按照“以大并小、以新并旧”的原则，将性质相同、用途相近、使用分散的资金归并起来，形成规模更大、质量更高、效果更好的资金池。

（三）创新涉农资金投入方式

按照“多个渠道进水，一个池子储水，一个龙头出水”的原则，探索实行“大专项＋任务清单”的管理方式，根据农业、农村发展战略目标和经济社会自然资源条件，制定支持农业、农村发展的中长期规划和计划，以规划引导和带动涉农资金集中投入。对于生产、生活补贴类资金，按照“一卡（折）通”模式加快推进改革；对于产业发展类资金，采用股权投入方式撬动社会和金融投资，做大做强农业产业资金，实现涉农效益最大化；对于基础设施建设类资金，在加大财政筹资的同时，广泛吸纳社会资本，采用政府和社会资本合作的模式，推进农村基础设施建设；对于农村公共服务类资金，结合城乡统筹和公共服务均等化要求，探索政府购买公共服务新模式，持续提高农村基本运转、公共服务和各项事业发展的保障能力。

（四）强化涉农资金的管理监督

要加大信息公开力度，提高涉农政策和项目资金申请的透明度，杜绝涉农资金无序、重复申报和骗取、套取涉农资金的行为。要继续推行和完善专家评审制、公示公告制、报账制等管理方式，促进并实现资金分配依据客观、分配程序规范、分配结果公正，进一步提高涉农资金管理的公平性、公正性和透明度。逐步建立全方位、多层次、多形式的涉农专项资金监督体系，做到“资金范围延伸或拓展到哪里，资金监管就要跟踪到哪里”，保证涉农资金的安排使用更趋于合理和有效。

三、加强农村金融基础设施保障水平

（一）鼓励涉农机构跨行服务，大力普及涉农补贴结算账户

涉农银行机构开通跨行服务，提高资源利用率，指导收单机构在风险可控、确有需求的情况下，遴选业务办理规范的服务点开通现金汇款、转账汇款、代理缴费等业务，依托助农取款服务网络所聚集的商户资源、资金结算流水，推出POS流水贷、零钞兑换等服务。继续普及结算账户，依托农村养老、医疗、财政

补贴、公共事业等代理项目按需发卡，大力推动"一卡多用、一卡通用"。重点面向农村大户、能人等具有一定经济偿还能力的人发行信用卡或准贷记卡，解决其短期资金周转困难。

（二）加大助农取款服务的政府支持力度

推动地方政府及有关部门出台相应的扶持政策。地方政府可通过资金补贴的形式，对设置助农取款服务点、布放ATM甚至设置银行营业网点等农村支付服务环境建设给予支持。鼓励村级电子商务服务点、助农取款服务点互相依托建设，实现优势互补、资源整合，提高效率，支持银行金融机构和支付机构研发适合农村特点的网上支付和手机支付等系统。

（三）加强对农村电子商务发展的金融基础设施供给

指导银行机构在经济较为发达的地区新增实体营业网店，并对于业务量不足、业务单一、内控难度大的网店进行撤并转移，顺应互联网快速发展形式，立足银行实体营业网店，大力营销网上银行、手机银行、电话银行服务。大力组织主要涉农金融机构发展助农取款服务，逐步完善功能多样、覆盖广泛、成本低廉，方便快捷的助农取款服务网络。通过创建"刷卡无障碍示范区"，在农村批发市场、农产品收购产业园、农村小超市等布设POS机具，不断推动扩大农村POS机具网络。

四、增加农村金融人才供给

（一）明确农村金融专业人才的培养目标

农村金融体系不同于城市金融服务体系，不仅需要懂金融专业知识的人才，还需要金融人才对农业生产、农村建设具有一定的认识和了解。除了要有懂得金融宏观政策调控的金融管理干部以外，更多地要着重培养从事农村金融工作的具体业务人员。农村金融人才培养定位应面向一线基层岗位，要鼓励金融人才培养的相关高校或职业院校，从调整专业内涵入手，强化专业设置和培养目标相统一。注重提高学生的学习能力、就业能力、创新能力，加强学生对农村金融特殊性的认知和了解，并加强对其操作能力的培养，以适应农村金融机构储蓄、信贷、结算等岗位所需要的金融人才的需求。

（二）强化对涉农金融机构人员的业务培训和技术支持

地方政府、大型商业银行以及相关专业高校应坚持开展主动为农村金融市场和地方经济建设提供业务培训和技术服务的工作，尤其是对小型涉农金融机构从业人员开展多层次的理论教育、岗前培训和岗位轮训。通过系统的金融理论学习和正规的专业培训，提高这些机构从业人员的综合素质。此外，还要鼓励相关研究机构和个人向基层农村金融机构提供编制金融业务软件、参与行社新业务和新金融产品的研发与论证、咨询和培训等服务工作与技术支持。良好的产学研合作，可以进一步密切学校与金融企业的关系，实现教育培训资源社会共享，为农村金融和地方经济的发展输送技术，培养人才。

参考文献

REFERENCES

1　埃莉诺·奥斯特罗姆，龙虎，2003.社会资本：流行的狂热抑或基本的概念？［J］.经济社会体制比较（2），26-34.

2　艾少伟，苗长虹，2009.经济地理学研究视角的变迁及进展［J］.人文地理，24（4）：6-11.

3　安虎森，2008.空间经济学：新视角　新解读——空间经济学（新经济地理学）专栏点评［J］.西南民族大学学报（人文社科版）（8）：102.

4　柏银铃，2011.区域经济学与空间经济学关系研究［J］.西安石油大学学报（社会科学版），20（4）：43-48.

5　鲍常勇，2009.社会资本理论框架下的人口健康研究［J］.人口研究，33（2）：102-109.

6　曹博，马雯雯，郭亚楠，2009.空间经济学——经济学新的探索领域［J］.经营管理者（18）：22-23.

7　曹雷，2016.新时期我国农村金融改革效果评估：基于总体的视角［J］.农业经济问题，37（1）：61-67，111.

8　曹协和，2008.农村金融理论发展主要阶段评述［J］.财经科学（11）：27-35.

9　曹跃群，张飞霞，2014.农户金融借贷需求的地区差异及影响因素的实证分析——基于20 040个样本调查的经验检验［J］.安徽农业科学，42（3）：943-946，961.

10　曹志宏，梁流涛，郝晋珉，2009.黄淮海地区社会经济空间分异及集聚发展模式［J］.地理科学进展，28（6）：984-990.

11　查晓鸣，杨剑，邓莉，2014.中国近现代城市居住区空间结构主要模式解读［J］.住宅科技，34（10）：13-16.

12　柴志贤，黄祖辉，2006.国外空间经济研究的最新进展及发展趋势［J］.经济评论（1）：155-160.

13 柴志贤，项后军，2010. 空间经济结构特征对区域创新的影响[J]. 南方经济，28(3)：3-12.

14 陈传波，2007. 中国农户的非正规风险分担实证研究[J]. 农业经济问题(6)：20-26.

15 陈东，樊杰，2011. 区际资本流动与区域发展差距——对中国银行间信贷资本流动的分析[J]. 地理学报，66(6)：723-731.

16 陈明亮，叶银龙，金晓芳，等，2017. 推进农民住房财产权抵押贷款的实践和前景——基于浙江丽水 1 800 户农村居民调查[J]. 浙江金融(9)：67-72.

17 陈伟博，2013. 新经济地理学“困境”思考[J]. 经济问题探索(7)：20-24.

18 陈修颖，2003. 区域空间结构重组：理论基础、动力机制及其实现[J]. 经济地理，23(4)：445-450

19 陈秀山，汤学兵，2008. 新经济地理学研究新进展[J]. 经济学动态(11)：84-89.

20 陈彦光，罗静，2000. 经济系统结构与功能的分形模型——Cobb-Douglas 生产函数的理论来源及形式推广[J]. 信阳师范学院学报(自然科学版)，13(1)：40-43.

21 程昆，温朝顺，黄亚雄，2006. 农村社会资本的特性、变化及其对农村非正规金融运行的影响[J]. 农业经济问题，27(6)：31-35.

22 崔功豪，魏清泉，刘科伟，2006. 区域分析与区域规划[M]. 2 版. 北京：高等教育出版社.

23 丁然，杨海娟，刘超，2014. 秦岭山区农村居民点空间分异特征的 GIS 分析——以商州区为例[J]. 咸阳师范学院学报，29(2)：58-62.

24 丁志国，张洋，覃朝晖，2016. 中国农村金融发展的路径选择与政策效果[J]. 农业经济问题，37(1)：68-75，111.

25 董冠鹏，郭腾云，马静，2010. 京津冀都市区经济增长空间分异的 GIS 分析[J]. 地球信息科学学报，12(6)：797-805.

26 董金玲，2008. 区域金融作用机制及发展差异：理论与实证[M]. 徐州：中国矿业大学出版社.

27 方斌，魏巧巧，蔡燕培，2017. 江苏省县域农田经济密度空间分异特征分析[J]. 江苏农业科学，45(6)：308-311.

28 冯健，周一星，2008. 转型期北京社会空间分异重构[J]. 地理学报，63(8)：829-844.

29 冯迎，张军民，2016. 基于 ESDA 的新疆旅游经济发展空间分异规律研究[J]. 旅游科学，30(2)：68-78.

30 高虹，陆铭，2010. 社会信任对劳动力流动的影响——中国农村整合型社会资本的作用及其地区差异[J]. 中国农村经济(3)：12-24.

31 谷慎，李成，2006. 金融制度缺陷：我国农村金融效率低下的根源[J]. 财经科学(9)：98-102.

32 顾芳睿，丁振阔，2013. 农村金融理论演化研究[J]. 芜湖职业技术学院学报，15(1)：17-19.

33 郭腾云，徐勇，马国霞，等，2009. 区域经济空间结构理论与方法的回顾[J]. 地理科学进展，28(1)：111-118.

34 郭兴平，2012. 在实践中创新发展农村金融理论[J]. 中国金融(14)：70-71.

35 郭云南，姚洋，FOLTZ J，2012. 宗族网络、农村金融与平滑消费：来自中国11省77村的经验[J]. 中国农村观察(1)：32-45.

36 韩玉刚，叶雷，2016. 中国欠发达省际边缘区核心城市的选择与区域带动效应——以豫皖省际边缘区为例[J]. 地理研究，35(6)：1127-1140.

37 何风隽，仇娟东，2010. 基于供求视角的农村金融理论与实证研究综述[J]. 西南金融(11)：17-20.

38 何广文，1999. 从农村居民资金借贷行为看农村金融抑制与金融深化[J]. 中国农村经济(10)42-48.

39 和燕杰，2014. 空间经济理论的演进发展[J]. 经济研究导刊(2)：8-9.

40 贺灿飞，傅蓉，2009. 外资银行在中国的区位选择[J]. 地理学报，64(6)：701-712.

41 贺灿飞，郭琪，马妍，等，2014. 西方经济地理学研究进展[J]. 地理学报，69(8)：1207-1223.

42 胡必亮，2004. 村庄信任与标会[J]. 经济研究(10)：115-125.

43 胡必亮，2004. “关系”与农村人口流动[J]. 农业经济问题(11)：36-42.

44 胡彬，2006. 长江流域板块结构分异的制度成因与区域空间结构的重组[J]. 中国工业经济(6)：60-67.

45 胡志丁，葛岳静，徐建伟，等，2012. 空间与经济地理学理论构建[J]. 地理科学进展，31(6)：676-685.

46 化祥雨，杨志民，叶娅芬，2016. 金融空间联系与经济增长关系——基于江苏省县域的实证研究[J]. 经济地理，36(3)：32-40.

47 黄砚玲，龙志和，林光平，2010. 中国区域金融发展收敛性的空间经济计量研究——来自浙江省67个县市区1997～2008年的实证分析[J]. 上海经济研究(4)：65-71.

48 江孝君，杨青山，张郁，等，2017. 中国经济社会协调发展水平空间分异特征

[J]. 经济地理,37(8):17-26.

49 蒋三庚,宋毅成,2014. 金融的空间分布与经济增长[J]. 经济学动态(8):97-104.

50 解运亮,刘磊,2013. 中国农村金融发展的区域差异及其成因分析[J]. 经济问题探索(6):79-85.

51 解运亮,2013. 我国农村金融发展的省际差异分析[J]. 科技与企业(7):17-18.

52 金丽国,2007. 区域主体与空间经济自组织[M]. 上海:上海人民出版社.

53 康相武,吴绍洪,戴尔阜,等,2006. 区域社会经济财产数据空间化方法研究[J]. 中国软科学(8):104-108.

54 孔荣,TURVEY C G,霍学喜,2009. 信任、内疚与农户借贷选择的实证分析——基于甘肃、河南、陕西三省的问卷调查[J]. 中国农村经济(11):50-59.

55 蓝虹,穆争社,2012. 中国农村信用社改革的全景式回顾、评价与思考[J]. 上海金融(11):17-29.

56 雷德雨,张孝德,2016. 美国、日本农村金融支持农业现代化的经验和启示[J]. 农村金融研究(5):50-54.

57 李宾,马九杰,2014. 日本农村金融体系与制度架构及其对我国的借鉴意义[J]. 农村金融研究(2):36-40.

58 李凯风,张卓,2017. 我国区域金融中心金融辐射力的金融效率分析[J]. 统计与决策(2):171-173.

59 李隆伟,郭沛,2015. 中国土地市场化水平及其影响因素研究——基于2006—2011年全国31个省(市)面板数据的证据[J]. 北京理工大学学报(社会科学版),17(4):73-79.

60 李敏纳,蔡舒,2010. 区域经济空间分异研究述评[J]. 河南大学学报(社会科学版),50(1):51-57

61 李明贤,周蓉,2015. 我国农村合作经济组织开展资金互助业务探讨——基于国外农村合作金融组织成功发展经验的启示[J]. 当代经济管理,37(6):94-97.

62 李娜,伍世代,2015. 论空间经济学与经济地理学的交集及形成条件[J]. 山东财经大学学报,27(4):84-90.

63 李乔漳,2016. 农村金融改革、农户融资可得性与农民收入增长[J]. 南方金融(5):95-102.

64 李泉,石国海,2016. "丝绸之路经济带"沿线区域金融发展能力研究——以西北五省(区)为例[J]. 西华大学学报(哲学社会科学版),35(3):50-57.
65 李喜梅,2007. 我国农村金融发展与经济增长关系的分形分析[J]. 农业技术经济(4):95-102.
66 李欣,张平宇,刘晓琼,等,2012. 基于 BP 神经网络的沈阳经济区县域经济空间分异分析[J]. 经济地理,32(12):79-84.
67 李鑫,2014. 中国农村金融区域发展差异与影响因素研究[D]. 西安:西北农林科技大学.
68 李珣,刘开宇,周立,2015. 农信社高管如何看待金融支农[J]. 银行家(12):112-115.
69 廉勇,2014. 新经济地理学前沿理论模型研究[J]. 中国科技论坛(9):121-126.
70 梁滨,邓祖涛,梁慧,等,2014. 区域空间研究:经济地理学与新经济地理学的分歧与交融[J]. 经济地理,34(2):9-13.
71 梁进社,2008. 经济地理学的九大原理[J]. 地理研究,27(1):75-84.
72 梁琦,2010. 关于空间经济研究的若干认识[J]. 广东社会科学(4):5-11.
73 梁琦,黄卓,2012. 空间经济学在中国[J]. 经济学,11(3):1027-1036.
74 梁琦,刘厚俊,2002. 空间经济学的渊源与发展[J]. 江苏社会科学(6):61-66.
75 林彰平,闫小培,方远平,2007. 东莞市金融服务业分散化空间格局——企业金融服务消费行为视角[J]. 地理研究(1):168-178.
76 刘虹,薛东前,马蓓蓓,2012. 基于 ESDA 分析的关中城市群县域经济空间分异研究[J]. 干旱区资源与环境,26(4):55-60.
77 刘激光,陶红军,2011. 空间经济、区域经济和新经济地理学科体系梳理[J]. 华东交通大学学报,28(1):111-116.
78 刘津,房红威,王瓅学,2017. 新常态下区域性金融中心的发展之路——兼论成都区域金融中心的构建[J]. 西南金融(6):42-47.
79 刘卫东,金凤君,张文忠,等,2011. 中国经济地理学研究进展与展望[J]. 地理科学进展,30(12):1479-1487.
80 刘玮,2016. 中国空间经济学研究进展与建构方向——基于学术期刊刊文的考察与比较[J]. 江海学刊(3):81-87,238.
81 刘亚军. 张娥,2010. 新经济地理学基本模型及其扩展综述[J]. 统计与决策(23):160-162.
82 龙冬平,李同昇,苗园园,等,2014. 中国农业现代化发展水平空间分异及类型[J]. 地理学报,69(2):213-226.

83 陆大道，2001. 论区域的最佳结构与最佳发展——提出“点-轴系统”和“T”型结构以来的回顾与再分析[J]. 地理学报，56(2)：127-135 .

84 陆铭，李爽，2008. 社会资本、非正式制度与经济发展[J]. 管理世界(9)：161-165.

85 陆铭，张爽，佐藤宏，2010. 市场化进程中社会资本还能够充当保险机制吗？[J]. 世界经济文汇(1)：16-38.

86 陆玉麒，2002. 区域双核结构模式的形成机理[J]. 地理学报，57(1)：85-95.

87 鹿磊，陶卓民，李蒲玲，2017. 基于 GIS 的中国科普旅游资源时空分异研究[J]. 国土资源科技管理，34(3)：43-52.

88 吕鹏，2017. 基于国际经验借鉴的济南区域金融中心构建研究[J]. 金融经济(2)：103-105.

89 罗剑朝，庸晖，庞玺成，2015. 农地抵押融资运行模式国际比较及其启示[J]. 中国农村经济(3)：84-96.

90 马光荣，杨恩艳，2011. 社会网络、非正规金融与创业[J]. 经济研究(3)：83-94.

91 马骥，彭雅慧，2013. 区域经济空间分异研究述评[J]. 长春工业大学学报(社会科学版)，25(4)：32-34.

92 马九杰，张永升，佘春来，2011. 基于订单农业发展的农业价值链金融创新策略与案例分析[J]. 农村金融研究(7)：11-17.

93 潘峰华，徐晓红，夏亚博，等，2014. 境外金融地理学研究进展及启示[J]. 地理科学进展，33(9)：1231-1240.

94 潘林，2009. 反思农村金融改革三十年：困境与思路[J]. 调研世界(1)：3-6，13.

95 裴志军，2010. 村域社会资本：界定、维度及测量——基于浙江西部 37 个村落的实证研究[J]. 农村经济(6)：92-96.

96 彭宝玉，李小建，2009. 1990 年代中期以来中国银行业空间系统变化研究[J]. 经济地理，29(5)：765-770，793.

97 彭宝玉，李小建，2009. 新经济背景下金融空间系统演化[J]. 地理科学进展，28(6)：970-976.

98 秦泗刚，段汉明，2016. 西安市主城区银行网点空间演变与趋势研究[J]. 广西师范大学学报(自然科学版)，34(1)：45-51.

99 邱竞，薛冰，2008. 新经济地理学研究综述[J]. 兰州学刊(4)：76-80.

100 阮华，翁贞林，曹志文，2015. 农村金融供求失衡的理论分析[J]. 金融与经济(5)：24-27，6.

101 沈新乐,2016.农村金融理论研究综述及启示[J].时代金融(26):24-25,28.

102 施沈杰,邱淳曜,夏国栋,2013.农村区域金融发展差异研究——基于苏皖两省农户视角的调研[J].金融经济(14):175-177.

103 石恩名,刘望保,唐艺窈,2015.国内外社会空间分异测度研究综述[J].地理科学进展,34(7):818-829.

104 石祖葆,2004.西方学者关于新经济地理学的若干反思[J].经济学动态(7):105-108.

105 司月芳,2009.金融地理学视角下的上海金融中心形成机制研究[D].上海:华东师范大学.

106 孙玲,陶士贵,2011.基于"空间"视角的金融地理学研究评述与展望[J].重庆工商大学学报(社会科学版),28(3):15-19.

107 孙平军,丁四保,2011.人口—经济—空间视角的东北城市化空间分异研究[J].经济地理,31(7):1094-1100.

108 孙小娇,张杜鹃,2015.基于AHP-GIS的山西省城市人居环境质量与时空分异特征[J].山西师范大学学报(自然科学版),29(4):81-89.

109 孙晓一,徐勇,刘艳华,2015.中国居民收入差距及空间分异特征[J].经济地理,35(12):18-25,42.

110 覃成林,李敏纳,2010.区域经济空间分异机制研究——一个理论分析模型及其在黄河流域的应用[J],地理研究,29(10)1780-1792.

111 田霖,2016.互联网金融视域下金融地理学研究的新动态述评[J].经济地理,36(5):9-16,25.

112 涂人猛,1994.长江流域经济发展的空间模式:点轴圈模式[J].长江论坛(2):29-31.

113 王丹,2011.新经济地理理论研究的新进展[J].经济理论与经济管理(5):36-41.

114 王飞,2014.地理依赖、空间溢出与河南省金融发展空间分异——基于1990～2012年县域数据的空间计量分析[J].石家庄铁道大学学报(社会科学版),8(4):28-34.

115 王飞,2014.金融排斥、空间溢出与传统农区县域金融趋同研究——基于河南省51个农业县数据的实证分析[J].浙江农业学报,26(6):1680-1687.

116 王健,2017."边缘与外围":空间经济学模型中的农业部门分析[J].山西农业大学学报(社会科学版),16(3):39-45.

117 王立平,任志安,2007.空间计量经济学研究综述[J].湖南财政经济学院学报，22(4)：51-54.

118 王清，崔大树，2012. 基于空间尺度的产业空间分异的研究综述[J]. 东方企业文化(10)：215-216.

119 王认真，2014. 基于空间经济模型的区域性金融中心建设研究——中国东中部部分省会城市的实证比较分析[J]. 洛阳理工学院学报(社会科学版)，29(2)：13-18，72.

120 王认真，2013. 金融资源配置的空间经济模型分析[J]. 西南民族大学学报(人文社会科学版)(10)：126-129.

121 王淑莉，2006. 新经济地理与区域经济学研究述评——以区域为例[J]. 广西社会科学(6)：43-47.

122 王曙光，杨北京，2017. 农村金融与互联网金融的"联姻"：影响、创新、挑战与趋势[J]. 农村金融研究(8)：19-25.

123 王伟，伍世代，2008. 福建省区域经济空间分异研究[J]. 山西师范大学学报(自然科学版)，22(2)：109-113.

124 王修华，黄明，2009. 金融资源空间分布规律：一个金融地理学的分析框架[J]. 经济地理，29(11)：1808-1811，1815.

125 王毅，2002. 用金融存量指标对中国金融深化进程的衡量[J]. 金融研究(1)：82-92.

126 王莹，冯宗宪，2009. 基于住宅消费偏好的西安城市居住空间分异机制的研究[J]. 当代经济科学，31(3)：113-118，128.

127 王永龙，2007. 我国农村金融资源配置缺陷及其制度解释[J]. 经济问题(2)：99-101.

128 吴启焰，张京祥，朱喜钢，等，2002. 现代中国城市居住空间分异机制的理论研究[J]. 人文地理，17(3)：26-30，4.

129 武巍，刘卫东，刘毅，2007. 中国地区银行业金融系统的区域差异[J]. 地理学报，62(12)：1235-1243.

130 谢丽华，2012. 关于农村金融排斥问题的思考[J]. 西南金融(8)：26-29.

131 熊德平，李红玉，余新平，2015. "新常态"下中国农村金融改革与发展——第九届中国农村金融发展论坛学术观点综述[J]. 农业经济问题(11)：107-109.

132 徐小怡，卢鸿鹏，2010. 我国农村金融理论研究述评[J]. 延安大学学报(社会科学版)，32(2)：65-70.

133 薛普文，1988. 区域经济成长与区域结构的演变[J]. 地理科学，8(4)：379-384.

134 颜银根,2013.论新经济地理学的理论脉络——从新经济地理到新新经济地理[J].中南财经政法大学学报(6):3-12,158.

135 杨德勇,陈妍,辛士波,2014.区域视角下我国农村金融差异的影响因素分析[J].中央财经大学学报(8):22-30.

136 杨德勇,岳川,白柠瑞,2016.基于分形理论模型对京津冀地区农村金融差异的研究[J].中央财经大学学报(1):32-40.

137 杨贺,刘金平,蔡利平,2016.资源型区域经济空间分异解析——以中原经济区为例[J].资源科学,38(6):1109-1117.

138 杨开忠,冯等田,沈体雁,2009.空间计量经济学研究的最新进展[J].开发研究(2):7-12.

139 杨开忠,2008.区域经济学概念、分支与学派[J].经济学动态(1):55-60.

140 杨伟,姜晓丽,2016.基于GIS空间分析的汾河流域经济空间分异分析[J].安徽农业科学,44(21):196-200.

141 杨志民,化祥雨,叶娅芬,等,2014.金融空间联系与SOM神经网络中心等级识别——以浙江省县域为例[J].经济地理,34(12):93-98.

142 姚士谋,王成新,于春,等,2004.区域"板块"形成演变规律及其动力源探究[J].地域研究与开发,23(2):1-5.

143 叶敬忠,朱炎洁,杨洪萍,2004.社会学视角的农户金融需求与农村金融供给[J].中国农村经济(8):31-37.

144 殷广卫,李佶,2010.空间经济学概念及其前沿——新经济地理学发展脉络综述[J].西南民族大学学报(人文社科版),31(1):75-82.

145 于晓秋,葛家麒,李春艳,等,2005.经济系统的分形特征及实证分析[J].黑龙江八一农垦大学学报,17(2):104-106.

146 余凤鸣,张阳生,周杜辉,等,2012.基于ESDA-GIS的省际边缘区经济空间分异——以呼包鄂榆经济区为例[J].地理科学进展,31(8):997-1004.

147 俞红玫,2015.金融地理学理论研究综述及启示[J].中国管理信息化,18(10):157-158.

148 曾凡喆,刘天伟,2016.空间经济学与区域经济学的分异与融合[J].现代经济信息(3):466.

149 曾刚,司月芳,2008.上海陆家嘴金融产业集群发展研究[J].地域研究与开发,27(3):39-43.

150 占韦威,2015.泛长三角地区农村金融资源配置效率比较研究[J].武汉商学院学报,29(2):59-63.

151 张佰林,张凤荣,高阳,等,2014.农村居民点多功能识别与空间分异特征

[J]. 农业工程学报,30(12):216-224.
152 张成虎,吴发灿,赵龙,2009. 分形理论在经济学中的应用[J]. 统计与决策(1):158-159.
153 张改素,丁志伟,赵萌,等,2014. 中原经济区县域经济密度的空间分异及影响因素[J]. 经济地理,34(9):19-26,39.
154 张辉,刘鹏,于涛,等,2016. 金融空间分布、异质性与产业布局[J]. 中国工业经济(12):40-57.
155 张建波,2016. 中国农村金融供给状况及制度创新[M]. 北京:经济科学出版社.
156 张京祥,崔功豪,2000. 城市空间结构增长原理[J]. 人文地理(2):15-18.
157 张爽,陆铭,章元,2007. 社会资本的作用随市场化进程减弱还是加强?[J]. 经济学,6(2):539-560.
158 张婷,2013. 对空间经济学研究的一个文献综述[J]. 市场经济与价格(9):45-47.
159 张伟,2010. 现代农村金融理论及我国农村金融制度模式的演进探索[J]. 现代财经,30(10):17-20.
160 张文忠,2003. 新经济地理学的研究视角探析[J]. 地理科学进展,22(1):94-102.
161 张新爱,辛心仪,2017. 京津冀协同发展背景下农村金融的发展现状及对策研究——基于数学分形理论模型对京津冀地区农村金融差异的研究结果[J]. 现代经济信息(3):289.
162 张亚明,胡泽明,唐朝生,等,2013. 首都经济圈区域经济空间分异研究[J]. 管理现代化(5):41-43.
163 张亚明,唐朝生,姜靖,2015. 区域经济空间分异视域下河北沿海地区产业承接研究[J]. 企业经济(12):118-123.
164 张正平,李玟琛,赵红,2017."互联网+"背景下我国农村金融发展的若干思考[J]. 农村金融研究(8):25-30.
165 赵泰,2015. 地域差别、区域金融差异与经济发展失衡——基于空间经济学视角的分析[J]. 湖北社会科学(3):69-73.
166 赵璐,赵作权,2014. 中国经济的空间差异识别[J]. 广东社会科学(4):25-32.
167 赵晓斌,王坦,2006. 跨国公司总部与中国金融中心发展——金融地理学的视角与应用[J]. 城市规划(S1):23-28.
168 赵晓斌,王坦,张晋熹,2002. 信息流和"不对称信息"是金融与服务中心发展的决定因素:中国案例[J]. 经济地理,22(4):408-414.

169 赵旭宏,2016. 我国台湾地区农村金融体系的构建及启示[J]. 农村金融研究(6):32-35.

170 赵延东,罗家德,2005. 如何测量社会资本:一个经验研究综述[J]. 国外社会科学(2),18-24.

171 郑醒尘,张承惠,等,2016. 中国农村金融发展报告(2015)[M]. 北京:中国发展出版社.

172 中国人民银行农村金融服务研究小组,2017. 中国农村金融服务报告(2016)[M]. 北京:中国金融出版社.

173 中国人民银行农村金融服务研究小组,2013. 中国农村金融服务报告(2012)[M]. 北京:中国金融出版社.

174 中国人民银行农村金融服务研究小组,2015. 中国农村金融服务报告(2014)[M]. 北京:中国金融出版社.

175 中国人民银行农村金融服务研究小组,2011. 中国农村金融服务报告(2010)[M]. 北京:中国金融出版社.

176 中国人民银行农村金融服务研究小组,2008. 中国农村金融服务报告(2008)[M]. 北京:中国金融出版社.

177 周俭初,蔡之兵,2013. 空间经济学的发展历程[J]. 山东工商学院学报,27(2):1-5.

178 周明生,诸子博,2016. 京津冀地区空间经济差异分析[J]. 首都经济贸易大学学报,18(3):59-67.

179 周天芸,周彤,2012. 中国农村人际圈层与抵押替代的实证分析[J]. 中国农村观察(1):46-52.

180 周泽炯,马艳平,2016. 区域视角下我国农村金融发展差异及影响因素研究[J]. 华东经济管理,30(7):100-106.

181 祝英丽,李小建,乔家君,2009. 金融危机对跨国银行企业的影响——以花旗集团为例[J]. 经济地理,29(10):1671-1676.

182 ADAMS D W, FITCHETT D A, 1992. Informal finance in low-income countries[M]. Boulder: Westview Press.

183 BELL C, SRINTVASAN T N, UDRY C, 1997. Rationing, spillover and inter-linking in credit markets: the case of rural Punjab [J]. Oxford economic papers, 49(4):557-587.

184 BHATTACHARYYA A, KUMBHAKAR S C, 1997. Market imperfections and output loss in the presence of expenditure constraint: a

generalized shadow price approach[J]. American journal of agricultural economics,79(3):860-871.

185 BROWN E, 1997. Altruism towards groups: the charitable provision of private goods [J]. Nonprofit & voluntary sector quarterly, 26 (2): 175-184.

186 DOLFIN S, GENICOT G, 2010. What do networks do? The role of networks on migration and "coyote" use [J]. Review of development economics,14(2):343-359.

187 DURANTON G,OVERMAN H G,2004. Testing for localization using micro-geographic data[J]. Revised version(6):1-35.

188 FISCHER M, GETIS A, 2010. Handbook of applied spatial analysis: software tools,Methods and Applications[M]. Berlin:Springer.

189 FRIEDMAN J R, 1966. Regional development policy : a case study of venezuela[M]. Cambridge:MIT Press.

190 FUJITA M, KRUGMAN P R, VENABLES A J, 1999. The spatial economy: cities, regions and international trade [M]. Cambridge MIT Press.

191 FUJITA M,MORI T,2005. Frontiers of the new economic geography [J]. Papers in regional science,84(3):377-405.

192 GAO X,YU T F,2014. The temporal-spatial variation of water resources constraint on urbanization in the northwestern China:examples from the Gansu section of west Longhai-Lanxin economic zone[J]. Environ earth sci,71(9):4029-4037.

193 HESSE M,RODRIGUE J P,2004. The transport geography of logistics and freight distribution[J]. Journal of transport geography(12):171-184.

194 HEWINGS G J D, SONIS M, BOYCE D, 2002. Trade, networks and hierarchies:modeling regional and interregional economies [M]. Berlin: Springer.

195 KANSAGRA A P,SHUTE T S,2015. Space:the final frontier for IR[J]. Journal of vascular and interventional radiology,26(6):825-828.

196 KHAN S R. RIFAQAT Z. KAZMI S, 2007. Harnessing and guiding social capital for rural development [J]. Palgrave macmillan, 26 (1): 538-540.

197 KRUGMAN P, 1991. Increasing returns and economic geography [J].

Journal of political economy,99(3):483-499.

198 LEYS H A, 1998. Geographies of money and finance[J]. Progress in human geography(3):433-446.

199 LEYSHON A, THRIFT N, 1995. Geographies of financial exclusion: financial abandonment in Britain and the United States[J]. Transactions of the institute of british geographer,20(3):312-341.

200 LIN N,2002. Social capital:a theory of social structure and action[M]. Cambridge:Cambridge University Press.

201 LONGLEY P A, GOODCHILD M F, MAGUIRE D J, et al, 1999. Geographical information systems: principles, techniques, management and applications[M]. New York:John Wiley & Sons Inc.

202 MARTIN P, OTTAVIANO G I, 1999. Growing locations: industry location in a model of endogenous growth[J]. European economic review, 43(2):281-302.

203 MCMILLAN D P,SMITH S C,2003. The number of subcenters in large urban areas[J]. Journal of urban economics,53(3):321-338.

204 SPEYBROECK N, EBENER S, SOUSA A, et al, 2012. Inequality in human resources for health: measurement issues [J]. Geographical analysis,44(2):151-161.

205 PERROUX F, 1950. Economic space: theory and applications [J]. Quarterly journal of economics,64(1):89-104.

206 PROAÑO C R, SCHODER C, SEMMLER W, 2014. Financial stress, sovereign debt and economic activity in industrialized countries:Evidence from dynamic threshold regressions[J]. Journal of international money and finance,45(3):17-37.

207 SAMUELSON P A,1952. The transfer problem and transport costs[J]. Economic journal,62(246):278-304.

208 SHI W, SHANG P, WANG J, et al, 2014. Multiscale multifractal detrended cross-correlation analysis of financial time series[J]. Physica a: statistical mechanics and its applications,403(1):35-44.

209 SUN X,CHEN H,WU Z,et al,2001. Multi-fractal analysis of Hang Seng index in Hong Kong stock market[J]. Physica a:statistical mechanics and its applications,291(1):553-562.

210 SUN X,CHEN H,YUAN Y Z,et al,2001. Predictability of multifractal

analysis of Hang Seng stock index in Hong Kong[J]. Physica a:statistical mechanics and its applications,301(1):473-482.

211 WONG D W S, 1999. Several fundamentals in implementing spatial statistics in GIS: using centrographic measures as examples [J]. Geographic information sciences,5(2):163-174.

212 YEUNG H W C, 2003. Practicing new economics geographies: a methodological examination[J]. Annals of the association of American geographers,93(2):442-462.

213 ZHANG X,LI G,2003. Does guanxi matter to nonfarm employment[J]. Journal of comparative economics,31(2):315-331.